Dr. Evarts G. Loomis
J. Sig Paulson

Heilen durch Liebe und Erkenntnis

Ein neues Leben im Ganzheitsbewußtsein

Verlag PETER ERD · München

HEALING FOR EVERYONE
by Evarts G. Loomis and J. Sig Paulson
Original English language edition published by Hawthorne Books, 1975.
De Vorss & Company published revised edition, paperback, 1980.
Copyright © 1975 by Evarts G. Loomis and J. Sig Paulson

Medizinischer Teil bearbeitet von Dr. med. Walther H. Lechler

Aus dem Amerikanischen übertragen und bearbeitet von Dr. F. Walter.
Copyright © der deutschen Ausgabe Verlag PETER ERD, 1986.
Alle Rechte, auch die des auszugsweisen Nachdrucks, der Übersetzung
und jeglicher Wiedergabe, vorbehalten.
Printed in West-Germany
ISBN 3-8138-0041-5

Inhalt

»Gib Ehre einem Arzt nach seiner Wichtigkeit! Auch diesen hat der Herr erschaffen. Vom Höchsten nämlich kommt die Heilung; vom König auch empfängt er Gaben. Des Arztes Kunst erhöht sein Haupt; er wird bewundert vor den Fürsten. Der Herr schuf Heilungsmittel aus der Erde; ein kluger Mann verschmäht sie nicht. Ward nicht vom Holz das Wasser süß, daß seine Kraft man so erkenne? Und er verlieh den Menschen Wissenschaft, ihn zu verherrlichen in seinen Wundern. Er heilt durch sie, benimmt den Schmerz. Aus ihnen macht der Apotheker eine Mischung, und macht er seine Werke auch nicht ganz vollkommen, so breitet sich doch Heil von ihm allein auf Erden aus.

»Nicht säume, Kind, in deiner Krankheit und bete zu dem Herrn! Er wird dich heilen. Kehr dich vom Unrecht ab! Laß deine Hände Rechtes tun! Von jeder Sünde reinige dein Herz! Bring Weihrauch dar, von Weizenmehl auch ein Gedächtnisopfer! Mach fett den Brandteil so, als wärst du schon nicht mehr! Dem Arzt gewähre Zutritt! Ihn hat der Herr geschaffen. Er gehe nicht von dir! Du brauchst ihn ja. Zu Zeiten liegt in ihren Händen das Gelingen; sie beten selbst zum Herrn, er möge ihnen Linderung gelingen lassen und Heilung für den Lebensunterhalt. Wer vor dem Schöpfer sündigt, falle einem Arzte in die Hände!«

BUCH JESUS SIRACH, KAP. 38, VERS 1–15

Worte des Dankes

Tausende von ungenannten Personen haben zur Entstehung dieses Buches beigetragen. Wir denken an diese vielen und an einige besondere, die wir bei pastoralen Beratungen sowie im Rahmen des Arzt-Patient-Verhältnisses kennengelernt haben. Wir hoffen, daß wir ihnen helfen konnten; und sie wissen gar nicht, wie sehr und auf welche Weise sie uns geholfen haben. Allen danken wir, den vielen und den wenigen.

Es gibt aber auch einige, die wir namentlich ansprechen müssen: Wir danken Dr. Anthony Pescetti für seine Unterstützung auf dem Ernährungssektor, Dr. William Jackson für die Überprüfung des homöopathischen Materials, Professor Margery Potter für ihre kritischen Anmerkungen zum Kapitel über Leibesübungen sowie Myron L. Boardman für seine Beratung und Inspiration und Charles N. Heckelmann von Hawthorn Books für seinen enthusiastischen Beitrag an professionellem Wissen und seinen unentbehrlichen Rat. Bei der Erstellung des Manuskriptes halfen uns dankenswerterweise Catherine Roberts und Joann Landreth mit der ersten Zusammenstellung und Niederschrift sowie Lou Butchart mit der Zweitschrift und Katherine Erickson mit der dritten Niederschrift und der endgültigen maschinenschriftlichen Abfassung.

Professor John Day unterstützte uns in einer Zeit der Bedrängnis. Für ihn empfinden wir tiefe Gefühle der Dankbarkeit und Anerkennung, denn er erleichterte uns um die Verantwortung für die Realisierung des Buches und zog das Projekt bis zur Fertigstellung durch.

Vorwort der Autoren

Liebe Leser!

Sie sind wichtig für uns – als Person, als menschliches Wesen und als ein wesentlicher Teil dieser wunderbaren Welt, auf der wir leben. Auch Ihre Gesundheit – die physische, psychische und spirituelle – ist für uns wichtig; und dieses Buch ist dazu bestimmt, den Weg zu einer weiteren Entfaltung dieser kostbarsten aller Gaben zu weisen. Wenn Sie krank, unglücklich oder deprimiert sind, wünschen wir Ihnen, daß Sie bei Befolgung der auf diesen Seiten mitgeteilten Ratschläge Zuversicht, Hilfe und Heilung finden werden. Sind Sie aber gesund, glücklich und optimistisch, so glauben wir, daß Sie durch einige der Ideen, die Sie in diesem Buch finden, inspiriert werden, sich zu einem noch strahlenderen Menschen zu entwickeln, und vielleicht in die Lage versetzt werden, anderen, dessen bedürftigen Menschen wirksamer zu helfen.

Dieses Buch soll unser Beitrag sein zu Ihrer Gesundheit, zu Ihrer Lebensfreude, zu der unglaublichen Erfahrungsvielfalt des Lebens und zu Ihrem Erfolg als menschliches Wesen. Was wir darin niedergeschrieben haben, kommt uns aus dem Herzen und erwuchs aus langjähriger Erfahrung bei unserem Versuch, anderen nach besten Kräften auf zwei verschiedenen, sich aber einzigartig ergänzenden und durchdringenden Gebieten zu helfen – dem der Medizin und dem der Religion.

Wir können nicht beanspruchen, alle Fragen oder gar Antworten auf diesen Gebieten zu kennen. Wie Sie selbst, so stehen auch wir oft vor scheinbar unlösbaren Problemen und unüberwindbaren Schwierigkeiten und Hindernissen. Dennoch aber fühlen wir beide, daß sich in jeder Situation, wie düster oder hoffnungslos sie auch erscheinen mag, ein Lichtstrahl, ein gangbarer Weg oder eine Hilfsquelle finden läßt.

13

Im Laufe der Jahre haben wir eine gesunde Hochachtung und, wie wir hoffen, eine echte Liebe für die bemerkenswerteste Kreatur – den Menschen – erworben.

Wir haben Männer und Frauen, Knaben und Mädchen beobachtet, die Elend und Mißgeschick, Krankheit und Schicksalsschlägen und selbst dem Tod begegnet sind – und unsere Bewunderung für Menschen und ihre inneren Kräfte ist geradezu grenzenlos. Wir sind davon überzeugt, daß jeder Mensch, unabhängig vom äußeren Schein, über gewaltige, kaum angezapfte und großenteils ungenutzte Reserven an Gesundheit, Leben, Liebe und Freude verfügt.

Offen gestanden, wir glauben an Wunder. Jede Heilung birgt ja Elemente des Wunderbaren in sich. Wir haben gesehen, wie sich Wunder ereigneten, wenn Menschen vom Zweifel zum Glauben kamen, wenn sie aus tiefer Verzweiflung zur Hoffnung aufblühten, wenn sie aus der Resignation zur Tat schritten oder wenn sie anderen zu vergeben bereit waren, statt sie zu verurteilen – also immer dann, wenn die dem Menschen innewohnende Heilkraft Gelegenheit bekam, sich auszuwirken. Wir wissen, daß jeder Arzt, jeder Geistliche oder Psychotherapeut, einfach jeder, der irgendwie im Heilungswesen tätig ist, solche Wunder zu bezeugen vermag.

Unseren Kollegen in den vielen Sparten der Heilkunst entbieten wir unsere besten Wünsche und unsere Wertschätzung. Wir möchten ihnen dienen. Wir empfinden Hochachtung vor ihrer Hingabe, ihrer Integrität, ihrer Bereitschaft, neue Wege zur Erlangung von Gesundheit und Ganzheit zu suchen und zu beschreiten. Wir hoffen, sie können mit uns zusammenwirken, um die Bemühungen zu verstärken, die Elemente der Gesundheit in den wunderbaren Mitgliedern der Menschenfamilie zu aktivieren, der zu dienen wir alle berufen sind.

Vielleicht kommt schon bald der Tag, an dem jede Arztpraxis, jedes Krankenhaus und Sanatorium, jede Klinik ebenso wie jede Kirche, Synagoge und Kathedrale ein leuchtendes Zentrum sein wird, wo man die Besucher unterweist und inspiriert, den Weg zu Gesundheit, Ganzheit und schöpferischem Leben zu beschreiten. Das scheint uns ein vernünftiges und höchst erstrebenswertes Ziel.

Wer Sie auch immer seien, wir heißen Sie willkommen in der großen

Heilungsgemeinschaft, die der Menschheit dient. Sie sind ja ebenso ein Teil von ihr wie jeder andere. Die ganze Menschheit bedarf in verschiedensten Bereichen der Heilung; und in einem tieferen Sinne ist jedermann sowohl Arzt, Geistlicher, Psychotherapeut und Berater als auch Patient.

Wir danken Ihnen, daß Sie mit uns zusammenwirken wollen bei der schöpferischen Gestaltung eines Lebens in Gesundheit.

1. Kapitel

Gespräch zwischen einem Arzt und einem Geistlichen

Sig: Da wir nun gemeinsam an einem Buch arbeiten, glaube ich, daß auch du, Ev, es für richtig hältst, unseren Lesern zu sagen, warum es uns drängt, dieses Buch zu schreiben. Mir liegt nichts daran, nur um des Schreibens willen ein Buch zu schreiben. Doch glaube ich, es besteht ein echter Bedarf für ein Buch, das die Faktoren der Ganzheit des Menschen einmal zusammenstellt, und zwar nicht nur für den Patienten, der Heilung sucht, sondern auch zum Nutzen der Geistlichen, Psychiater und anderer Ärzte, für jeden, der irgendwie mit der Heilkunst zu tun hat.

Vielleicht werden wir feststellen, daß die Kunst des Heilens weit mehr umfaßt, als man gewöhnlich annimmt. Von meinem Standpunkt als Geistlicher sehe ich, daß sogar ein sehr starkes Bedürfnis nach einem derartigen Buch besteht. Ich meine feststellen zu können, daß wir Geistliche oft nette, kleine Phrasen von uns geben und selbst über die Heilkraft Gottes oft oberflächliche Ideen äußern. Wir sind uns wahrscheinlich darüber einig, daß es im Universum nur eine heilende Kraft gibt, doch fürchte ich, daß man leicht einseitig werden und den Boden unter sich verlieren kann, wenn man nicht in Einklang mit dem steht, was der Rest der Welt – in diesem Falle der Heilungswelt – tut.

Ev: In Übereinstimmung mit anderen bin ich davon überzeugt, daß die Heilung eines Patienten von ihm selbst ausgehen muß, wenn sie erfolgreich sein soll. Der Arzt hat eigentlich nicht viel mit der Heilung des Patienten zu tun. Er ist eine Art Führer. Er kann helfen, gewisse Widerstandszonen zu beseitigen, z. B. ein erkranktes Organ operativ zu entfernen; das ist dann aber nur das Endresultat eines im Körper des Patienten abgelaufenen Prozesses.

Der Medizinmann eines Indianerstammes hat einmal sehr treffend gesagt, daß es beim Heilungsprozeß vier wesentliche Merkmale gibt: Zuallererst muß der Patient den festen Wunsch haben, geheilt zu werden. Er muß einen Grund haben, weswegen er gesund werden will. Zweitens muß der Patient unverbrüchlich glauben, daß er gesund gemacht werden kann. Drittens muß er jeden um Verzeihung bitten, dem er in seinem Leben willentlich geschadet, Unrecht getan oder Schmerz bereitet hat. Viertens muß er seine bisherige Lebensweise ändern und in sich gehen.

Dies gilt genauso für uns. Ich glaube, wir können aus einigen althergebrachten Heilungstraditionen, z. B. denen der amerikanischen Indianer, eine ganze Menge lernen. In allen Indianerreservationen hat man Gesundheitsstationen und Hospitäler eingerichtet, doch sehr viele Indianer haben diese Hospitäler nie in Anspruch genommen, weil sie überzeugt waren, selbst etwas zu besitzen, das die Weißen nicht haben.

Zweifellos haben wir ihnen helfen können, Infektionskrankheiten und eine Reihe anderer Beschwerden ähnlicher Art unter Kontrolle zu bringen. Nun aber, so denke ich, ist es für uns an der Zeit festzustellen, was sie haben und was sie uns geben können: Es ist das Gefühl des Einsseins mit der Gesamtheit des Lebens, ein Gespür für die Rhythmen des Lebens; das Wissen um den zeitlichen Ablauf, das Ein- und Ausatmen der Lebenskräfte und Lebensenergien. Es ist eine Art Übereinstimmung mit den wechselnden Jahreszeiten, ein Gleichklang mit der Sonne, dem Mond und den Planeten sowie die Einsicht, daß der Mensch einen Zyklus besitzt, der mit den kosmischen Zyklen verwoben ist.

Dieser gewaltige Pulsschlag des Universums – der kosmische Rhythmus – scheint diesen Indianern wie selbstverständlich innezuwohnen. Ich habe viel darüber von einem weisen Medizinmann gelernt, der uns in Meadowlark besuchte und über sein Leben als Heiler berichtete.

Sig: Ich meine, daß der Zweck dieses Buches im wesentlichen darin besteht, daß wir unsere Patienten und unsere Kollegen im Heilungsberuf mit teilnehmen lassen können an der großen Wahrheit, daß

Gesundheit und Ganzheit lebenswichtige Bestandteile des Universums sind und daß das ganze Universum in sehr realem Sinne darauf eingestellt ist, seine Kreaturen stark und ganz zu sehen. Wie du aufgrund deiner Erfahrung und des Kontaktes mit dem indianischen Medizinmann zu Recht erwähntest, gibt es durchaus Völker, die mit der Natur aufs engste verbunden sind und in ihrem natürlichen Lebensraum – dem sichtbaren und dem unsichtbaren Teil ihrer Umgebung – Heilungselemente entdeckt und diese zur Heilung genutzt haben.

Es gehört zu unserer Zielsetzung, allen, die der Heilung bedürfen – egal, wer sie sein mögen – den Gedanken nahezubringen, daß ihr Streben nach Heilung ein ganz natürlicher Teil ihrer Veranlagung, zugleich aber auch ein Teil des Universums ist. Und die Heilungselemente sind ebenfalls Teile der menschlichen Veranlagung und des Universums.

Wir wissen, daß wir keine Wunder wirken können, doch weisen wir auf das Wunder der Heilung hin, und die Wunderkraft des Heilens ist ein lebensnotwendiger Teil der ganzen Person. Manchmal, wenn jemand krank ist und Schmerzen leidet, fällt es ihm schwer, sich das vorzustellen. Vielleicht gelingt es dann mit Hilfe dieses Buches und der darin mitgeteilten Gedanken und Erfahrungen, die Aufmerksamkeit des Lesers auf die Tatsache zu lenken, daß Heilung ein ganz natürliches Element unseres Lebens ist.

Gesundheit: Der natürliche Zustand

Ev: Die Heilung, die an sich doch etwas Natürliches ist, wurde in der modernen Medizin unnötig kompliziert gemacht. Wir assoziieren sie mit Röntgenstrahlen und Labortests, die dem Patienten unangenehm sind, und mir erscheint diese Art des Heilens zumeist wenig aussichtsreich.

Vor Jahren lehrte man mich im Studium, daß man über die Krankheit eines Patienten zu 65 Prozent aus dessen Vorgeschichte, zu etwa 25 Prozent aus der Untersuchung und zu 10 Prozent aus dem Laboratorium Aufschluß gewinnen könne. Heute sieht man die

Verhältnisse in der ärztlichen Praxis häufig umgekehrt, weil die Patienten im Sprechzimmer des Arztes eilig abgefertigt werden.

Viele Patienten, die nach Meadowlark kamen, wo ich etwas mehr Zeit zum Zuhören hatte als in meiner Sprechstunde, waren sichtlich erleichtert, einmal ausführlicher über sich sprechen zu können. Da hatte sich bisher in ihnen so manches aufgestaut, und nun endlich konnten sie Anhaltspunkte für die Anamnese liefern. Das aber gelingt ihnen nicht bei einer schnellen zehnminütigen Aufnahme der Krankengeschichte. Hier aber beginnen sie aus der richtigen Perspektive einige der Kräfte und Energien zu erkennen, durch die sie von ihrem Gespür für Ganzsein und echte Gesundheit abgedrängt worden sind. Ich bin sicher, Sig, daß manchmal Leute zu dir kommen, die vielleicht regelmäßig zur Kirche gehen, aber immer noch im unklaren sind über die entscheidenden Dinge ihres Lebens.

Sig: Ja, Ev, das ist durchaus richtig. Für mich ist es eines der wichtigsten Elemente des Heilens, daß ein Mensch Gelegenheit bekommt, sich auszusprechen, über sich selbst zu reden, und zwar nicht nur über seine Launen, über kleinere und größere Verfehlungen, über Dinge, die er falsch gemacht hat oder bei denen er glaubt, nichts Sinnvolles erreicht zu haben, sondern auch über seine Träume und über das, was ihn als Menschen einzigartiger Prägung erkennen läßt. Menschen in Schwierigkeiten suchen nichts anderes als jemanden, der sie anhört, der sie ausreden läßt – jemanden, der sie so annimmt, wie sie sind.

Ich weiß, es ist auch in meiner Arbeit nicht immer, wie es sein müßte. Wir stehen alle so unter Zeitdruck, daß wir allzu häufig nur eine knappe Antwort von uns geben, wenn sie nur hilft, den Patienten oder Frager rasch wieder loszuwerden. Nicht, daß wir dies böswillig tun, wir fühlen uns durch unsere Arbeitslast dazu gezwungen. Wir kommen uns vor wie in einen Paternoster gezwängt, der uns das Schrittempo vorgibt.

Ev: Ich glaube, daß wir hier in den Vereinigten Staaten dazu neigen, die Dinge immer etwas fanatisch zu sehen. Zumindest muß es Außenstehenden so erscheinen. Fünf oder zehn Jahre lang scheint etwas das Ding, die Errungenschaft zu sein, und alle laufen dem nach. Ich glaube, das trifft auch auf das Heilen zu. Es gibt Menschen, die glauben, für ein Wochenende zu einem bestimmten Center gehen zu müssen, wo sie hoffen, etwas zu finden, das ihr Leben verändert. Andere müssen ein bestimmtes Gericht oder Nahrungsmittel zu sich nehmen, das angeblich an ihnen Wunder wirken kann. Oder sie glauben an eine ganz neue Wunderdroge, die diese Wirkung anpreist. Derartige Dinge scheinen die Menschen zu beherrschen. Der Erfolg ist zuallermeist nur eine Enttäuschung.

Sig: Ich kann mich an eine Zeit erinnern, wo es fast schon modern war, die Mandeln, die Polypen und den Blinddarm entfernen zu lassen. Tatsächlich gab es Ärzte, die behaupteten, es sei gut, jedem Kind kurz nach der Geburt automatisch Mandeln und Polypen wegzunehmen. Ich glaube, daß in der westlichen Kirche ähnlich generalisierend verfahren wird, wenn man versucht, Menschen zu helfen, indem man alles an gewissen Sünden aufhängt und dann schließt, daß ein Mensch in Schwierigkeiten ist, weil er so und so gehandelt habe.

Vielleicht ist das der Weg, wie es gehandhabt wird. Ich möchte, daß die Leser dieses Buches – Laien und Fachleute – verstehen, daß Geistliche und Ärzte keine Götter sind.

Wir kennen keineswegs alle Antworten; ja, ich bin nicht einmal sicher, ob wir überhaupt viele Antworten zu geben wissen. Viel wahrscheinlicher liegt die Antwort im Individuum selbst.

Wir sind überzeugt, daß beide, der Arzt und der Geistliche, zum Heilungsteam gehören. Wir sind Teil einer Gruppe von Menschen, jeder mit seinen eigenen Grenzen. Vielleicht aber können wir gemeinsam, durch Zusammenfassen unserer Einsichten, unseres Wissens, unserer Begeisterung, unseres Glaubens, unserer Liebe und unserer Geschicklichkeit das Heilen wirksamer gestalten. Ich bin überzeugt, daß Gesundheit ein natürlicher Zustand sowohl des Körpers als auch des Geistes ist. In gewissem Sinne ist sie immer da; sie mag bisweilen verborgen oder überschattet sein von manchen unserer Einstellungen oder Handlungen oder vielleicht durch Prozesse, die sich im Geiste oder Körper des Betreffenden abspielen.

Ev: So scheint es denn, daß wir, um zur Gesundheit zu finden, unsere natürliche Harmonie wiederfinden müssen, die doch unser sein sollte und unser war, von der wir aber eine Zeitlang abgekommen sind. Anstatt ein Buch herauszubringen, das sich mit Krankheitszuständen des Körpers, der Seele und des Geistes befaßt, wollen wir den gesunden Menschen betrachten und herauszufinden versuchen, wie er in diesem Zustand bleiben kann. Wie bringt er es fertig, jene Harmonie zu erhalten, die mit der Ganzheit und Gesundheit aufs engste verbunden ist? Es steht zu hoffen, daß als Ergebnis dieses Prozesses Krankheiten und seelische Bedrückungen verschwinden.

Sig: In diesem Zusammenhang dürfte es sinnvoll sein, darüber nachzudenken, was Gesundheit oder Ganzheit wirklich ist. Würden wir im medizinischen und geistlichen Berufe so viel Zeit auf das Studium von Gesundheit und Ganzheit verwenden wie auf Krankheit, Sünde und das Böse, ich glaube, wir stünden vor völlig anderen Erkenntnissen. Wir haben entdeckt, daß Elemente oder Faktoren, denen wir unsere konzentrierte Aufmerksamkeit widmen, sich uns zu enthüllen pflegen. Demnach dürfte es nützlich sein, einen Blick auf die positive Seite zu werfen. Wie würdest du, Ev, Gesundheit vom medizinischen Standpunkt aus definieren? Was für ein Zustand ist Gesundheit?

Ev: Zunächst möchte ich einen kleinen Kommentar zu dem geben, womit du deinen Standpunkt begründet hast. Ich habe festgestellt, daß Ärzte, die sich auf ein Spezialgebiet begeben, oft an einer Krankheit aus diesem ihrem Fachgebiet sterben. Denn wie du schon sagtest, haben sie ihr Leben lang ihren Geist auf ein bestimmtes Gebiet konzentriert. Ich erinnere mich an einen berühmten Chirurgen, der Großes in der Erforschung von Lungenkrebs geleistet hat und der an Lungenkrebs starb. Ich kenne zwei Ärzte, die sich auf Krankheiten des Mastdarms spezialisiert haben und an Mastdarmkrebs starben. Dieses Phänomen läßt sich mit ziemlicher Regelmäßigkeit beobachten. Das, worin die Seele wohnt, scheint das zu sein, was der Mensch wird; und die Bibel sagt: »Wie der Mensch in seinem Herzen denkt, so ist er.«

Oft hat man geglaubt, Gesundheit sei die Abwesenheit von Krankheit. Irgendwie befriedigt mich das nicht, denn ich kenne viele Leute, die nach außen nicht krank erscheinen, also frei von Krankheit sind.

22

Sie scheinen in jeder Hinsicht über eine ausgezeichnete Gesundheit zu verfügen, und doch möchte ich sagen, sind sie von der Ganzheit weit entfernt. Ich nehme daher eher an, daß Gesundheit nicht nur die Abwesenheit eines negativen Zustands ist, sondern ein äußerst kraftvoller Zustand von geistiger Aufgeschlossenheit und reifenden Bewußtseins.

Sig: Das gefällt mir. Aus meiner Sicht ist es entsprechend so, daß Gesundheit ein Zustand von Ganzheit oder Heiligkeit ist, in dem das Individuum in Harmonie mit seinem Schöpfer, seinen Nächsten und seiner Umgebung ist. Das scheint mir eine gute, alles umfassende Definition der Gesundheit zu sein. Verläßt ein Mensch diesen Zustand, so ist er krank.

Vielleicht verläßt er ihn auf einer ziemlich passiven Basis. Wie du schon sagtest, genügt die Abwesenheit von Krankheit oder, theologisch gesehen, die Abwesenheit von Sünde allein noch nicht. Das bedeutet in Wirklichkeit noch nicht viel. Gesundheit ist ja kein neutraler, sondern ein aktiver, dynamischer Zustand, in dem das Individuum am Leben des Universums, an seinem eigenen Leben und seinen eigenen Aktivitäten in konstruktiver Weise teilnimmt und seine Wichtigkeit als Individuum und Teil des Schöpfungsplanes empfindet.

Ev: Wenn ich mich recht entsinne, verwandte Jesus etwa 60 Prozent seines Wirkens auf Heilungen, und mir scheint, daß er oft, wenn er einen Kranken heilte, statt der Worte »werde gesund« die Worte »werde ganz« gebraucht hat. Was, glaubst du, hat er mit diesen Worten sagen wollen?

Sig: Ich meine, er wollte dem Kranken sagen, er müsse in den natürlichen Zustand zurückversetzt werden. Oder, anders ausgedrückt, er müsse, wenn er irgendwie aus der Harmonie herausgefallen war, nun wieder zum Einklang mit den Dingen, wie sie sind, gelangen. Jesus scheint immer diesen Sinn für die Ganzheit gehabt zu haben. Er war imstande, Krankheiten bis auf die Wurzel zu durchschauen, bei dem Mann mit der gelähmten Hand ebenso wie beim Blindgeborenen oder der des Ehebruches beschuldigten Frau. Er schien erkennen zu können, wodurch die Ganzheit des entsprechenden Individuums gerade gestört wurde. Er besaß den Glauben, die Überzeugungskraft und die Macht, das Wort zu sprechen, den Kraftgedanken zu denken oder das Gefühl so zu übertragen, daß der Kranke wieder in den Zustand der Ganzheit versetzt wurde. So konnte es zu Sofortheilungen kommen.

Das, so denke ich, ist genau das Gebiet ärztlicher Seelsorge. Der Arzt muß versuchen, den Zustand der Ganzheit wiederherzustellen. Dies aber tut sicherlich auch der Geistliche. Beide bemühen sich, die Person zurückzuführen zur Vorstellung der Einmaligkeit in der Liebe, aus der sie erschaffen wurde, ihrer Einmaligkeit im Universum und unter ihren Mitmenschen. Vielleicht ist alles Heilen eine Zurückführung in den natürlichen Zustand, der schon immer existiert hat.

Ein anderer Zweck dieses Buches ist es, das Leiden oder die Krankheit des Patienten zu entpersönlichen, so daß sich der Patient vorstellen kann, daß das Mißgeschick, das ihn getroffen hat, nicht allein sein Problem ist. Mit anderen Worten, er muß zur Erkenntnis gebracht werden, daß er nicht nur Patient, sondern auch ein Partner des Heilungsteams ist und daß sein Mißgeschick, wenigstens in gewissem Grade, ein Problem ist, das auch den Arzt, den Geistlichen oder den Psychiater betrifft. Ist der professionelle Helfer, der sich mit dem Fall befaßt, selbst geheilt, das heißt, ist er imstande, die durch das Erscheinungsbild der Krankheit hindurchschimmernde Ganzheit zu erkennen, dann ist man der Heilung einen großen Schritt nähergekommen.

Die Patienten treten oft herein mit dem Gefühl: »Was habe ich falsch gemacht?« oder »Haben mich meine Gedanken straucheln lassen?« oder »Habe ich etwas getan, das mich in diesen Zustand gebracht hat?« Manchmal kommt auch der verzweifelte Ausruf: »Warum muß das gerade mir passieren?« Jedenfalls müssen wir versuchen, dem Patienten das Gefühl zu geben, daß er zwar einerseits ein Teil der Aktivität ist, die an der Lösung seines Problems arbeitet, um seine Rückkehr in den Ganzheitszustand zu bewirken, daß er aber andererseits eben nur ein einziger Teil davon ist. In Wirklichkeit liegt die Bürde nicht ganz auf seinen Schultern. Wenn der Arzt, der Geistliche oder der Psychiater nicht über die Krankheit hinaus zu sehen vermag, so ist dieser fast ebenso ein Opfer der Krankheit wie die Person, deren Körper oder

24

Geist davon befallen ist. Ich möchte hier kurz auf die Krankengeschichte einer Patientin zu sprechen kommen, die vor einigen Jahren zu mir kam. Sie hatte Krebs gehabt, der 25 Jahre nach dem ersten Befund die Knochen befallen hatte. Sie ging zu einem Spezialisten und berichtete mir, was dieser ihr gesagt hatte. Hier ein Teil dieses Gesprächs:

Arzt: Wie fühlen Sie sich heute morgen?
Patientin: Oh, großartig, Herr Doktor! Im Augenblick ist mir zumute, als ob mir die ganze Welt zu Füßen liege. Es ist wunderbar, daß es mir so gut geht!
Arzt: Ja, freuen Sie sich über dieses Gefühl, solange Sie es noch haben. Sie wissen ja sicher, daß es nur vorübergehend ist. Ich denke, ich sollte Ihnen jetzt die Wahrheit sagen, damit Sie die notwendigen Vorkehrungen treffen können. In etwa drei Monaten werden Sie feststellen, daß es Ihnen immer schlechter geht und Sie schwächer und hinfälliger werden. Nach weiteren drei Monaten werden Sie ganz hilflos und von der Taille abwärts gelähmt sein. Na, und danach bleiben vielleicht höchstens noch sechs Monate.

Dies ist die Art von Zuspruch, die einen Patienten wirklich isoliert, einzingelt und abriegelt hinter einem Urteil des Unabwendbaren, des Unmöglichen. Ohne Zweifel meinte der Arzt es ehrlich; vielleicht fand er seine Aussage sogar als freundlich und realistisch. Doch wir können uns ausmalen, welche Wirkungen sie bei der Patientin, ihren Familienangehörigen und ihren Freunden ausgelöst haben muß, die ja alle zum Heilungsteam gehören, über das wir eben sprachen. Meinst du das nicht auch?
Ev: Ganz entschieden! Der Arzt konnte in Wirklichkeit gar nicht wissen, wie lange seine Patientin noch zu leben hatte. Er fühlte sich wahrscheinlich irgendwie gedrängt, sein besseres Wissen herauszustellen. Im übrigen hat schon mancher Arzt, der solche Aussagen gemacht hat, das Zeitliche viel eher gesegnet als der Patient, dem er das Todesurteil verkündet hatte. Ich meine, wir Ärzte und Geistlichen müßten unseren Patienten das Vertrauen zum Leben stärken und

sollten sie nicht auf die Unabwendbarkeit des Todes verweisen. Der Tod kommt, wenn er kommt. Doch sollten wir nicht unser Leben im Zustand dauernder Todeserwartung verbringen. Jeder Augenblick kann uns gewaltige Erfahrungen einbringen.

Sig: Ich bin überzeugt, daß einige Geistliche wahrscheinlich eher in die Hölle kommen als die Menschen, denen sie früher Höllenfeuer und ewige Verdammnis angedroht hatten. Eines der Bibelzitate, das mich sehr überzeugt (und das, wie ich glaube, in der Welt der Medizin ebenso gilt wie in der unsrigen), besagt, daß »jeder, der seinen Bruder für eine verlorene Seele hält, selbst geradenwegs dem Feuer der Zerstörung entgegengeht«. Ich meine, wenn wir den Stab über einen anderen brechen, selbst wenn wir Beweise für die Verurteilung haben, schaffen wir in unserer Seele einen Bewußtseinszustand, der Auswirkungen nach sich ziehen muß.

Das Heilungsteam

Sig: Über das Heilungsteam haben wir schon einiges gesagt, doch weiß ich nicht recht, wo ich beginnen soll mit einer Erklärung. Ein Heilungsteam kann zu einem Teil aus der Gemeinschaft aller verfügbaren professionellen Helfer bestehen, z. B. einem Arzt, einem Psychiater, einem Psychologen, einem Geistlichen und anderen Beratern sowie, falls das Team in einem Hospital arbeitet, auch aus den dort tätigen Schwestern und dem Personal. Ich glaube, daß immer mehr Ärzte und Geistliche begreifen, daß sie zu einem Heilungsteam gehören, weil weder der einzelne noch eine einzige wissenschaftliche Disziplin alle Antworten kennen kann, doch das Ergebnis der gemeinsamen Gruppenarbeit eine recht wirkungsvolle Kombination darstellt.

Wir Geistlichen möchten dem Patienten zu verstehen geben, daß auch er zum Heilungsteam gehört. Er ist nicht einfach als Objekt für Untersuchungen, für Forschung, Analyse und Labortechniken zu betrachten. Er ist Mitglied einer Gruppe, die sich mit der Lösung seines Problems befaßt.

Ev: Zur Bekräftigung deiner Äußerungen möchte ich gerne etwas

26

über die Erfahrungen sagen, die wir in Meadowlark mit dem Heilungsteam gemacht haben. Im allgemeinen wird der Patient bei uns zuerst
medizinisch untersucht, damit wir feststellen, wie man ihm körperlich
helfen kann. Wir kommen immer mehr zu der Überzeugung, daß die
geistige und körperliche Gesundheit sehr stark von der richtigen
Einstellung sowie einem intakten Stoffwechsel abhängt, was selbstverständlich richtige Ernährung voraussetzt. Ist der Patient nicht ausreichend und richtig ernährt, so kann sein Gehirn nicht zufriedenstellend
funktionieren. Wenn jemand Tag für Tag zu viele Anregungs- und
Reizmittel einnimmt, läßt bald die geistige Kapazität und, wie ich
glaube, auch das spirituelle Leben nach. Beginnen wir also mit einer
sorgfältigen Untersuchung dessen, was in körperlicher Hinsicht getan
werden kann.

Wir sind bestrebt, den Patienten so schnell wie möglich von
Beruhigungsmitteln und Drogen abzubringen. Solcher Mittel bedienen wir uns gelegentlich nur als Krücken; und wir betonen auch
immer, daß Beruhigungsmittel und Drogen eben größtenteils nur
Krücken sind. Mit Heilung haben sie in der Tat nicht viel zu tun. Wir
wollen ja nicht Symptome verschleiern, sondern den Menschen geheilt
sehen.

Die Nahrungsaufnahme ist von größter Wichtigkeit. Schließlich
dient sie ja zur Ernährung unseres Körpers; und wenn Geist und Seele
in dieser Körpergestalt gut funktionieren sollen, brauchen wir auch
einen gesunden Körper, mit dem sich arbeiten läßt. Das aber bedeutet
Rückkehr zu natürlichen Nahrungsmitteln. Hierüber bringt das Kapitel über Ernährung viele weitere Einzelheiten.

Die innersekretorischen oder endokrinen Drüsen sind für die
Anpassung des Körpers an den täglichen Streß und viele Situationen
des Lebens entscheidend. Ein einwandfrei funktionierendes endokrines System ist also von äußerster Wichtigkeit. Daher prüfen wir auch
den Hormonbedarf des Patienten.

Ferner sind dem Menschen Glieder gewachsen, die bewegt werden
müssen, sowie Lungen, mit denen er atmen soll, und zwar Luft mit viel
Sauerstoff, denn dieser ist nötig, um die Nahrung richtig zu verwerten
und ihren Umsatz in Energie zu bewirken. Ein angemessenes Pro-

gramm körperlicher Betätigung gehört daher als fester Bestandteil zum Tagesprogramm. Unerläßlich sind auch die Kenntnis von Entspannungstechniken und die Entspannung selbst. Großes Gewicht legen wir auf kreative Übungen zur Muskelentspannung; viele von uns haben nämlich kräftige Muskeln, die arbeiten, ohne zugleich eine vernünftige Funktion zu erfüllen. Wir sind der Auffassung, daß wir durch freie Körperbewegung auf künstlerischen Gebieten (einschließlich Tanzen oder Werken mit Pastellfarben oder Ton) beginnen können, ein Gefühl von Freiheit zu entwickeln. So bietet sich uns eine Chance, auf Papier oder in anderer konkreter Form die Wiedererlangung der Funktionsfähigkeit unseres durch mancherlei Streßsituationen verkümmerten schöpferischen Zentrums zu manifestieren. Als nächstes ist ein psychologisches Gutachten wichtig. Gewöhnlich wenden wir einen einfachen psychologischen Test an, der in der Persönlichkeit des Patienten auf Dinge hinweist, die weiterer Entwicklung bedürfen oder vielleicht überentwickelt sind, so daß ein Gefühl der Unausgeglichenheit besteht. Diesen Test führt ein Psychologe durch.

Darüber hinaus ist die Einschaltung eines Geistlichen von enormer Wichtigkeit, denn er befaßt sich mit dem spirituellen Leben. Sehr oft treten aus diesem Bereich Dinge aus der Kindheit zutage, die ungesund sind und entweder eines anregenden Antriebs bedürfen oder einer Art Neugeburt. Sig, hierzu wirst du sicher viel zu sagen haben.

Sig: Ebenso wichtig wie die physische Ernährung, mit der du dich befaßt, ist der geistige Aspekt einer Diät. Darin wirst du mir sicher zustimmen. Es ist wesentlich, dem Patienten eine neue geistige und emotionale Diät zu reichen, ihm eine andere Möglichkeit zu bieten, sich selbst zu sehen, ihm ein neues Selbstbildnis zu vermitteln, ein neues Empfinden für seine Verwandtschaft mit dem Schöpfer und eine neue Einstellung zum Leben. Das grenzt nicht nur an das Spirituelle; das ist schon ein Teil davon.

Spirituell gesehen muß der Patient an etwas glauben, das größer ist als er selbst, bedeutender als seine eigenen Wünsche, seine persönliche Arbeit, wichtiger als seine eigene Last, Schmerzen und Nöte. Er muß sich klarmachen, daß er ein Teil ist eines Größeren, das ihn bei weitem überragt. Und wenn dann seine Vision vor seinen Augen entsteht, muß er sich auch klarmachen, daß es zu Änderungen kommen kann, durch die sich die Wirkung aller anderen Dinge vergrößert.

Diät, medizinische Behandlung und Entspannung sind Wege, deren Ziel die Rückführung des Individuums zur Quelle der Ganzheit oder, anders ausgedrückt, die Rückkehr zu Gott ist. Wie wir es nennen wollen, ist nicht allzu wichtig, solange wir verstehen, daß es sich im Grunde um die Rückkehr zur Ganzheit handelt, die viele Faktoren umfaßt.

Das wichtigste Element aber ist die Vergebung. Recht oft geraten Menschen, die krank oder leidend sind, in einen Zustand der Unversöhnlichkeit. In anderen Fällen ist jemand nicht gewillt, sich selbst oder andern zu verzeihen; er will sich nicht selbst akzeptieren, und zwar nicht nur als spirituelle, sondern auch als menschliche Wesenheit. Möglicherweise sieht er rückschauend Dinge, die er mit Gewissensbissen oder im Groll getan hat. Unsere Aufgabe ist es, dem Betreffenden zu helfen, ein größeres Selbstwertgefühl und eine größere innere Kraft zu erlangen und ihm das Gefühl zu geben, aus eigener Kraft leben, verzeihen und einen neuen Anfang machen zu können.

Häufig geschieht es, daß ein Mensch mit einer sogenannten unheilbaren Krankheit oder in geistiger Verwirrung keinen Sinn mehr in seinem Leben sieht. Kein erkennbares Ziel ermöglicht es einem solchen Menschen, seine inneren Heilungskräfte zu mobilisieren, so daß er fähig würde, sich aus seinem Leidens- und Krankheitszustand zu einem festen Lebenswillen aufzuschwingen. Wir brauchen ja in der Tat ein Ziel, das über unsere persönlichen Wünsche hinausgeht, wenn wir einen Lebenswillen entwickeln wollen, der stark genug ist, die übrigen Hilfsmittel wie Medizin oder Diät wirkungsvoll zu nutzen. Wir benötigen die Mitarbeit des Patienten, die darin besteht, daß er ein neues Lebensziel sieht. In diesem Punkt kann weder der Arzt noch der Geistliche zaubern.

Oft stelle ich fest – und es wird dir wohl nicht anders gehen –, daß Menschen in Zeiten schicksalhafter Prüfungen für spirituelle Gedanken weit eher aufgeschlossen sind als in normalen Zeiten. Wahrscheinlich ist der Mensch nur in der Krise bereit, sich einzugestehen, daß er mit seinem Latein am Ende ist. Erst dann wird er für spirituelle Erfahrungen aufgeschlossen. Das heißt, er ist bereit, nach dem »Warum« der Krankheit oder vielleicht gar nach ihrer tieferen Bedeutung zu fragen. Auch ist er dann bereit, den Hinweis zu begrüßen, daß es etwas gibt, das über die körperlichen, ja selbst die psychischen Dimensionen des sie betreffenden Problems hinausgeht, etwas, das eben erst die Möglichkeit bietet, das Problem in Verbindung mit der Gesamtheit der eigenen Existenz zu sehen. Krankheit kann die Folge einer verpaßten Änderung des Lebens sein und den Menschen zu einer Wandlung führen, die längst hätte stattfinden müssen. Aus spiritueller Sicht gibt es hier eine Fülle von Elementen, die meines Erachtens alle Bestandteil der Behandlung des ganzen Menschen sein müssen.

Liebe und Angst

Sig: Die endgültige Heilung erfährt man erst, so glaube ich, im individuellen Bewußtsein bei der Vorstellung, daß Gott der Schöpfer, die Quelle allen Seins, die *Liebe* ist. Vom spirituellen Standpunkt gesehen ist die Ursache allen Krankseins und der Urgrund des Todes die Angst. Furcht, Angst und alle ihre Elemente führen zum Zögern und Zaudern, zu Unentschlossenheit und zum Mangel an Bereitschaft, sich dem Leben hinzugeben. Angst zerreißt den grundlegenden Rhythmus des Universums und die Rhythmen von Ganzheit und Gesundheit. Solange noch Angst in einer ihrer vielen Stufen und Erscheinungsformen in unserem Bewußtsein Platz hat, werden Krankheit und Tod zu unserem Los gehören.

Den heiligen Schriften der Welt entnehmen wir, daß die Lehre aller großen Führer und Erlöser in dem Gedanken gipfelt, daß Liebe die letztendliche Antwort ist. Liebe zu Gott, Liebe zu sich selbst, Nächstenliebe und die Liebe zum Leben – das ist die einzige immerwährende Lösung. Es will mir scheinen, daß selbst einige Erlöser – große spirituelle Führer und Erleuchtete – fast zögernd zu diesem Ergebnis gekommen sind.

Selbst von Jesus wissen wir, daß er eine Menge verschiedener

Anweisungen gegeben und Wege gewiesen hat. Doch als er schließlich unausweichlich gefragt wurde: »Was ist denn das höchste Gebot, das größte Gesetz?«, da zitierte er aus dem Alten Testament und sprach: »Du sollst den Herrn, deinen Gott, lieben aus deinem ganzen Herzen, aus deiner ganzen Seele, mit deiner ganzen Kraft und allen deinen Gedanken, und deinen Nächsten wie dich selbst. An diesen beiden Geboten hängen das ganze Gesetz und die Propheten.«

Ich bin sicher, daß wir beide – du in deiner Arbeit als Arzt und ich in meinem Amt als Geistlicher – stets auf eine Art von Angst stoßen, wenn wir uns mit grundlegenden Schwierigkeiten Ratsuchender befassen. Noch nie habe ich jemanden beraten, ohne daß ich hätte feststellen müssen, daß Angst in der einen oder anderen Weise die Wurzel seiner Schwierigkeiten war.

Mein Gefühl sagt mir, daß Religion, Medizin und viele sogenannte humanitäre Hilfsorganisationen zum Teil mit dafür verantwortlich sind, daß sich all die Ängste festsetzen können. Sicherlich erwächst Angst aus vielen unserer grundlegenden religiösen Lehren. Mit Androhung von Strafen soll das Volk wie eine Herde in eine Art Himmel getrieben werden. Vielleicht drohen wir sogar vom medizinischen Standpunkt mit zu erwartenden schlimmen Folgen von Krankheiten.

Da wir in einem so empfindlich reagierenden Universum leben, dessen subtile Rhythmen immer gegenwärtig sind, neige ich zu der Auffassung, daß uns die Gedanken und Gefühle der Humanität aufgeprägt sind. Solange Angst, gleich welcher Art, im menschlichen Bewußtsein vorhanden ist, wird es im Universum immer eine Bakterie oder Mikrobe oder sonst etwas geben, was auf unsere Angst anspricht. Selbst die Atome, Zellen und Organe unserer Körper haben letzten Endes die Strafe zu ertragen. Ich will nicht mehr ängstlich denken, um keine weitere Angst auszulösen.

Nach meiner Meinung ist Angst die grundlegende Sünde. Wenn Gott, der Schöpfer der Welten, Liebe ist – was wir sogar intellektuell begründen können –, dann ist es doch Sünde, sich vor ihm zu ängstigen. Und irgendwie überträgt sich das auf alles, was wir denken und fühlen, wahrscheinlich sogar auch auf die Nahrung, die wir zu uns nehmen, und die Tätigkeiten, die wir verrichten.

So muß auch die endgültige Heilung, die endgültige Befreiung des Menschen durch die Verwirklichung der Liebe kommen. Unser guter Freund Donald Hatch Andrews, Professor der Chemie an der Hopkins Universität und Autor des Buches *The Symphony of Life*, definiert Liebe als Freiheit. Er glaubt, daß Liebe und Freiheit synonym sind, daß wir in einem freien Universum leben, einem Universum, in dem selbst die Atome unabhängige Strahlspuren besitzen und in dem Zusammenarbeit in Liebe der einzige Weg zur Zusammenarbeit in Freiheit ist.

Ev: Bei meinen Patienten finde ich das gleiche wie du bei deinen Beratungen. Angst ist das Grundproblem im ganzen Leben und bei allen Krankheiten. Der kranke Mensch, der zu dir kommt, ist mit Angst behaftet. Das ist das Grundlegende, was wir zu behandeln haben. Alles andere ist zweitrangig. Ein im Westen ausgebildeter Arzt aus Indien hat gesagt, nach seiner Ansicht verdanke man der Empathie, dem Einfühlungsvermögen für Ängste und Konflikte des Patienten, etwa 65 Prozent der Heilungen. Ohne dieses liebevolle Einfühlungsvermögen gibt es wirklich keine Heilung.

Ich glaube, Sig, du hast da einen weiteren wichtigen Punkt berührt, nämlich die entscheidende Notwendigkeit dieser Liebesfähigkeit beim Arzt wie beim Geistlichen. Wir können ja nichts auf einen anderen Menschen übertragen, was nicht offenbar in uns selbst vorhanden ist und nicht von uns ausstrahlt. Ein Arzt, der ängstlich ist und sich vor einer Krankheit scheut, kann seinem Patienten kaum helfen.

Für uns Ärzte ist es ein absolutes Muß, daß wir uns dieser entscheidenden Wechselbeziehung zwischen Angst und Krankheit viel stärker bewußt werden. Keinesfalls dürfen wir unsere eigenen Befürchtungen über gewisse Krankheitsverläufe durch ungünstige Prognosen auf unsere Patienten übertragen und so deren eigene Ängste noch vergrößern. Wenn wir mangels eigener entschiedener Lebensmeisterung im Patienten Gefühle der Angst auslösen, drosseln wir seinen Lebensatem.

Der alte Leitsatz »Arzt, heile dich selbst« ist das allererste Gebot, das der Arzt zu befolgen hat. Bei unserer täglichen Bemühung um

Selbstdisziplin müssen wir genügend Zeit aufwenden, um unsere Angst zu besiegen, sie durch Liebe und Freude zu ersetzen und diese zu wesentlichen Bestandteilen unseres Wesens zu machen. Sie sollen indes nicht nur in unseren Worten aufscheinen, sondern aus jeder unserer Taten erkennbar sein und von uns ausstrahlen. Der Patient nimmt ja unsere Strahlung auf, und wenn diese uns umgibt, so kann der Patient nicht umhin, Nutzen davon zu haben.

Sig: Man könnte übrigens das Wort »Arzt, heile dich selbst« auch frei umschreiben mit »Arzt, liebe dich selbst«. Das zustande zu bringen, wäre eine Aufgabe für Geistliche und für Ärzte; denn das Gebot sagt ja: »Du sollst deinen Nächsten lieben wie dich selbst.« Unsere Einstellungen zu uns selbst übertragen sich ganz automatisch auf unsere Nächsten. So muß ja ein ängstlicher Geistlicher oder Arzt diese seine emotionale Reaktion auf den Patienten oder Ratsuchenden ausstrahlen. In der Tat werden wir uns beim Gespräch mit dem Patienten der tieferen Schichten und Rhythmen so bewußt, daß sich der Gedankenaustausch vom Sprecher zum Hörer demgegenüber auf einer verhältnismäßig oberflächlichen Ebene abspielt. Wir teilen uns weit direkter durch die unterbewußten oder tieferen Schichten des Bewußtseins mit, egal, was wir sagen oder nach außen in unserer Erscheinung zum Ausdruck bringen.

Sofern und solange ein Geistlicher, Arzt oder Psychiater, der einem Heilungsuchenden helfen möchte, nicht das starke innere Bewußtsein seiner Liebe, ihrer Realität und ihrer Macht besitzt, kann er das natürlich nicht auf seinen Patienten übertragen. Hat er es aber, so muß es sich einfach übertragen; es strömt ganz automatisch über. Wie du schon sagtest, ist ein kranker Mensch ein ängstlicher Mensch, und, wenn er Hilfe sucht, bittet er im innersten Wesen um Liebe. Die Arznei, die Meditation oder andere therapeutische Maßnahmen, die wir vornehmen, sind einfach nur Mittel und Werkzeuge, derer wir uns bedienen, um die Liebe einzuschleusen. Doch Liebe ist das, was der Kranke in Wirklichkeit sucht!

Die gewaltigste Formel für Heilung enthält das einfache Bibelwort: »Gott ist Liebe.« Die konsequente Erweiterung dieses Ausspruches ist natürlich, daß diejenigen, die Gott lieben, in Gott leben und daß Gott in ihnen lebt. Das ist es, was schließlich jedes Heilungszentrum und jede Kirche werden soll: ein Zentrum der Liebe, ein Zentrum des Heilens und dadurch erst ein Zentrum des Lebens.

Vielfach sind sich Menschen nicht darüber klar, daß Furcht oder Angst ihr eigentliches Problem ist; infolgedessen ängstigen sie sich vor dem Gedanken an Furcht. Einer der großen amerikanischen Präsidenten, Franklin D. Roosevelt, sagte einmal: »Das einzige, was wir zu befürchten haben, ist die Furcht selbst.« Manchmal ängstigen wir uns mehr vor der Furcht als vor etwas anderem. Sind wir willens, den Dingen ins Auge zu sehen und uns dem, was wir befürchten, zu stellen, so beginnen wir, die Angst zu überwinden. Die Vorstellung, daß Gott und daher auch die Natur seines Universums Liebe ist, bedeutet, daß wir nichts auf der Welt zu fürchten brauchen, egal, was wir getan haben, was wir gewesen sind, was wir gedacht oder gefühlt haben. Das Gegenmittel gegen Liebe ist niemals Bestrafung oder Verdammnis, sondern immer Vergebung und Entwicklung. Verstehen wir das, so besitzen wir den Schlüssel, um anderen helfen zu können, gleich, in welcher äußeren Situation sie sich befinden.

Wir leben in einer von Furcht geprägten Welt. Ich erinnere mich, daß ich mich als »Freshman« – als Student im zweiten College-Jahr – einer religionsähnlichen Gruppe verschrieben hatte, die sich »Hellfire and Brimstone«, zu deutsch »Höllenbrand und Schwefel«, nannte. Eines Tages kam ich an einen Punkt, wo etwas in mir derart stark rebellierte, daß ich mich nicht mehr zügeln konnte. Ich ging nach einem Gottesdienst zum Geistlichen und sagte ihm, wenn er im Recht sei, müsse ich es vorziehen, eher mit dem Teufel Geschäfte zu machen als mit dem Gott, von dem er predige. Dem Teufel könne ich nämlich vertrauen und wisse, was ich an ihm habe. Der sei schon immer ein gemeiner Stinker gewesen; doch ein Gott, der den größten Teil der Menschheit für ewig der Hölle überantworte, passe einfach nicht in mein Gedankenbild.

Natürlich hielt man mir vor, ich hätte eine unverzeihliche Sünde gegen den Heiligen Geist begangen. Vermutlich machte dies auch einen gewissen Eindruck auf mich, doch ich hatte nun einmal den sogenannten »point of no return« überschritten; so sagte ich denn, alles andere sei mir egal. Wenn das die Natur Gottes sei, so wolle ich lieber für ewig in die Hölle gehen.

Interessant ist, daß diese meine Einstellung etwas in meinem Bewußtsein weckte. Denn in den nächsten sechs Monaten war ich auf Schritt und Tritt darauf gefaßt, daß sich der Himmel öffnen und Gott mich durch einen Blitz niederstrecken werde. So tief saß die Angst in mir – und ich fürchte, einem großen Teil der Menschheit geht es ähnlich –, daß ihre Elemente mich unbewußt steuerten, obwohl ich sie bewußt ablehnte.

Als ich nach einer Zeit der Reifung den Komplex näher untersuchte, zeigte sich, daß etwas in mir immer noch sicher war, daß Gott seine Geschöpfe nicht so strafen könne. Ich erkannte dies als meinen festen unumstößlichen Standpunkt. Schließlich begann ich, die Lächerlichkeit der Angst und der alten Gottesvorstellungen zu erkennen, die ich durch den Umgang mit anderen und durch meine religiöse Erziehung aufgenommen hatte.

Ich kann nicht behaupten, daß ich in jeder Hinsicht frei von Angst bin. Ich glaube, jeder, der ehrlich ist, wird zugeben, daß er in seinem Innern viele Elemente der Angst hegt. Vom psychologischen wie auch vom medizinischen und spirituellen Standpunkt aus sind solche Befürchtungen und Ahnungen immer aktiv, selbst wenn sie ins Unbewußte verdrängt werden. Ich empfinde zweifelsfrei, daß sie die Ursachen unserer Krankheiten und Leiden sind. Wenn wir die Ängste, die uns ständig plagen, aufrichtig zu überwinden streben, so erwächst die Schlüsselenergie, die wir zum Bestehen dieses Kampfes brauchen, aus der Einsicht, daß Gott Liebe ist.

Ev: Vielleicht kann ich das Gesagte an einem Patienten von mir verdeutlichen:

Die Person, von der ich berichten möchte, ist eine 34jährige Frau und Mutter. Als sie nach Meadowlark kam, klagte sie über zwei- oder dreitägige Kopfschmerzperioden, die etwa alle zwei Wochen auftraten. Weitere Symptome waren Schwellungen der Zunge und des Gesichtes, Sehverlust des rechten Auges und Erschlaffung des rechten Augenlids. Alle diese Symptome waren begleitet von starker Speichelabsonderung. Das Ganze war für die Patientin eine sehr beängstigende Situation.

Zehn Jahre zuvor hatte sie eine Herzoperation gehabt. Als wir in der Krankengeschichte weiter zurückgingen, stellte sich heraus, daß sie schon mit neun Jahren ihre Geschlechtsreife erlangt hatte. Sie hatte einen sehr strengen, despotischen Vater, der das Mädchen mit seinen strengen erzieherischen Maßnahmen und seinen perfektionistischen Tendenzen oft in Schrecken versetzte. Es war ihr nicht erlaubt gewesen zu weinen.

Als Kind hatte sie gelernt, Klavier zu spielen, und 12 Jahre lang Klavierunterricht bekommen. Auch hatte sie Gesangsunterricht gehabt. In den letzten drei Jahren aber hatte sie weder Klavier zu spielen noch zu singen vermocht. Ihre Armmuskeln waren so gespannt, daß sie kaum einen Brief schreiben konnte. Sie war bei einer Reihe von Ärzten gewesen, in jüngster Zeit bei einem Facharzt für Allergien, der ihr die meisten Lebensmittel verboten hatte; sie hatte starke Gefühle von Furcht und Angst angenommen. Man veranlaßte sie zu fasten, was aber nur vorübergehend Besserung brachte. Man sagte ihr, sie sei allergisch gegen eine Vielzahl von Nahrungsmitteln, gegen viele Kontaktstoffe und sogar gegen das Gas, mit dem die Wohnung geheizt wurde.

Während der vorbeschriebenen Anfälle schalteten wir Meditationsperioden ein, und schon bald war die Patientin imstande, zum ersten Mal weinen zu können. Ihre starke, bisher jedoch blockierte Kreativität begann sich zu entspannen. Die Speichelabsonderung war an die Stelle der Tränenfunktion getreten. Auch ihre Kopfschmerzen waren Auswirkungen ihrer unterdrückten schöpferischen Energie.

Als sie allmählich begann, die Liebe einer Gruppe von Personen ihrer Umgebung zu empfinden sowie die Freiheit, sich äußern zu können, und als sie zur Einsicht kam, daß sie ihrer Lebenskraft und ihren Lebensenergien Ausdruck geben mußte, um leben zu können, da begann ihre Besserung: Sie begann wieder, Klavier zu spielen und zu singen. Bald darauf entdeckte sie neue schöpferische Interessen bei sich. Der Heilungsprozeß begann sich zu manifestieren.

Eine der ersten Wirkungen, die die Angst im Patienten hervorruft, ist die Isolation. Je schlimmer die Krankheit, desto stärker ist der Mensch isoliert; denn Angst und Isolation gehen Hand in Hand. Liebe und geselliges Zusammensein mit anderen sind ebenfalls eng miteinander verbunden. Ob ein Patient körperlich, emotional oder geistig krank ist, die Isolation bleibt die gleiche. Damit ist eine Wendung nach innen verbunden; es ist, als ob die von der Antenne ausgesandten Signale, statt in die Welt hinauszustrahlen, ihre Bahn umgewandt hätten, um ins Selbst zurückzukehren. Eine solche Person kann nur an sich selbst denken und scheint den Kontakt mit Freunden und allem, was sie umgibt, verloren zu haben. An diesem Punkt kommt es sehr oft darauf an, dem Patienten als erste Behandlungsstufe Liebe und Anerkennung entgegenzubringen.

Die mit mir in Meadowlark zusammenarbeitende Gruppe betreut solche Patienten, liebt sie und versichert ihnen, daß nichts von ihnen verlangt wird. Ich glaube, daß Heilung mit einem so großen Ausmaß an Liebe ihren Anfang nehmen muß. Allmählich, sowie etwas von dieser Liebe in des Patienten Zellen einsickert, antworten diese mit Heilung. Die Isolation schwindet mehr und mehr, und der Patient, der es bisher nicht über sich gebracht hatte, zu den gemeinsamen Mahlzeiten zu kommen, und darauf bestanden hatte, sein Essen im eigenen Zimmer einzunehmen, kommt allmählich – wenn auch anfangs noch etwas ängstlich – an die große Tafel, um das Mahl mit anderen gemeinsam einzunehmen. Langsam geht er dann aus sich heraus, beginnt zu erzählen und Beziehungen anzuknüpfen. So beginnt sich dank der ersten großen Liebesaktivität vieles zu entwickeln. Ohne diese Aktivitäten aber kann es nicht zu einer echten Heilung kommen.

Sig: Was du sagst, Ev, erinnert mich an einen meiner bemerkenswertesten Beratungsfälle. Es kam da eine Frau zu mir, die über eine Reihe von Begebenheiten voller Angst war. Es schien mir, daß ich einen Lichtstrahl durch sie hindurchgehen sah. Mir ist es nicht gegeben, Visionen zu sehen, doch war das, was ich hier sah, für mich durchaus real.

Als wir im Gespräch auf die Natur Gottes als Liebe, auf das Gute im Leben, die innere Kraft zur Heilung und Freiheit kamen, da wurde das Licht zu einem starken, geraden, klar leuchtenden Strahl. Als die Frau dann in ihrer Schilderung fortfuhr und alle ihre Ängste und Befürchtungen aufzählte, sah ich, wie sich der Lichtstrahl in seiner Bahn verzerrte und manchmal sogar verschwand.

Für mich war die Vorstellung überraschend, daß wohl in jedem von uns ein Lichtstrahl ist. Natürlich sagte Jesus schon: »Ihr seid das Licht der Welt.« Und heute sagen uns einige der größten Wissenschaftler, daß diese spirituelle Wahrheit im echten Sinne des Wortes auch eine wissenschaftliche Tatsache ist. Es war dies eine der seltenen Gelegenheiten für mein geistiges Auge oder für einen anderen Bereich des Bewußtseins, wo man solche Dinge sieht. Als sich die Frau entspannte und über Gott als Liebe nachzudenken und das Leben als Liebe und Freude zu sehen begann, sah ich ganz klar, daß der Strahl sich wieder glättete und geraderichtete, so daß keine Verzerrungen mehr zu sehen waren. Doch im Augenblick, als sie sich ihren Ängsten zuwandte, über sie sprach und sich diesen negativen Gefühlen überließ, war der Lichtstrahl wieder völlig verzerrt.

Von dieser Grundlage ausgehend läßt sich vielleicht Gesundheit auch dadurch definieren, daß der Lichtstrahl unverzerrt durch alle unsere Systeme des Selbstausdruckes fließen kann. Natürlich ist Liebe Leben, und Leben ist Licht. So ist alles miteinander verbunden.

Manchmal fragen Leute: »Wie kann ich meine Feinde lieben? Die sind mir doch widerlich.« Andere fragen: »Wie kann ich eine so scheußliche Lebenslage lieben?« Wir sprechen hier nicht über die Erzeugung eines Zustandes von Zuneigung. Ebensowenig wollen wir einen Strahl von Energie, Licht oder spiritueller Kraft in die Situation hineinbringen.

Wir lernen zu lieben, indem wir lieben. Selbst wenn wir vielleicht nicht sehr viel über die Kraft oder die Natur der Liebe wissen, führt doch eine ehrliche, bewußte Bemühung, einen Strahl von Liebe auszusenden, wie es unser Freund tat, schon zu Ergebnissen. Wir lernen denken, indem wir denken. Wir lernen uns zu fürchten, indem wir uns fürchten. Wir lernen zu jammern, indem wir jammern, und wir lernen zu lieben, indem wir lieben.

Ev: Ich denke hier noch an etwas anderes, was sehr wichtig ist, Sig. Ich möchte auf das Problem von Menschen hinweisen, die niemals

Liebe empfangen haben. Einen solchen Menschen können wir ja, wenn wir realistisch denken, nicht um Liebe bitten. Wir müssen ihm zuvor Gelegenheit geben, Liebe zu empfangen und kennenzulernen, bevor er sie wiedergeben kann. Eine Reihe von Leuten kam nach Meadowlark, die nie im Leben Liebe erfahren haben. Vielleicht starb die Mutter im Wochenbett, oder der Vater war Alkoholiker. Sie kamen zu uns mit Krankheiten verschiedener Art. Es ist äußerst wichtig, solchen Menschen Liebe zu schenken, und zwar nicht nur einmal, sondern, wie Jesus sagt: »Siebzigmal siebenmal.« Wir müssen es immer wiederholen, denn für diejenigen von uns, die in ihrer Kindheit mit Liebe aufgewachsen sind, ist das alles selbstverständlich, und sie wissen einiges über die Vergeltung von Liebe. Derjenige aber, der nie Liebe erfahren hat, muß erst über viele Stufen von Liebe aufsteigen.

Vielleicht ist es angebracht, etwas über die Evolution der Liebe zu sagen. Liebe ist eine Wachstumserfahrung. Sie beginnt beim Baby, das meist für sich allein in die Welt gebracht wird, nachdem es im Mutterleib warm gehalten und gekuschelt war. Die ungeheure Wichtigkeit des Stillens an der Mutterbrust wird heute stark verkannt. Das Kind muß gehalten werden; es braucht das Gefühl der engen Verbindung mit der Mutter. Es muß die Wärme der mütterlichen Brust fühlen, es muß eingekuschelt werden und hören, wie man zu ihm spricht und für es singt. Viele Untersuchungen haben die Wichtigkeit all dessen erwiesen. Eine Vielzahl von Fällen hat erkennen lassen, daß Kinder, die aus Kinderstationen und -heimen kommen, wo sie nur wenig menschlichen Berührungskontakt hatten und aus Flaschen gefüttert wurden, ohne dabei von jemandem gehalten zu werden, nicht so gut gediehen wie Kinder, die von Anfang an bei der Mutter waren.

Sig: Liebe ist die ideale Atmosphäre, in der Kinder von der frühen Kindheit bis zum Jugendalter aufwachsen sollten. Bedauerlicherweise ist das aber nicht allzu häufig der Fall. Liebe hat ebensowenig mit fortwährendem Zulassen und Gestatten wie mit strikter Disziplin zu tun, sondern viel eher mit einer geistigen Beweglichkeit, die ein Höchstmaß an Gutem vom Kinde erwartet, ohne zu versuchen, es in eine bestimmte festgefügte Form zu zwängen. Liebe braucht Zeit, braucht Interesse, braucht Aufmerksamkeit. Allzuoft aber sind Eltern in unserer heutigen hektischen Zeit zu sehr mit Hausarbeit, Arbeit für den Lebensunterhalt oder die Führung des Geschäftes belastet, um den Kindern ein angemessenes Maß an Aufmerksamkeit widmen zu können. Da ist es eben manchmal leichter, als Ersatz für echte Liebe übermäßig nachsichtig oder übermäßig streng zu sein.

Liebe ist immer aktiv, sie sucht nicht einen Selbstzweck, sondern sie fördert die Entfaltung und die Wachstumsmöglichkeiten des Kindes. Liebe erkennt die Individualität, die Einzigartigkeit des Kindes an. Im Wissen um den unterschiedlichen Rhythmus eines jeden Kindes ermutigen liebevolle Eltern ihr Kind, den eigenen Rhythmus zu finden, ihm zu folgen und im Leben sein eigenes Selbst zum Ausdruck zu bringen, wobei aber immer zu bedenken ist, daß es dafür auch eine Verantwortung gibt. Eltern, die das Gefühl der Liebe haben, werden für das Kind zu einer Quelle der Kraft.

Es ist außer Zweifel, daß wir in der Kindheit Erfahrungen sammeln, Gedanken- und Gefühlsrichtungen ausbilden und eine bestimmte Art entwickeln, das Leben zu sehen. Diese begleiten uns durch das ganze Leben. Ich kenne eine sehr erfolgreiche Leiterin einer Sonntagsschule, die auf wunderbare Weise eine beträchtliche Selbstdisziplin zeigt. Sie sagt, daß sie die Kinder viel zu sehr liebe, um nicht das Allerbeste von ihnen zu erwarten ... und daß sie das den Kindern zur Kenntnis bringt.

Wir sprechen viel von Ernährung, von geistiger und physischer. Einer der schmerzlichsten Mängel im Leben aber ist wahrscheinlich der Hunger nach Liebe. Liebe ist eine Atmosphäre, die man zu Hause, in der Schule oder in anderen Erziehungszentren finden mag, wo jedes Kind oder jeder Zögling als einzigartiger Selbst-Ausdruck seines Lebens anerkannt und dazu ermutigt wird, diese Einzigartigkeit zu größerer Entfaltung zu bringen. Sehr oft ist es leichter, übermäßig nachsichtig oder zu streng zu sein, als zu versuchen, jeden Heranwachsenden zur Ausbildung seiner Individualität zu ermutigen. Doch eines steht fest: Im Zuge der menschlichen Entwicklung werden wir dereinst an einen Punkt kommen, wo wir, falls wir genügend Zeit und Energie aufbringen und die richtigen Lehrmeister haben werden, diese Art von Atmosphäre zu schaffen vermögen.

Schlußbetrachtung

Ev: Ich glaube, Sig, daß die entferntesten Sterne im All, die Sonne, der Mond und die Planeten, die uns umhüllende Atmosphäre und die Erde, die uns Nahrung bietet, alle in Beziehung zum Tempel des Körpers stehen. Die Geschöpfe in den Gewässern, die Welt der Insekten und der Vögel und die Landtiere haben alle ihren Platz in einem fein abgestimmten, ausgeglichenen System. Ich wollte, ich wäre darüber viel besser unterrichtet.

Am allerwichtigsten aber ist, daß alle Menschen, diejenigen, die Tag für Tag um mich sind, die vielen, die mir namentlich bekannt sind, und jene, die ich vielleicht nie sehen werde, mit mir beziehungsreich verbunden sind. Walt Whitman sagt in seinem *Gesang von mir selbst*, warum wir beide, mein Freund Sig und ich, Jahr für Jahr hinausfahren müssen, um uns in einer echteren Perspektive neu zu entdecken.

In allem Volk seh' ich mich selbst, keiner ist mehr, keiner um eines
    Gerstenkorns Größe geringer als die anderen,
Und das Gute oder Schlimme, das ich von mir selbst sage, sage ich von
    ihnen.
Ich weiß, ich bin kraftvoll und gesund.
Zu mir hin streben und laufen ständig alle Dinge des Universums.
Alle sind an mich geschrieben, und ich muß erforschen, was ihre
    Schrift bedeutet.
Ich weiß, ich bin unsterblich,
Ich weiß, dieser mein Kreislauf kann von eines Zimmermanns Zirkel
    nicht umspannt werden,
Ich weiß, ich werde nicht vergehen wie der Feuerkreis, den ein Kind
    mit einem brennenden Holzscheit in die Nacht zeichnet.
Ich weiß, daß ich erhaben bin;
Ich bemühe meinen Geist nicht, sich selbst zu rechtfertigen, oder sich
    verständlich zu machen,
Ich sehe, daß sich die Urgesetze niemals entschuldigen,
(Ich meine, ich betrage mich am Ende nicht hochmütiger als die
    Wasserwaage, nach der ich den Grund meines Hauses lege.)

Ich existiere, wie ich bin, das genügt.

Wenn kein anderer in aller Welt mich gewahrt, so sitz' ich da in
    Zufriedenheit,

Und wenn jeder und alle mich gewahren, so sitz' ich da in Zufrieden-
    heit.

2. Kapitel

Das Wunder Mensch*

Und Gott sprach:

»Lasset uns Menschen machen als
unser Bild nach unserem Gleichnis!«
GENESIS 1,26

Die Geburt eines Kindes ist ein Erlebnis voller Wunder. Zuerst ist da etwas Schlaffes, Schwaches, etwas scheinbar Lebloses. Doch dann, mit dem ersten Atemzug, kommt Leben hinein. Was passiert in diesem Augenblick? Welcher Art ist die plötzliche Veränderung? Woher kam diese Lebensenergie? Unser menschlicher Verstand vermag weder die Quelle des Lebens noch das Leben als Ganzes zu fassen. So betrachten wir notwendigerweise seine unterschiedlichen Dimensionen je nach Erkenntnisvermögen und Ausbildung aus verschiedenen Perspektiven.

Nach Albert Einstein ist jedes Energiesystem im Weltall eine lokalisierte Kondensation von Energie spezifischer Form, die durch den Faktor PSI mit jeder anderen in einem vereinten Feld verbunden ist.

Selbst das menschliche Wesen ist aus einer äußerst komplexen Serie untereinander in Wechselbeziehung wirkender Energien zusammengesetzt. Es ist in der Tat ein Energie-Universum. Nehmen wir mit ihm eine lebendige tägliche Beziehung auf, so wird es zu einer dauernden Quelle der Erneuerung für unsere eigenen Energien.

---

* Anmerkung des Verlegers: Autor der Kapitel 2 bis 7 ist Dr. Loomis.

Man hat geschätzt, daß der menschliche Körper etwa fünf Oktillionen Atome und etwa eine Quadrillion Zellen aufweist. Zahlen solcher Größe vermögen wir uns nicht mehr vorzustellen. Um sie dem Verständnis etwas näherzubringen, stelle man sich einmal jedes Atom in der Größe einer Erbse vor. Fünf Oktillionen solcher Erbsen würden in einer einen Meter dicken Schicht nicht nur die ganze Erdoberfläche, sondern auch noch 1 250 000 Himmelskörper gleicher Größe überlagern. Und eine Berechnung zeigt, daß die Zellen eines menschlichen Körpers, wenn man sich auch sie erbsengroß vorstellt, ausreichen würden, um sämtliche Gebäude einer Stadt wie Philadelphia vom Keller bis zum Dach zu füllen.

Es gibt manches, was wir einfach glauben müssen, wenn wir ernstlich auf dem Pfad des Lebens vorwärtskommen wollen. Die wichtigsten solcher Dinge lassen sich nicht beschreiben; man kann sie nur erfahren. Ich weiß, daß mir ein herrlich schöner Sonnenuntergang tief in die Seele dringt; doch alles, was ich darüber aussagen könnte, kann einem anderen kein zutreffendes, vollständiges Bild dessen übermitteln, was ich empfinde.

Ich habe nie im Leben ein Musikstück komponiert, doch ist mein Leben reicher geworden durch meine Bekanntschaft mit den großen schöpferischen Inspirationen solcher Meister wie Bach, Beethoven und Brahms. Ich weiß, ich gewinne eine gewisse Kraft durch das Anhören und Versenken in die musikalischen Gedanken der Toccata und Fuge in d-Moll von Bach oder bei Beethovens Neunter Symphonie.

Viele Psychiater sind der Auffassung, daß sie vom Bewußtsein ihrer Patienten völlig unberührt bleiben müssen. Die Wirksamkeit dieser Einstellung ist aber fraglich.

Ein im Ruhestand lebender Musiker kam eines Tages ganz aufgebracht in mein Büro. Er hatte sich geärgert, weil am Kopf des Fragebogens zur Krankengeschichte eine Frage nach der religiösen Glaubenszugehörigkeit stand. Er sagte meiner Sekretärin, daß das nicht zu meiner Aufgabe gehöre, denn seine Hauptschwierigkeit sei Schlaflosigkeit, und diese habe nichts mit Religion zu tun. Mir sagte er, daß er allabendlich, wenn er den Kopf aufs Kissen lege, völlig wach zu werden pflege.

Mir erschien es durchaus denkbar, daß er unbewußt Schlaf mit Tod identifizierte. Nun, seit er im Ruhestand war und kein reales Betätigungsfeld mehr hatte, war er von Angst befallen. Ich fragte ihn, ob er in seinem früheren Beruf als Geiger einen Komponisten bevorzugt habe.

»Aber sicher«, sagte er, »Mozart und Brahms haben mich immer besonders angesprochen.«

»War deren Musik nicht so etwas wie Religion für Sie?« fragte ich.

»O ja, natürlich«, war seine rasche Antwort.

Diese Eröffnung führte zu einer bedeutungsvollen Diskussion über Wege, ins kreative Leben zurückzukehren. Wie sich zeigte, hatte er ein starkes Bedürfnis, seine Wurzeln im Universum wieder zu festigen, und es ist zu bezweifeln, daß das Verschreiben einer Schlaftablette für ihn das gleiche hätte bewirken können.

Wenn wir uns nur auf die äußere Seite des Lebens und die sich dort abspielenden Prozesse beschränken, verfehlen wir das eigentliche Zentrum, in dem diese Prozesse ihren Ursprung haben. Es gibt viele Beweise dafür, daß die Wissenschaft heute versucht, in diese Tiefen vorzudringen. Hoffen wir, daß auch die Medizin demselben Trend folgt.

Der Mensch ist das Produkt eines Evolutionsprozesses. Es ist eine interessante Tatsache, daß sich bei der Heranbildung eines Embryos jede Stufe dieser evolutionären Entwicklung widerspiegelt.

Der große Jesuit und Paläontologe Pierre Teilhard de Chardin postuliert das Vorhandensein zweier charakteristischer, im Evolutionsprozeß wirkender Energietypen.

»Wir nehmen an, daß im wesentlichen alle Energie physikalischer Natur ist, müssen jedoch hinzufügen, daß diese fundamentale Energie in jedem einzelnen Element in zwei unterschiedliche Komponenten geteilt ist:

Eine *tangentiale Energie*, die das betreffende Element mit allen anderen derselben Ordnung (d.h. der gleichen Komplexität und der gleichen Zentrizität) wie es selbst im Universum verbindet, und eine *radiale Energie*, die es zu immer größerer Komplexität und Zentrizität – mit anderen Worten, vorwärts – zieht.«

Radiale Energien beziehen sich auf Bewußtsein und können sich bei den feineren Formen durchaus auf die verschiedenen Ebenen der »Liebes-Energie« beziehen. Der ehemalige Harvard-Soziologe Pitrim A. Sorokin wies wie folgt auf diese machtvolle Energie hin:

»Überall in den organischen, anorganischen und psychosozialen Welten ist die integrierende, verbindende Rolle der Liebe stetig am Werk. Unermüdlich wirkt sie den scheidenden und trennenden Kräften des Chaos und des Haders entgegen. Ohne die Auswirkungen der Liebesenergie würde der psychische, der biologische und sozio-kulturelle Kosmos längst auseinandergebrochen sein. Harmonie, Einheit und Ordnung hätte es dann nicht geben können. Weltumspannende Unordnung und Feindschaft würde zur obersten Richtschnur geworden sein.
Als schöpferische Energie verbindet Liebe das Getrennte, erhöht das Niedere, reinigt das Unreine, veredelt, was bübisch und gemein ist, bringt Harmonie in die Welt der Feindseligen und Frieden den Kriegführenden. Die Liebe führt den Menschen als biologisches Wesen näher zum Göttlichen.«

Jahrhundertelang haben die großen Philosophen, Seher, Propheten und Dichter nur flüchtigen Blickes diesen Menschen gesehen, der gleich dem göttlichen Bilde geschaffen wurde. Vor Christus wußte Pythagoras um die Harmonie des Universums und beschrieb seine Sphärenmusik. John Dryden, ein Dichter des 17. Jahrhunderts, schreibt: »Aus Harmonie, aus himmlischer Harmonie, begann diese allumfassende Form...«

Energiefelder

Vor mehreren Jahren stand ich bewundernd vor Tintorettos *Madonna*, voller Staunen über des Meisters Verständnis für das innere Licht, das aus der menschlichen Seele leuchtet. Tintoretto muß um das stärkende Licht Mariens gewußt und das Göttliche in ihrer Nähe wahrgenommen haben.

Das gleiche Licht umgibt in Tintorettos *Kreuzabnahme* den Körper Christi. Dieses »Licht« hat nichts gemein mit der stilisierten Aura einer früheren Periode der Malerei. Es ist ein funkensprühendes Licht, das eine Kraft und Stärke ausdrückt, die die Figuren in einer Art umgibt und stützt, wie nur er es sehen konnte. Das, so scheint mir, ist das wirkliche »Kraftfeld«, das den menschlichen Körper stärkt und stützt.

Die Neurologin Shafica Karagulla hat Energiefelder untersucht, wie sie von Sensitiven beobachtet wurden. Sie kommt dabei zu der Feststellung, daß es drei oder mehr solcher Felder gibt. Je nach Bewußtseinsgrad des Individuums und seiner körperlichen, emotionalen und geistigen Gesundheit wiesen die Felder verschiedene Farben auf. Sie sagt:

»Viele der intelligenteren, aufgeschlosseneren Sensitiven, mit denen ich gearbeitet habe, beschreiben sich durchdringende Energiefelder, die das menschliche Wesen umgeben. Eines davon, das vitale Feld oder der Energiekörper, ist eng mit dem physischen Körper verbunden. Ein großer Teil meiner bisherigen experimentellen Arbeit bezog sich auf dieses Feld in seiner Beziehung zu den physischen Zuständen. Das zweite, das emotionale Feld, das sich 30 bis 45 cm weit über den menschlichen Körper hinaus erstreckt, und das dritte, das geistige Feld, das im allgemeinen 60 cm und mehr über die Körperperipherie hinausreicht, sind Teile des Gesamtfeldes, das den menschlichen Körper umgibt.«

Bei ihrer weiteren Betrachtung der Natur und der Charakteristika dieser Auren schildert Dr. Karagulla, daß sich deren Intensität und

Farbe mit der Art der Gedanken und Emotionen sowie mit dem allgemeinen Gesundheitszustand des Individuums verändern. Enthusiasmus intensiviert die Aura und läßt ihre Farbe aufleuchten, bei Depressionen zeigen sich dagegen trübe Farben.

Ich selbst habe solche Auren und Farben nie gesehen, doch habe ich viele Leute getroffen, die sie zu sehen imstande waren und sich diese ihre Erfahrung nicht ausreden ließen. Mein Verständnis der Lebensprozesse ist umfassender, weil ich zusammen mit anderen ähnliche Phänomene ausgetauscht habe, auf die ich im Laufe meiner Studien gestoßen bin.

Das Ziel des Yoga

Wie ein Spiegel reflektiert der Körper den ganzen kosmischen Prozeß. Lange schon ist diese Tatsache in Indien bekannt, wo Meditation seit Jahrhunderten einen wichtigen Teil des Lebens ausmacht. Es kann von großem Nutzen sein, wenn man die im Westen gewonnenen Erkenntnisse aus dem Studium der Endokrinologie mit der Wissenschaft des Yoga kombiniert. Denn beide Richtungen verfolgen ja dasselbe Ziel: die Integration des Individuums. Während sich die erste Richtung der Integration aus der physischen und emotionalen Perspektive nähert, erfolgt das bei der letzteren aus der spirituellen Perspektive.

Man hat Yoga definiert als die mystische Wiedervereinigung des menschlichen Geistes mit der Einen Ewigen Weltenseele. Es gibt eine Reihe von Yoga-Systemen. Die im Westen am meisten praktizierte Form ist der *Hatha-Yoga*, der sich darauf konzentriert, den Körper durch Atmung und Körperübungen einzustimmen. Der *Raja-Yoga* ist der Yoga des rechten Tuns; der *Inana-Yoga* beschreitet den intellektuellen Pfad, und der *Bhakti-Yoga* nähert sich Gott durch Liebe und Hingabe.

Ziel aller Yoga-Wege ist es, den Menschen vom Diener zum Meister seines Körpers zu machen und in ihm die Erkenntnis seiner wahren spirituellen Natur wiederzuerwecken. Das Yoga-Studium stellt an den praktizierenden Yogi* sehr hohe Ansprüche, erfordert große Disziplin und die Führung durch einen erfahrenen Guru (Lehrer). Zu den Erfordernissen gehören unter anderen solche wie Enthaltung von allen Anregungsmitteln, eine weitgehend vegetarische Diät, Mäßigung des sexuellen Lebens, eine Einstellung, die vieles von sich selbst, doch weniges von anderen fordert, Wahrhaftigkeit, den Vorsatz, anderen bewußt keinen Schaden zuzufügen, sowie Einfachheit des Lebens bei kleinem und oft mit anderen zu teilendem Einkommen. Die verschiedenen Yoga-Systeme sind abgestuft, so daß sich die grundlegenden Energien des Menschen – die physische, die geistige und die spirituelle – Stufe für Stufe entfalten können.

Heutzutage sind sich die allermeisten Menschen ihrer inneren Kräfte gar nicht bewußt. Sie leben phantasielos routinemäßig dahin. Der Yoga-Schüler hingegen sieht sich in Beziehung zu gewaltigen Energie-Reservoiren, die ihn rings umgeben. Will er sich dieser Energien bedienen, so muß er seinen Körper, das Instrument dazu, entsprechend einstimmen. Das aber heißt, er muß lernen, die Kontrolle über seine Energieventile, die Chakras, auszuüben. Sieben dieser Chakras sind besonders wichtig; nur diese Hauptchakras wollen wir hier näher betrachten. Diese Energiezentren saugen selektiv kosmische Energie ein und bringen sie direkt mit einer der innersekretorischen Drüsen in Verbindung. Als Wächter der Gesundheit üben diese durch die Hormone und das vegetative Nervensystem eine stark regulierende Kontrolle über die Körperorgane aus.

Am Grunde der Wirbelsäule gibt es eine latente Kraftquelle, die figürlich als eine ruhende, zusammengerollte Schlange dargestellt und Kundalini genannt wird. Wenn die Kundalini voll erwacht ist, steigt die Kraft aufwärts, aktiviert ein Chakra nach dem anderen und führt schließlich zu fortschreitender Erleuchtung.

Wenn diese Zentren geöffnet werden, bevor der Lernende darauf vorbereitet ist, kann die Freisetzung von Energie so stark werden, daß es zu einem psychotischen Bruch mit der Realität kommt. Durch die Yoga-Praxis wird die schlafende Schlange erweckt und

---

* Der Yogi ist derjenige, der Yoga praktiziert

Entsprechungen zwischen Chakras und endokrinen Drüsen

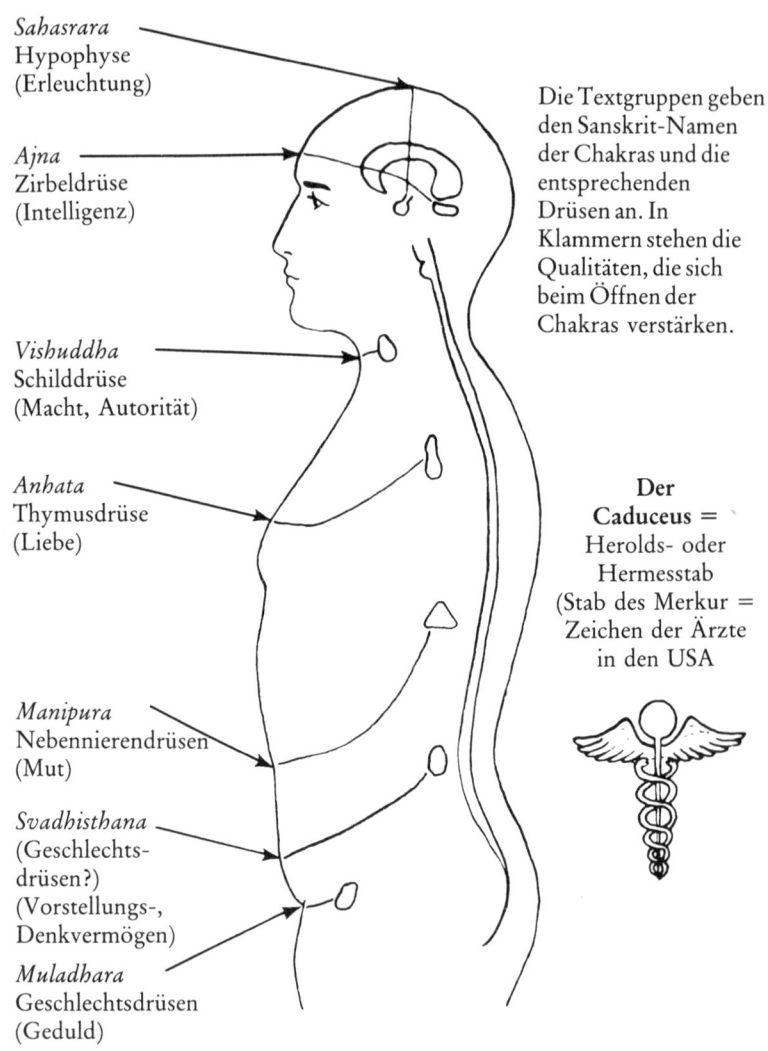

Sahasrara
Hypophyse
(Erleuchtung)

Ajna
Zirbeldrüse
(Intelligenz)

Vishuddha
Schilddrüse
(Macht, Autorität)

Anhata
Thymusdrüse
(Liebe)

Manipura
Nebennierendrüsen
(Mut)

Svadhisthana
(Geschlechts-
drüsen?)
(Vorstellungs-,
Denkvermögen)

Muladhara
Geschlechtsdrüsen
(Geduld)

Die Textgruppen geben
den Sanskrit-Namen
der Chakras und die
entsprechenden
Drüsen an. In
Klammern stehen die
Qualitäten, die sich
beim Öffnen der
Chakras verstärken.

**Der
Caduceus =**
Herolds- oder
Hermesstab
(Stab des Merkur =
Zeichen der Ärzte
in den USA

beginnt aufzusteigen zum Brustkorb und zum Gehirn, wie es symbolisch im Caduceus (s. Abb.) zum Ausdruck kommt.

In diesem Symbol erkennt man die Schlange, die sich an fünf Stellen – den fünf Chakras des Bauches und der Brust – überkreuzen. In ihrer Mitte befindet sich das Rückgrat. Am oberen Ende weist ein Flügelpaar symbolisch auf den Aufstieg der Kräfte hin: der männlichen (positiven), die man Pingala nennt, und der weiblichen (negativen), die Ida genannt wird. Zur Erweckung dieser Kräfte dient im Yoga die Atmung durch das linke bzw. das rechte Nasenloch, bei gleichzeitiger tiefer Konzentration auf die Kraft des einströmenden Atems.

Bedienen wir uns der Terminologie der Psychosynthese, so ist die Erweckung der niederen Zentren die personale Synthese, die der spirituellen Synthese vorausgehen muß. Erreicht wird dies durch die Entdeckung des Selbst, durch die Erkennung unseres Ego und dadurch, daß wir uns selbst so akzeptieren, wie wir sind. Nachdem wir unser fleischliches, körperliches Sein erkannt und ihm Ausdruck gegeben haben, folgt eine Periode erhöhten Bewußtseins durch Charakterbildung, reines Leben und kontrollierte Emotionalität, so daß wir nicht länger Diener unserer Emotionen bleiben, sondern als Meister sie zu beherrschen lernen. Der Solarplexus mit seiner engen Verbindung zu den Nebennierendrüsen ist das Kontrollzentrum in diesem Bereich des Aufbaus und der Reinigung, ein Kraftzentrum. Die Nebennierenhormone sind unsere primären Abwehrwaffen zum Schutze des Körpers.

Wenn diese Stufe des Lebens sich der Vollständigkeit nähert, werden persönliche Wünsche zum Herz-Chakra im Brustraum emporgehoben und durch Sublimierung in eine höhere Form von Liebesenergie umgewandelt, die sich von persönlichen Belangen abwendet und der Humanität im allgemeinen zuwendet. Dann wird die Meditation zu einem wichtigen Teil des täglichen Lebens, und das Leben eines solchen Menschen nimmt einen planvollen, zielstrebigen Verlauf. Bei fortgesetzter Meditation steigen schließlich die Kräfte zum höchsten Zentrum auf, zur Hypophyse und zur Zirbeldrüse. An diesem Punkt angekommen, lebt man nicht länger für sich selbst, sondern empfindet, daß man sein Leben durch Gnade lebt.

Eine Frau berichtet über ihre Kundalini-Erfahrung:

Als ich mich nach zwei Jahren immer stärkerer Depressionen am Ende sah, überantwortete ich mich Gott mit meinem ganzen Sein, obwohl ich bisher weder viel über Gott nachgedacht noch bewußt an ihn geglaubt hatte. – Es war, als ob ich mich hinabstürze in einen unbekannten Abgrund. Sechs Monate nach dieser Übergabe lebte ich bedenken- und sorglos dahin, ohne irgendwas Bestimmtes zu erwarten. Ich nahm meine Pflichten als Hausfrau und Mutter mechanisch wahr.

Am Ende der sechs Monate erkrankte mein Mann schwer und kam ins Krankenhaus; die Anforderungen an mich wurden dadurch höher als zuvor. Dennoch aber empfand ich keinerlei Streß, sondern eher eine Art Anregung, einen Ansporn, alle Dinge problemlos zu bewältigen und die Kinder aufs beste zu betreuen.

An einem sonnigen Nachmittag, zwischen zwei und drei Uhr, im Hause und in der Nachbarschaft war alles still, saß ich und las Predigten von Peter Marshall. Da erfaßte mich plötzlich ein beseligendes Gefühl. Ich fühlte im Herzen, daß etwas wie ein weißer Vogel aufwärts durch meinen Kopf flog. Innerlich wurde ich von diesem Gefühl völlig mitgerissen und spürte, wie ein Schwall von Energie vom Grunde der Wirbelsäule durch das Zentrum des Körpers aufströmte und durch die Scheitelpartie des Kopfes entwich. Es war wie ein golden-weißes, lichtes, nichtbrennendes Feuer.

Binnen drei Sekunden hüllte die Lichtwoge den Körper ein und »nahm« alles mit. Sie floß aus dem Scheitel über den ganzen Körper nieder. Durch mein Gehirn huschte noch der Gedanke »Meine Schale fließt über«, bevor alles – das Haus, die ganze Gegend, die Welt, das Universum – in dieses Licht getaucht war: keinerlei Formen und keine Trennung im Sein. All dieses große Eine war Gott, ohne Worte. Ich weiß nicht, wie lange es dauerte – vielleicht waren es nur fünf oder zehn Minuten –, bevor langsam ein Vorgang des Zurückfließens, des Hinabfilterns einsetzte. Auch dieser dauerte wieder einige Minuten. Die ersten Worte, deren ich mir bewußt wurde, waren »Alles in Einem«. Dann nahm ich die gewohnte Umgebung wieder wahr. Ein

Gefühl tiefen Glückes und Friedens erfüllte mich, und dankbar empfand ich das Wunder, durch meine eigene Erfahrung die fundamentale Göttlichkeit und Einheit der ganzen Schöpfung erkannt zu haben – ein Segen, der seiner Natur nach angelegt ist, um von allen Menschen erstrebt und erkannt zu werden.

Die Wirkung der Beschwingtheit und der Verwandlung, die ich erfahren hatte, dauerte langsam abnehmend mehrere Monate an; der »Kontakt« mit Gott aber hat nie mehr aufgehört.

Nicht lange nach diesem Erlebnis, binnen einer Stunde, überkam mich erneut eine solche Freude, daß ich sagte: »Seele, erscheine wieder!« Da flutete ein lieblicher Strom von Freude und Beschwingtheit vom Herzzentrum aufwärts zum Kopf, und die ganze Gegend wurde leuchtend und schimmernd. (Ich steuerte gerade meinen Wagen und mußte achtgeben, dabei nicht unaufmerksam zu werden.)

Nie zuvor habe ich von einem solchen Erlebnis gelesen oder gehört; später aber habe ich in vielen Büchern von solchen Begebenheiten gelesen.

Licht im Geiste

Der Gedanke, daß Musik und Licht alle Räume des Weltalls durchfluten, ist nicht neu. 3000 Jahre vor Christus findet sich in der Bhagavad Gita der Satz: »Die Glorie und der wundervolle Glanz dieses mächtigen Wesens ist der Sonne vergleichbar, die auf einmal mit tausendfach stärkerer Leuchtkraft als gewöhnlich in den Himmel aufsteigt...«

Und Pythagoras sagt: »Es gibt eine Universalseele, die in allen Dingen west, die ewig, unsichtbar und unwandelbar ist. In ihrem innersten Wesen gleicht sie der Wahrheit, in ihrer Substanz ist sie ähnlich dem Lichte.«

Eine kurze Zeitlang war es drei Jüngern des Herrn vergönnt, auf dem Berge der Verklärung die Lichtenergie zu schauen, die der wahre Baustoff des Menschen ist:

»Sechs Tage später nahm Jesus den Petrus, Jakobus und Johannes mit sich und führte sie abseits auf einen hohen Berg. Und er ward vor ihnen verwandelt: Sein Antlitz glänzte wie die Sonne, und seine Kleider wurden weiß wie Schnee und leuchteten wie Licht... (Matth. 17,1–2).«

Bei Betrachtung dieser Strahlungsphänomene vom Nützlichkeitsstandpunkt der heutigen Forschung teilt uns Dr. Donald Andrews folgendes mit:

»...das Licht strömt in die Person ein aus allen Organen und ebenso aus dem Universum und den verschiedenen Planeten. Es wird auch nach außen abgestrahlt. Die Essenz der Gestirne ist in diesem Raum. Die Musik wird in verschiedenen Wellenlängen ausgestrahlt. Jeder Herzschlag, jeder Gedanke geht als Welle hinaus ins Universum. Wir sind mit dem Ewigen in Kontakt, wir sind in ihm und von ihm umschlossen.«

In einem Vortrag vor Angehörigen der New-Thought-Bewegung gab Ervin Seale Definitionen von Körper, Seele und Geist. Er stellte sich die Welt als ein Reich der Einheit vor, wie es alle Weltreligionen verkünden. Von dort sah er sich Energien abstufen zur Ebene der Seele, wo erstmalig Dualität in Erscheinung tritt, weil wir sowohl mit der universalen wie mit der individuellen Seele zu tun haben. Werden diese Energien noch tiefer abgestuft, so kommen sie in den Bereich des physischen Körpers.

Über ihre Versuche, diese göttlichen Harmonien im Bereich der Pflanzenwelt weiter zu enträtseln, haben George Adams und Olive Whicher eine meisterhafte Arbeit vorgelegt. Mit Hilfe von Hinweisen, die einst Goethe gab, gelangten sie zu neuen Erkenntnissen über die großartige Symmetrie, die der Pflanzenstruktur zugrunde liegt und in geometrischen Gestaltungen des Wuchses zum Ausdruck kommt. In diesem Buch finden wir wiederum Hinweise auf die beiden Welten der Energie, nämlich einerseits die physikalische, »tangentiale«, und andererseits die spirituelle, »radiale«.

»Was ist das magische Geheimnis, das unhörbar, doch ausdrucks-
stark aus dem Herzen jeder Blüte spricht? Aus dem Schatten des
Gestrüpps oder hoch oben aus der Baumhecke tönt immerdar eine
Botschaft – wenn wir sie nur hören könnten –, eine tausendfältige
Modulation einer gewaltigen Melodie... Solange es Menschen gibt,
hat die Natur – vor allem die Pflanzenwelt – zum Herzen des
Menschen gesprochen durch die Pracht ihrer Farben und die
Individualität ihrer Gestaltungen. Früher hat der Mensch wie im
Traum die Natur belauscht. In den letzten Jahrhunderten aber ist er
entschlossen, sich ihre Geheimnisse immer bewußter zu er-
schließen.«

Folgen wir diesem Pfad weiter von der Pflanzen- zur Tierwelt, so
führt uns die hervorragende Arbeit von Dr. H. S. Burr der Yale
Medical School zu neuen Erkenntnissen. Er befaßte sich mit der
Untersuchung von Energiefeldern in der Tierwelt. Dabei ging er davon
aus, daß in biologischen Systemen elektromagnetische Felder regelmäßig den Organisationsplan bestimmen. Entsprechend diesem Gedanken müssen bei Tieren (und Menschen) bestimmte Körperteile
positiv, andere negativ geladen sein.

Dr. Burr bewies, daß das stimmt. Bei der Untersuchung von
Froscheiern fand er, daß jedes Ei einen Punkt aufwies, an dem sich eine
höhere Potentialdifferenz zeigte. Es ergab sich, daß an der Stelle dieses
Punktes später der Kopf erschien. So stellte er eine Beziehung
zwischen dem elektrischen Feld und der Form fest. Er stellte fest, daß
sich das Feld stets schon vor der Form zeigt.

Dr. Burr entdeckte ferner, daß in 90 Prozent aller Fälle die rechte
Seite des menschlichen Körpers eindeutig positive, die linke negative
Ladung aufweist. Das Umgekehrte war bei den restlichen 10 Prozent
der Fall. (Dies hat nichts mit Rechts- oder Linkshändigkeit zu tun.)

Daß wir unsere ursprüngliche Naturverbundenheit mehr und mehr
eingebüßt haben, ist eine Folge des sogenannten Fortschritts der
Zivilisation. Es scheint eine Strafe für die Überentwicklung des
persönlichen Ego zu sein, das sich als für sich allein existierend und als
Konkurrent für die gesamte Natur betrachtet.

Im Laufe der Jahrhunderte scheint es Perioden gegeben zu haben, in denen Menschen in engster Verbundenheit mit ihrer Umwelt lebten, während sich in anderen Zeiten, in Perioden der Isolation, der einzelne allein durchschlagen mußte. Zu einer der letzteren Perioden gehören die letzten hundert Jahre. Arzt und Seelsorger sind seit langem voneinander getrennt. Man hat längst vergessen, daß Hippokrates, der Vater der Medizin, ein Priester war. Wenn sich der Priester auch nicht als praktischer Mediziner oder der Arzt als Geistlicher betätigen soll, so ist aber sicher, daß jeder von beiden etwas vom anderen sein muß.

Der Priester muß um die körperlichen Nöte und Bedürfnisse des Menschen wissen, und der Arzt muß sich der Heiligkeit des menschlichen Wesens bewußt sein. Die wissenschaftlichen Fortschritte unseres Jahrhunderts haben unsere phantastischsten Vorstellungen übertroffen – Radio, Fernsehen, Radar, Computer, Weltraumfahrten und was sonst noch alles. Aber welchen Preis müssen wir zahlen für die Abstumpfung unserer Sensibilität!

Früher hatten die Ärzte einen viel feineren Spürsinn. Ihre Finger, Ohren und Augen mußten die heutigen Röntgenaufnahmen, Elektrokardiogramme, chemischen Blutuntersuchungen und radioaktiven Szintigramme ersetzen. Weder der junge Medizinstudent noch der Assistenzarzt von heute hören, wie ihre Vorgänger, die mit dem Ohr wahrnehmbaren Geräusche des Kranken, noch fühlen sie die leichten Änderungen der Hauttemperatur oder sehen die Besonderheiten der Zunge, aus denen früher so wichtige Schlüsse für die Diagnose gezogen wurden.

Der Medizinphysiker Francis Woidich, ein gründlicher Forscher latenter menschlicher Energien, betrachtet den Menschen als einen »kosmischen Resonator«. Er ist der Auffassung, daß der Mensch imstande ist, auf jede Art von Energie bewußt zu reagieren. Griffith Evans glaubt, daß wir Menschen resonativ auf harmonische Schwingungssysteme ansprechen, die dahin tendieren, uns durch Einstimmung in das Bewußtseinsfeld mit einem anderen Individuum in gedankliche Verbindung (Rapport) zu bringen.

56

Als Ergebnis seiner Forschungen demonstrierte G. W. de la Warr in seinem Laboratorium in Oxford die Einwirkung von Gedankenkraft auf das Zellwachstum und auf fotografische Emulsion. Er entwarf auch eine Reihe diagnostischer und therapeutischer Geräte, die es ihm und seiner als Ärztin tätigen Frau ermöglichten, bei Ferndiagnosen und -behandlungen von Patienten mit nur einem Blutstropfen auszukommen, auf den sie sich geistig einstellten.

Auf dem sich rasch ausbreitenden Gebiet der Parapsychologie häufen sich Beweise solcher Art. In diesem Zusammenhang erinnere ich mich an einen Fall, den mir der weithin bekannte Forscher Harold Sherman erzählte. Er beschrieb mir ein tagebuchmäßig genau erfaßtes Experiment der Gedankenübertragung mit einem Freund in der Arktis. Eines Tages erwachte Sherman mit starken Kopfschmerzen, die ihm unerklärlich waren, da er für Kopfschmerzen nie anfällig gewesen war. Nach Rückkehr des Freundes stellte sich beim Vergleich der Tagebuchaufzeichnungen heraus, daß der Zeitpunkt des Kopfschmerzanfalls genau mit einem schweren Schlag zusammenfiel, der den Kopf seines Freundes getroffen hatte.

An den Gedanken, die wir hier wiederentdecken, ist im Grunde nichts Neues, denn sie werden unbewußt in allen Lebenslagen praktiziert. Als langjähriger Amateur-Naturforscher hat mich die Theorie der kosmischen Resonanz stets tief beeindruckt, wenn ich z. B. stundenlang dem rhythmisch-musizierenden Getön der Frösche oder dem freundlichen Geflüster der Grillen lauschte oder wenn ich beobachtete, wie urplötzlich alle Mitglieder eines Schwarmes von Vögeln gleichzeitig aufflogen, wenn sie ein für mich nicht wahrnehmbares Signal vernahmen.

Es gibt viele Geschichten über die engen Beziehungen zwischen Mensch und Natur, wie sie zum Beispiel von den Kahunas und von amerikanischen Indianern erzählt werden.

J. Allen Boone beschrieb vor einiger Zeit ein Erlebnis, das er in Afrika hatte, als er eine Jagdgesellschaft auf ihrem Streifzug begleitete. Man hatte ihm von einer Stelle erzählt, an der sich eine große Schar von Affen zusammenfand und ergötzliche akrobatische Turn- und Kletterspiele auszuführen pflegte. Boone begab sich recht früh, bevor die

Affen gewöhnlich kamen, an den beschriebenen Platz, setzte sich an eine ruhige Stelle im Schatten eines Baumes, paßte sich soweit wie möglich seiner Umgebung an und wartete.

Nach geraumer Zeit kamen Affen, wie es schien, aus allen Richtungen. Das Freigelände gestaltete sich zu einer riesigen Bühne. Die Affen kletterten, schwangen sich von Ast zu Ast und schwatzten, wie man es in Zoos oder im Zirkus nicht erleben kann. Doch plötzlich hörte jede Bewegung auf. Es entstand eine so tiefe Stille, daß man es geradezu hören konnte... und im Handumdrehen waren alle Affen verschwunden. Boone schaute auf die Uhr, denn er wollte eine Theorie prüfen, die ihm in den Sinn gekommen war.

Als die Jagdgesellschaft ein paar Stunden später eintraf, fragte Boone sie nach dem genauen Zeitpunkt, zu dem sie das Lager verlassen hatten. Es war genau der Zeitpunkt, an dem die Affen geflohen waren.

Während meiner Tätigkeit im Gesundheitsdienst des International Grenfell Hospital in St. Anthony, Neufundland, lernte ich Captain Hounsell, den Skipper eines neufundländischen Küstendampfers, kennen und schätzen. Damals, als es noch kein Radar gab, gehörten Eisberge und dichte Nebel zum täglichen gefahrvollen Risiko solcher Kapitäne. Meine Frau berichtete mir von einer Fahrt, die sie auf dem Schiff des Captain von unserem Heimathafen St. Anthony nach St. John's unternommen hatte. Eines Morgens, als sie bei dichtem Nebel durch die White Bay dampften, fragte meine Frau den Maat, wo sie jetzt seien. Der Maat sagte, er habe keine Ahnung, doch wisse er, daß der Kapitän einen besonderen Sinn habe, den die meisten der Mannschaft nicht anzuwenden verstünden. Kurze Zeit darauf heulte die Schiffssirene, und das Schiff ankerte bei Seal Cove. Nichts war zu sehen außer Nebel und dem Wasser rings ums Schiff. Dann kamen die Motorboote vom Land und legten längsseits an. Die Reise war zu Ende, als ob es keinen Nebel gegeben hätte. Aber wie?

Einer meiner Freunde, der sich lange in den Indianerreservationen Arizonas aufgehalten hatte, erzählte mir von seinem Besuch eines Rats-Meetings verschiedener Stämme. Mit einem Indianerhäuptling ging er schweigend zum Versammlungsort, einer weit entfernten einsamen Stelle. Sie setzten sich mit einigen anderen in einen Kreis;

nach und nach trafen auch die übrigen Häuptlinge ein. Nach einer Stunde völliger Stille fragte mein Freund den Häuptling, mit dem er gekommen war, wann die Beratung denn beginnen solle. Die verblüffende Antwort war: Sie habe vor einer Stunde angefangen. Bald darauf kreiste die Pfeife zwischen den Indianern. Dann erhoben sich alle und schritten in verschiedenen Richtungen davon.

»Was wurde denn da beschlossen?« fragte mein Freund verwundert. »Alles ist beschlossen worden«, lautete die Antwort. In der Nähe des Heimatdorfes kam ein Indianer dem Häuptling freudestrahlend entgegengelaufen und rief, er sei glücklich über den Erfolg der Beratung!

Abschließend fühle ich mich an einige einfache Verse des großen englischen Dichters William Wordsworth erinnert, der in so hohem Grade das Gespür für Ehrfurcht und das Wunderbare besessen hat:

»Ach, gar zuviel gilt uns die Welt; wir leben
Erwerbend und verschwendend, ohne Wert:
Sehn wenig in der Flur, was uns gehört,
Und haben, faules Gut, die Herzen fortgegeben.
See, die mit bloßer Brust den Mond betört,
Winde, die heulend sich vom Lager heben,
Wie Blumen werden sie im Schlaf zerstört.
Ach, keine Harmonie ist uns gegeben,
Daß es uns rührte. Wär ich doch geborn
Als Heide und in totem Glauben auferzogen,
Ich säh der Auen Grün, der Äcker Korn
Verlorn nicht an die Welt, die mich getrogen.
Dann bliese Triton mir sein Muschelhorn
Und Proteus stiege wieder aus den Wogen.«

3. Kapitel

Über bessere Ernährung

»Die Nahrung sei deine Medizin!«
HIPPOKRATES

»Der Arzt der Zukunft wird keine Medizin mehr geben, sondern
seine Patienten dazu anhalten, für eine dem Menschen bekömmliche
Diät zu sorgen und sich für Ursachen und Verhütung von Krankheiten zu interessieren.«
THOMAS ALVA EDISON

Alles, was ich in mich hineinnehme, sollte zu einem Teil meines
Selbst werden, ob es sich um Worte handelt, die meine Ohren
vernehmen, oder um das Sonnenlicht, das mich wärmt, ob es die Luft
ist, die ich einatme, oder ob es die Speisen sind, die meinen Körper
ernähren. Die Wahl treffe ich selbst. Eine intelligente, weise Wahl
bringt uns an die Schwelle eines reichen, sinnvollen Lebens, eine
falsche Entscheidung aber führt uns auf den Pfad zu Krankheit und
vorzeitigem Tod.

Das menschliche Ökosystem

Die Erde, unser Planet, ist Teil eines fortlaufenden Prozesses.
Immerfort wird sie von der Sonnenstrahlung bombardiert. Ihr Wasser
erhält sie aus den Wolken. Die Pflanzen, die ihre Oberfläche spren-
keln, trinken die Energie des Lichtes und bilden sie um in die materielle
Pflanzengestalt. Die Pflanze wird schließlich zu Humus und geht in

61

die Erdkrume ein. Ihr Lebensgeheimnis liegt im Samen, der aufstrebend die Erdkrume durchdringt und das Wachstum der Pflanze einleitet. Diese wächst heran, blüht und verströmt die Essenz ihres Wohlgeruches in die umgebende Atmosphäre. So sagt es Goethe: »Himmlische Kräfte steigen auf und nieder, reichen goldene Kelche von Hand zu Hand.«

Schon lange kennt man in der klassischen Ökologie die Beziehung von Bakterien zum Pflanzen- und Tierleben im Stickstoffkreislauf. Mit Hilfe von Bakterien wird tote tierische Substanz zersetzt. Das dabei entstehende Ammoniak ist ein wesentlicher Bestandteil der Proteinstruktur. Überall in der Natur finden sich Beispiele für die wechselseitige Abhängigkeit von Tier und Pflanze. Gewisse Greifvögel leben von Schlangen und von Nagetieren, die sich ihrerseits von Pflanzen ernähren. Diese wiederum leben von der Erde, die die für sie so wichtigen mineralischen Substanzen liefert. Der Boden seinerseits braucht, um fruchtbar und reif zu werden, verwesende Lebenssubstanz der Tier- und Pflanzenwelt. Werden Greifvögel rücksichtslos abgeschossen, weil einmal ein solcher Vogel ein paar Hühner getötet hat, so kann es sein, daß dem Landwirt eines Tages größerer Schaden erwächst, wenn die Nagetiere, deren Zahl diese Vögel früher unter Kontrolle gehalten hatten, zur Plage werden und den Ernteertrag empfindlich verringern.

Der natürliche Ackerbau ist neu zu überdenken. Bei Überlegungen zur Verbesserung von Ackerland erinnere man sich daran, daß tragfähige Böden ursprünglich durch Pflanzen geschaffen wurden und nicht umgekehrt! Die Natur fordert vom Menschen das zurück, was er ihr entzogen hat. Der Fruchtwechsel befolgt dieses Prinzip. Protein ist ein sehr wichtiger Teil unserer Nahrung, und Stickstoff ist der wichtigste Bestandteil, der Proteine von Kohlehydraten unterscheidet. Doch sollte der Stickstoff dem Boden eher in Form von pflanzlicher oder tierischer Substanz zurückgegeben werden und weniger durch Destillationsprodukte des Erdöls, das ja schon viele Jahrtausende aus den Systemen der Lebensenergie ausgeschieden ist. Solche Produkte lassen den Boden rasch zur Erschöpfung kommen. Zusätzlich zur Düngung können stickstoffreiche Pflanzen, wie Wicken, Lupinen oder Alfalfa, in den Stoffwechsel mit einbezogen und an den Boden zurückgegeben werden, damit er lebensstark und ertragreich bleibt für die Erzeugung höherer Pflanzen und Gemüsearten. Jeder, der schon einmal solches organisch gezogenes, ungespritztes Gemüse gegessen hat, kann beide Arten leicht nach Aussehen und Geschmack voneinander unterscheiden.

Es ist in diesem Zusammenhang interessant festzustellen, daß die Industrie der Schädlingsbekämpfungsmittel im gleichen Maße wie die der chemischen Düngemittel gewachsen ist. Das aber heißt, anders ausgedrückt, daß gesunde Pflanzen nicht in gleichem Maße von Insekten und Krankheiten befallen werden wie künstlich gezüchtete Kulturpflanzen, die fern von ihren natürlichen Standorten angebaut wurden. Übrigens haben auch gesunde Menschen ihre natürliche Immunität gegen Bakterien und Viren. In beiden Fällen verhalten sich die Bakterien und Viren gewissermaßen wie Aasgeier, die auf Beute lauern, in unseren Fällen auf ungesunde und absterbende Zellen.

Ernährungsmängel

Bedauerlicherweise ist im Lehrplan für das medizinische Studium das Thema Ernährung stark vernachlässigt worden. Viel mehr Gewicht wird auf die Erkennung und Diagnose fortgeschrittener Stadien solcher Krankheiten gelegt, die ihrerseits aus Ernährungsmängeln hervorgehen, wie z. B. Xerophthalmie (eine Augenkrankheit), Beriberi, Pellagra, Skorbut und Rachitis. Die meisten Medizinstudenten werden mit diesen Krankheiten allerdings in unseren Breiten nicht mehr konfrontiert. Die Folgen von Ernährungsmängeln sind so vielfältig, daß man bei jeder chronischen Erkrankung zunächst die Nährstoffzufuhr des Patienten prüfen müßte. Im Frühstadium einer solchen Erkrankung erscheinen oft auch die Ergebnisse ausgiebiger Blut- und Urinuntersuchungen noch als normal. Der Patient fühlt aber, daß trotzdem etwas nicht stimmt; und er darf keinesfalls durch die Zusicherung eines auf dem Ernährungssektor nicht bewanderten Arztes beschwichtigt werden. Der Körper verfügt über eine enorme

Fähigkeit, sich Streßsituationen im physischen und im psychischen Bereich anzupassen.

Schon früh machte ich hierzu eigene Erfahrungen, als ich fünf Jahre lang im International Grenfell Hospital in St. Anthony auf Neufundland arbeitete. In dieser Zeit sah ich weit über 100 Fälle von Beriberi, einen oder zwei Fälle von Skorbut und gelegentlich ein rachitisches Kind. Daneben aber sah ich wohl 200 oder mehr Fälle von Tuberkulose als Folge von Unterernährung.

Einen der dramatischsten Fälle von Unterernährung lernte ich während einer medizinischen Hundeschlittentour in Neufundland kennen, bei der ich im Fischerdörfchen Boat Harbor an den Straits of Belle Isle haltmachte. Bei unserer Ankunft, an einem kalten Morgen im Februar, entdeckten wir, daß nicht ein einziger der Männer dieses Dreißig-Familien-Dorfes auf den Füßen stehen konnte. Alle hatten Beriberi.

Das übliche Anzeichen dafür ist ein Gefühl, als ob sich etwas wie ein festes Band über den Bauch zieht. Dem folgt eine zunehmende Empfindungslosigkeit und Schwächung der Beine. Bei weiteren Nachforschungen erfuhren wir, daß die Menschen dort ausschließlich von Weißbrot und Tee lebten. Das war alles! Nicht einmal Fisch aßen sie! Das von der Hudson-Bay-Company geführte einzige Geschäft des Ortes hatte kein dunkles Mehl lagern wollen, weil es zu schnell verdirbt. Andere Lebensmittel aber konnte sich die Bevölkerung nicht leisten. Aufgrund dieser und ähnlicher Erfahrungen ergriff die Grenfell Mission an allen Orten, wo es keine Konkurrenz zwischen verschiedenen Geschäften gab und wo die Bevölkerung tatsächlich in tiefster Armut lebte, Maßnahmen, die erfreulicherweise innerhalb weniger Jahre zu einer entscheidenden Besserung führten.

Wir alle wissen, daß solche extremen Mangelerscheinungen in den westlichen Ländern kein besonderes Problem mehr sind. Worauf wir aber zu achten haben, ist der chronische Mangelzustand, der weit verbreitet ist und weniger auf Unterernährung als auf falscher Ernährung beruht. Wenn uns früher Patienten wegen ihrer Diät um Rat fragten, neigten wir Ärzte allzuoft dazu, sie mit dem Hinweis abzuspeisen, daß sie nur gut zu essen und ausgeglichene Mahlzeiten brauchten, um alles wieder ins Lot zu bringen. Als ob der Patient damit etwas hätte anfangen können! Wir selbst wissen ja kaum, was das bedeutet.

Das meiste, was ich bei der medizinischen Ausbildung über Ernährung zu hören bekam, bezog sich auf die Diät von Zuckerkranken und bestand darin, auszurechnen, wieviel Gramm Protein, Fett und Kohlenhydrate ein Diabetiker zu sich nehmen dürfe. Gewiß kann diese Maßnahme die Krankheit eine Zeitlang unter Kontrolle halten; sie bedeutet aber keine Lösung des Diabetesproblems und der damit einhergehenden Arteriosklerose, die wahrscheinlich der wichtigste Aspekt dieser Krankheit ist.

Man muß sich den Körper als ein Gebilde vorstellen, an dem wir täglich bauen und umbauen müssen. Will jemand ein Haus bauen, so braucht er zuerst einen guten Architekten, der ihm hilft, sich das Traumhaus richtig vorzustellen, und die entsprechenden Pläne dafür macht. Zweitens muß er das Material kennen, dessen sich der Architekt bedienen will, um die Effekte zu realisieren. Denn er würde sicher nicht wollen, daß beim Bau des Hauses termitenbefallenes Holz, rostige Rohre oder Farben verwendet werden, die in einem oder spätestens zwei Jahren abzublättern beginnen.

So ist es auch mit der Nahrung, die unseren Körper aufbauen soll. Sollten wir als Ärzte und Architekten des menschlichen Körpers nicht ähnliche Betrachtungen über die Ernährungsbausteine anstellen, die wir unseren Patienten verschreiben, deren Bauobjekte doch unermeßlich viel feiner und verletzlicher sind als Häuser aus Holz, Ziegeln oder gar Beton?

Vielleicht sagen wir einem untergewichtigen Schwerarbeiter, er müsse, um sein Gewicht und seine Gesundheit zu erhalten, täglich 2500 Kalorien zu sich nehmen und darauf achten, daß diese Tagesration einen reichlich bemessenen Anteil an Protein in Form von Fleisch enthalte. Genügt aber dieser Rat? Bestehen da nicht qualitative Unterschiede in den verfügbaren Nahrungsmitteln? Soll denn die Energiemenge aller Nahrungsmittel nur in Kalorien gemessen werden? Ist deren Wärmeenergie alles, was wir zu berücksichtigen haben? Ist es nicht möglich, daß es »lebende« und »tote« Nährstoffe gibt und daß sich diese Nährstoffe in physischer, geistiger und spiritueller Hinsicht unterschiedlich auf unser Energiesystem auswirken?

Biologisch aktive Lebensmittel

»Lebende« Nahrungsmittel sollte man genauer als biologisch aktive bezeichnen, als Nahrungsmittel, die potentielle Energiearten aufweisen, die bei synthetisch oder durch Hitzeprozesse hergestellten Substanzen fehlen. Letztere weisen zwar noch ihre chemische Zusammensetzung auf, wie im Falle eines Vitamins, aber sie sind zu einem leblosen Gerippe geworden.

Interessant ist es, dies mit Hilfe der Kirlian-Fotografie zu beobachten und so die Energiefelder biologisch aktiver Lebensmittel sichtbar zu machen.

Betrachten wir den Menschen als Komponente eines gewaltigen, alles Lebende umfassenden Energiesystems, dann ist die Qualität der Nahrung, die er zu sich nimmt, von erheblicher Wichtigkeit. Ist die Nahrung, die in seinem Körper Resonanz findet, biologisch aktiv oder ist sie relativ tot? Dr. Bircher-Benner, der schon Tausende von Patienten aus vielen Teilen der Welt in seiner berühmten Schweizer Klinik und seinem Sanatorium behandelt hat, erkannte, daß die ganze wunderbare chemische Struktur der lebenden Stoffe, die das Königreich der Pflanzen ausmachen, eine große Schatzkammer von Sonnenlicht ist. Was das tierische und das pflanzliche Leben nährt, ist Sonnenenergie. Sie ist in den Nahrungsmitteln, die wir essen, gespeichert. Wir werden also quasi durch Licht ernährt.

Seit langem wissen wir, daß Bestrahlung mit ultraviolettem Sonnenlicht im Körper die Bildung von Vitamin D steigert. Und in zunehmendem Maße erkennen wir die Beziehung zwischen dem Sonnenlicht und Vitamin C, das so reichlich in den Blättern von Pflanzen vorkommt. Bei seinen Forschungsarbeiten hat Dr. Linus Pauling die große Bedeutung dieses Vitamins zur Erhaltung der Gesundheit und besonders zum Schutz vor Erkältung eingehend beschrieben.

Sollte es Ihnen schwierig erscheinen, einen Unterschied zwischen

66

»lebender« und »toter« Nahrung festzustellen, dann essen Sie einmal einen frisch vom Baum gepflückten Apfel und danach einen anderen, der schon zwei oder drei Wochen in der Küche gelegen hat, und versuchen Sie zu schmecken, daß da ein beachtlicher Unterschied besteht.

Sollten wir nicht annehmen, daß auch im Ernährungswert Unterschiede bestehen? Aus der Vitaminforschung wissen wir, daß der Vitamingehalt frischer Früchte schon in den ersten Tagen nach dem Pflücken rasch geringer wird.

Dr. Bircher-Benner berichtet aufgrund seiner Analysen, daß der Vitamin-C-Gehalt in Blattgemüsen wie Spinat nach mehrtägiger Lagerung an einem warmen Platz um $\frac{1}{5}$ absinkt. In Kartoffeln fällt der Wert nach zweimonatiger Lagerung im Keller um die Hälfte. In den meisten Fällen werden in kochendem Wasser 25 Prozent des Vitamingehaltes zerstört und gehen verloren.

Ein wichtiger Punkt ist, daß die chemische Präsenz einer Substanz wie Vitamin noch keine Sicherheit für seine biologische Aktivität bietet. Dr. Anthony Pescetti fand bei Versuchen heraus, daß Lebensmittel, die eine beliebig lange Zeit bei Temperaturen über 55° C erhitzt oder gar gekocht werden, ihre biologische Aktivität schnell einbüßen. In solchen Fällen ist es so, als ob die lebenspendenden Komponenten verschwunden und nur das chemische Gerüst erhalten geblieben sei.

Die Folgen des Verzehrs von devitalisierter Nahrung treten einem erschreckend klar vor Augen, wenn man in ein Alters- oder Pflegeheim geht und sieht, wie manche Menschen in Rollstühle eingezwängt dasitzen. Ungenügende Zufuhr der Lebensbausteine – Proteine, Kohlehydrate und Fette, zusammen mit Vitaminen und Mineralstoffen, deren Wirkungen im Körper eine wichtige Rolle spielen – liefert solche Menschen einer langsamen oder gar ungewissen Genesung aus. Betrachten wir diese Bausteine unserer Gesundheit nun einmal genauer:

Proteine

Die Proteine sind überaus wichtig für die Zellstruktur, zur Bildung von Hormonen und als Speicher für genetische Informationen. In Glukose umgewandelt bilden sie eine zusätzliche Energiequelle. Die besten Proteinquellen sind Milch, Eier, Nüsse, Sojabohnen, Linsen sowie Blattgemüse wie Spinat.

Salzsäure und das Enzym Pepsin beginnen im Magen mit der Proteinverdauung. Sie wird dann im Dünndarm fortgesetzt durch die kraftvolle Einwirkung des Enzyms Trypsin, einem Sekret der Bauchspeicheldrüse. Bei weiterem Abbau durch aus der Wand des Dünndarms austretende Enzyme entstehen Aminosäuren, die durch die Dünndarmwand in den Blutstrom absorbiert werden.

Es gibt viele in ihrer Zusammensetzung sehr unterschiedliche Aminosäuren. Sie sind die Bausteine der vielen Proteine, die die Zellstruktur des Körpers aufbauen. Man unterscheidet essentielle und nichtessentielle Aminosäuren. Die unbedingt erforderlichen essentiellen Aminosäuren müssen mit der Nahrung dem Körper zugeführt werden, da dieser sie nicht zu synthetisieren vermag. Die nichtessentiellen können, falls ihre aus der Nahrung verfügbare Menge nicht ausreicht, vom Körper synthetisiert werden.

Vor einigen Jahren diskutierte man viel über hoch proteinhaltige Diät und ihren Wert im allgemeinen sowie besonders zur Kontrolle von Übergewicht sowie bei Hypoglykämie (zu niedrigem Blutzuckerspiegel). Bei der Behandlung einer großen Gruppe von Kindern mit sogenannten »Gehirnschäden« – die in vielen Fällen den Verdacht auf Hypoglykämie erweckten – konnte ich beobachten, daß es ziemlich vielen der Kinder, die hoch proteinhaltige Diät erhielten, gar nicht gutging. Als man dann zu proteinärmerer Diät überging und verfeinerte Kohlehydrate völlig absetzte, ging es ihnen wesentlich besser. Dr. Bircher-Benner hat auf die Tatsache hingewiesen, daß sich eine 40-bis-50-Gramm-Proteindiät einer 100-Gramm-Diät als überlegen erwiesen hat. Er betonte jedoch auch, daß pflanzliche Proteine, von denen ein beträchtlicher Anteil im Rohzustand sein sollte, besser seien als tierisches Protein.

Dafür dürfte es verschiedene Gründe geben. Erstens ist Fleisch in der evolutionären Skala die höchste Nahrung und infolgedessen aus äußerst komplexen Molekülen zusammengesetzt, deren Abbau die längsten Enzymketten erfordert. Ein einziges schwaches Glied in dieser Kette könnte die Erzeugung von Giften bewirken und die Leber zusätzlich belasten. Zweitens besteht die Tendenz, Fleisch bei hohen Temperaturen zuzubereiten, wobei ein großer Teil des Nährwertes verlorengeht. Frisch zubereitete pflanzliche Nahrung steht dem Lebensprozeß viel näher und dürfte so als Träger einer »lebendigeren« Form des Proteins betrachtet werden, wobei ein Gramm-für-Gramm-Vergleich mit tierischem Eiweiß ziemlich bedeutungslos ist.

Alle essentiellen Aminosäuren kommen nicht in größerer Menge in einzelnen Gemüsepflanzen vor. Verwendet man aber regelmäßig verschiedene grüne und gelbe Gemüsearten, so ist die Versorgung gesichert.

Eier zählen zu den vollständigsten Nahrungsmitteln des Menschen. Um zu vermeiden, daß sie durch Hitzeeinwirkung an Nährwert einbüßen, esse man sie möglichst weich gekocht. Milch, die häufig als Nahrungsmittel für Menschen aller Altersklassen angepriesen wird, ist in Wirklichkeit gar nicht empfehlenswert für ältere Menschen, weil mit zunehmendem Alter immer weniger des wichtigen Enzyms Laktase gebildet wird. Dieses Enzym, das bei 5 bis 10 Prozent der weißen Erwachsenen und in manchen orientalischen Ländern sowie bei etwa 70 Prozent der Erwachsenen der schwarzen Rasse fehlt, ist erforderlich, um Milch mit ihrem hohen Laktosegehalt zu verdauen. Wegen dieses Mangels können sich Durchfall und Bauchkrämpfe einstellen, so daß dann auf Milch verzichtet werden sollte. Dieses Hindernis läßt sich aber oft überwinden, wenn man zu Buttermilch oder natürlichem Yoghurt greift, die beide sehr wenig Laktose haben. (Viele handelsübliche Yoghurtsorten enthalten jedoch einen Laktosezusatz.) Ein befriedigender Ersatz ist aus Sojabohnenpulver hergestellte Sojabohnenmilch.

Kohlehydrate

Zu den Kohlehydraten, der Hauptenergiequelle für Körper und
Gehirn, gehören Stärke- und Zuckerarten. Ihre wichtigsten Quellen
sind Pflanzen und Früchte. Die Verdauung der Kohlehydrate beginnt
schon im Mund durch das von der Speicheldrüse produzierte Enzym
Ptyalin. Weit wichtiger aber sind das von der Pankreas abgegebene
Enzym Amylase sowie die im Darmbereich wirksamen Enzyme, die
den Abbauprozeß zu Ende führen und je nach dem Ausgangsstoff
Glukose, Fruktose und Maltose bilden. Glukose wird dann in den
Blutstrom absorbiert und erreicht schließlich als das Speicherprodukt
Glykogen die Leber oder den Muskel, oder es wird abschließend zu
Fett umgewandelt.

Zwischen 1889 und 1961 vollzog sich in den USA eine beträchtliche
Verschiebung in der Aufgliederung des Konsums von Kohlehydraten.
Der Verbrauch komplexer Kohlehydrate ging um 54 Prozent zurück,
während der Verbrauch einfacher Zuckerarten um 50 Prozent zu-
nahm. Während dieses Zeitraums stieg der Verkauf von Zucker und
Sirup auf mehr als das Doppelte. Bei neueren Untersuchungen über
Herzkrankheiten fand sich eine direkte Korrelation zwischen dem
neuen Trend und der Zunahme der Herzkrankheiten. Der exzessive
Verzehr einfacher Zuckerarten wirkt sich in einer Erhöhung des
Triglyzeridspiegels im Blut aus. (Messungen solcher Art dienen häufig
bei Untersuchungen zur Indikation über die Anfälligkeit des Patienten
für Erkrankungen der Herzkranzgefäße.)

Das Bedürfnis nach Süßigkeiten ist ebensowenig ein natürliches
Phänomen wie der Hang zum Alkoholgenuß. Bei zweckvoller Ernährung verschwinden beide Neigungen. Dr. Weston Price veranschau-
licht in geradezu dramatischer Weise die ursächliche Wirkung verfeinerter Kohlehydrate auf Zahnkaries, Gebißanomalien, Parodontose,
Arthritis, Tuberkulose, geistige Unterentwicklung und kriminelle
Veranlagung. Seine Erfahrungen erwarb er beim Besuch primitiver
Völker in allen Teilen der Welt und beim Studium der Beziehungen
zwischen ihren diätetischen Gewohnheiten und ihrem Gesundheitszustand. Bei solchen Völkern, die heute immer noch so leben wie vor

Hunderten von Jahren, stellte er weniger als 1 Prozent Karies fest. Bei anderen Gruppen, die schon mit der Zivilisation in Kontakt gekommen und zum Verzehr verfeinerter Lebensmittel – insbesondere weißen Zuckers – übergegangen waren, zeigt sich, daß dieser Wert auf 30 bis 40 Prozent angewachsen war.

Ein in diesem Zusammenhang interessantes Beispiel fand er in dem bis vor einer Reihe von Jahren noch isolierten Loetschental in der Schweiz:

»Im Loetschental wohnt eine Gemeinschaft von etwa 2000 Menschen wie in einer eigenen Welt. Hier gibt es weder einen Arzt noch einen Zahnarzt, weil beide kaum etwas zu tun hätten. Auch gibt es keinen Polizisten und kein Gefängnis, weil man dessen nicht bedarf... Im Tal wird nicht nur alles hergestellt, was man für die Bekleidung braucht, sondern praktisch auch alles Nötige für die Ernährung. Eine besondere Errungenschaft des Tales ist sein großartiger Menschenschlag. Es sind Menschen von kraftvoll schönem Körperbau und strahlender Gesundheit, wie man sie sonstwo in Europa kaum findet.

Die Bevölkerung wohnt in einer Reihe von Dörfern, die verstreut im Talgrund entlang dem Fluß liegen. Das beackerte Land, auf dem hauptsächlich Heu als Viehfutter für den Winter und Roggen zur menschlichen Ernährung wachsen, erstreckt sich vom Fluß, manchmal steil ansteigend, bis hoch ins Gebirge. Man benutzt weder Lastautos noch Pferd und Wagen, geschweige denn Traktoren, um die Lasten an den Berghängen hinauf und hinunter zu schaffen. All dies geschieht auf den Rücken der Menschen, deren Herzen als Folge der Gewöhnung an schwere Arbeit besonders kräftig entwickelt sind.

Wir sind hier vor allem am Zustand der Zähne und der Entwicklung der Gesichter dieser von der Natur mit so ungewöhnlich schönen und starken Körpern ausgestatteten Menschen interessiert. Im Sommer 1931 studierte ich die Lebensverhältnisse im Loetschental und untersuchte Erwachsene und Jugendliche beiderlei Geschlechtes. Ferner beschaffte ich mir Proben ihrer Nahrung und vor allem ihrer

Meierei-Erzeugnisse. Diese wurden auf ihren Mineral- und Vitamingehalt sowie auf die weitgehend löslichen Aktivatoren untersucht. Der Vitamingehalt lag weit höher als bei Durchschnittsproben europäischer und amerikanischer Molkereien; er lag sogar beachtlich höher als bei Proben aus tiefer gelegenen Gegenden der Schweiz.

Von Dr. Siegen erfuhr ich viel über das Leben und die Gewohnheiten dieser Menschen. Er erzählte mir, daß sie in der hohen Qualität der Butter, die sie im Juni herstellen, wenn die Kühe in der Nähe der Gletscher weiden, die Wirkung göttlicher Kräfte erblicken. Das Volk versammelt sich dann, um dem gütigen Vater im Himmel für den Erweis seines Segens zu danken, den sie in der lebenspendenden Güte der Butter und des Käses erkennen, den sie hatten erzeugen können, wenn die Kühe nahe der Schneegrenze grasten…

Die Einwohner des Tales sind sich der hohen Qualität ihrer Juni-Butter bewußt, und ohne genau zu wissen, worauf sie beruht, zollen sie ihr die gebührende Wertschätzung.«

Umwandlung von Zucker in Energie

Die Umwandlung von Zucker in Energie, die sich in einem langen enzymatischen Prozeß, ausgehend von Glukose oder deren Leber-Speicherprodukt Glykogen bis zu einer breiter verfügbaren Energieform abspielt, benötigt Vitamine und Mineralstoffe. Diese müssen in ausreichender Menge vorhanden sein, wenn das Individuum körperlich und geistig leistungsfähig sein soll.

Größere medizinische Probleme können auftreten, wenn nicht jedes Vitamin und jedes Mineral in genügender Menge und in leicht absorbierbarer Form angeboten wird. Die letztere Bedingung ist früher weniger beachtet worden. So konnte es zum Beispiel vorkommen, daß Ferrosulfat zur Hauptquelle für ergänzende Eisengaben gewählt wurde. Versuche haben gezeigt, daß dabei nicht mehr als 4 Prozent des so verabreichten Eisens wirklich genutzt werden, die restlichen 96 Prozent werden entweder ungenutzt durch den Darm ausgeschieden oder können in der Leber oder im Zahnfleisch abgelagert werden, wobei es im letzteren Falle zu einer Rückbildung des Zahnfleisches kommt. Diese Art der Eisenzufuhr zerstört auch Vitamin E und beeinträchtigt die Ausnutzung des weiblichen Hormons Östrogen, so daß beide nicht gleichzeitig, sondern am besten in zwölfstündigem Abstand genommen werden sollten.

Der hypoglykämische Zustand

Streß und Angst sind allgemeine Klagen von Männern und Frauen unserer heutigen Gesellschaft. Diese Symptome können auf vielerlei Gründen beruhen – auf Arbeitsdruck und emotionalen häuslichen oder ehelichen Problemen. Addieren sich solche emotionalen Streßfaktoren zu einer ernährungsbedingten Streßsituation infolge übermäßigen Genusses von verfeinerten Kohlehydraten sowie Reiz- und Anregungsmitteln, wie Kaffee, Tee, alkoholischen und alkoholfreien Getränken, Tabak und dergleichen, so führt dies in zunehmendem Maße zu vielen der weiter unten aufgeführten Symptome. Diese sprechen jedoch auf eine gesunde Kost an, bei der manchmal auch Zugaben verdauungsfördernder Enzyme erforderlich werden.

Ich möchte die Hypoglykämie absichtlich nicht als Krankheit bezeichnen, denn sie kann auch als Teil einer Erschöpfungsreaktion auftreten, die jedem passieren kann, der längere Zeit hindurch Streßbedingungen ausgesetzt war, vor allem, wenn in der Familie des Betreffenden eine Veranlagung für Diabetes herrscht.

Hans Selye umreißt in seiner sehr durchdachten Schilderung des Weges vom Streß zu offensichtlicher Krankheit die Rollen von Streß, Anpassung und Erschöpfung. Die Grauzone, mit der wir es hier zu tun haben, liegt in der Stufe zwischen Anpassung und Erschöpfung.

In enger Beziehung zum hier diskutierten Thema steht das relativ neue Gebiet der medizinischen Ökologie. Es liefert weitgehend Beweise dafür, daß Symptome wie Allergie, Arthritis, Migräne, multiple Sklerose, relative Hypoglykämie, Diabetes und viele andere Zustände Reaktionen auf bestimmte Nahrungsmittel – einschließlich Proteinen,

Fetten sowie Kohlehydraten – sind. Nach ihrer Häufigkeit stehen dabei Milch, Weizen, Mais und Kaffee am Kopf der Liste solcher Nähr- und Genußmittel. Großenteils sind gerade diejenigen Nahrungsmittel die Schadenstifter, die am meisten verzehrt werden. Die so hervorgerufenen Symptome hängen damit zusammen, daß die verursachenden Stoffe in Mengen verzehrt werden, die den Bedarf an Vitaminen, Enzymen und Mineralen für den Stoffwechsel übersteigen.

Der sogenannte Zustand der Hypoglykämie ist ein Thema, das zu vielen Kontroversen unter den Medizinern geführt hat. Ich will hier versuchen, einen Mittelweg einzuschlagen.

Es handelt sich um eine Stoffwechselstörung, die mit verschiedenen Symptomen in Verbindung gebracht werden kann, insbesondere mit solchen aus der nachstehenden Tabelle, die ich aufgrund meiner Untersuchungen von etwa 70 Patienten zusammengestellt habe.

Diese Stoffwechselstörung ist mit verschiedenen Namen belegt worden wie Hypoglykämie, Hypoadrenalkorticismus, subklinische Addisonsche Krankheit, Tintera-Syndrom und Meladaptions- oder allergische Reaktion auf gewisse Nahrungsmittel oder Chemikalien des Umweltbereiches. Wenn keine Behandlung erfolgt, kann es zu einem prädiabetischen Zustand, zu klinischer Diabetes oder – allerdings nur in seltenen Fällen – zur Addisonschen Krankheit kommen.

Die Symptome sind so variabel, daß ich sie, wie gesagt, nicht in eine Krankheitskategorie einordnen, sondern als Manifestationen der allgemeinen Anpassungs-Erschöpfungs-Hypothese von Hans Selye betrachten möchte.

	Anzahl der Patienten	Prozent
Ermüdung – Erschöpfung	69	98
Konzentrationsschwierigkeiten	59	84
Depression	52	74
Ruhelosigkeit	49	70
Erregbarkeit, Reizbarkeit	46	66
Verdauungsstörungen – Blähungen	42	60
Geistige Verwirrung	41	58

Verminderung der Sehschärfe	40	57
Schlaflosigkeit	39	56
Muskelzucken	33	47
Empfindungslosigkeit	32	46
Benommenheit, Schwindel	31	44
Kopfschmerz	29	41
Gelegentliche Tränenausbrüche	26	37
Schweißausbrüche	22	32
Ohnmachtsanfälle	20	28
Appetitlosigkeit	13	18
Tachykardie (Steigerung der Herzfrequenz)	10	14
Konvulsionen, Krämpfe	1	1

Die Stoffwechselstörungen treten, wie beobachtet, in diesem klinischen Bild schon früh auf, und um die Diagnose dieses auf die empfohlene Behandlung ansprechenden Anpassungs-Erschöpfungs-Zustandes zu stellen, sollte der fünf- oder sechsstündige Glukose-Toleranztest angewandt werden. Beim allzuoft angewandten dreistündigen Test, der zwar Diabetes festzustellen vermag, werden die hypoglykämischen Absenkungen des Blutzuckerspiegels oft nicht erfaßt. Besser noch sind die von Dr. E. Cheraskin vorgeschlagenen zweistündigen Blutzuckertests mit fünf Proben. Sie erfordern umfassende Prüfungen und sind dem Lebenszuschnitt des Individuums besser angepaßt.

Für die meisten Menschen ist es unnatürlich, binnen 10 oder 15 Minuten ein Viertelpfund Zucker zu essen, wie es der Standard-Glukosetoleranztest erfordert. Es erscheint viel logischer, den Zweistundentest im Verlauf eines typischen Alltags des Patienten vorzunehmen, an dem er wie gewöhnlich ißt, arbeitet, spielt, vielleicht auch raucht oder trinkt und sich mit dem Chef oder mit seiner Frau unterhält. Mit anderen Worten: Solche Tests sollten auf der Basis einer normalen Aufnahme von Speisen und Getränken erfolgen und nicht aufgrund der Einnahme abnormaler Mengen von Glukose. Sodann sollten sorgfältig alle Wünsche des Patienten in bezug auf Essen und Trinken notiert und diese Notizen später zu den Fluktuationen des

Blutzuckerspiegels in Beziehung gebracht werden. Im Laufe seiner Forschungen hat Dr. Cheraskin signifikante Untersuchungen an einigen hundert Ärzten, Zahnärzten und deren Frauen vorgenommen. Bei Änderungen der Ernährung wirkte sich vor allem die Weglassung von raffiniertem Zucker bei diesen Gruppen in einer beträchtlichen Verbesserung des allgemeinen Gesundheitszustandes aus; der tägliche Blutzuckerwert zeigte geringere Schwankungen. Es wäre zu wünschen, daß diese Untersuchungen mit Bezug auf die verschiedenen, bereits erwähnten Erschöpfungszustände weitergeführt werden könnten. Vielleicht könnte es dann möglich werden, auf den Glukosetoleranztest zu verzichten, nach dessen Durchführung manche Patienten sich mehrere Tage völlig erschöpft fühlen.

Im nachstehenden Diagramm sind die Ergebnisse eines normalen Glukosetoleranztestes sowie einiger Varianten aufgezeichnet, die bei verschiedenen Unregelmäßigkeiten des Kohlehydratstoffwechsels auftreten.

Wie die vorstehenden Diskussionen erkennen lassen, ist das Anpassungs-Erschöpfungs-Syndrom etwas sehr Kompliziertes. Praktisch jedes Symptom, das ein Mensch durch seine Anlage erwirbt, kann irgend einmal in diese Kategorie fallen. Dem Endokrinologen John Tintera gebührt hohe Anerkennung dafür, daß er diesen äußerst wichtigen Sachverhalt in den Brennpunkt des Interesses gestellt und einen ebenso durchdachten wie erfolgreichen Behandlungsplan ausgearbeitet hat, der schon vielen Patienten geholfen hat. – Auch ich gehöre zu dieser Gruppe, wenn ich auch gewisse Änderungen in seinem Therapieplan, besonders auf dem Gebiet der Ernährung, vorgenommen habe.

Sie können mit Recht fragen, warum dieser Zustand so verbreitet ist. Wahrscheinlich hängt es mit der Abwendung des Menschen vom Studium der Natur und ihrer Methode zusammen. William Harvey, der Entdecker des menschlichen Kreislaufsystems, gibt uns den Rat, uns an die Natur zu halten und den von ihr gewiesenen Wegen zu folgen.

Unsere vielfach konservierten Nahrungsmittel sind eine extreme Abkehr von dem, was die Natur als menschliche Nahrung vorgesehen hat. Sie bringen den Körper, der damit fertig werden muß, in eine echte

Der Fünf- und Sechs-Stunden-Glukosetoleranztest

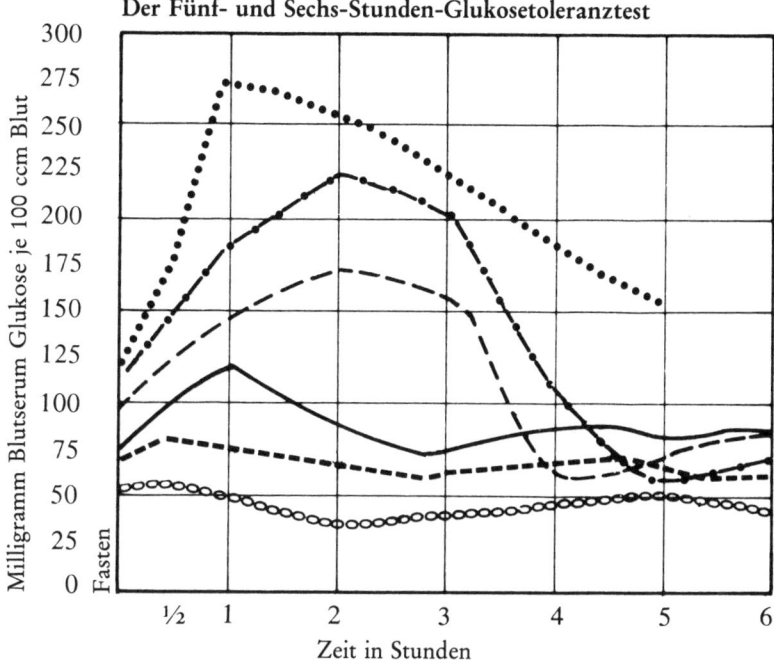

Zeit in Stunden

(Y-Achse: Milligramm Blutserum Glukose je 100 ccm Blut — 0, 25, 50, 75, 100, 125, 150, 175, 200, 225, 250, 275, 300)

(X-Achse: ½, 1, 2, 3, 4, 5, 6 — Fasten)

_____ Normale Kurve. Anfang zwischen 75 und 85. Steigt innerhalb der ersten Stunde auf einen Punkt, der etwa um die Hälfte höher liegt als der ursprüngliche Fastenwert.

. . . . Diabetische Kurve – typisch sind hohe Zuckerwerte, die erst nach der dritten Stunde auf normale Werte zurückgehen.

– – – – – – Hypoglykämische Kurve – viel Wechsel. Hauptsächlich zu beobachten sind die früh einsetzenden, schnellen, hohen Anstiege, die steilen Abfälle, die irgendwann in den sechs Stunden erfolgen, und die niedrigen Werte um und unter 50, bzw. 15 bis 20 Punkte unter dem Fastenpegel, besonders wenn gleichzeitig hypoglykämische Symptome vorliegen.

ooooooooooo Pankreatische Tumorkurve – sie ist bei weitem am seltensten und für sich allein nicht diagnostisch.

- - - - - - - Erschöpfungskurve – diese sogenannte flache Kurve sieht man häufig bei hyperkinetischen Kindern, bei Leuten, die Drogen genommen haben, sowie bei anderen Erschöpfungszuständen. Langsameres Ansprechen auf obige Behandlung, da eine stärkere adrenal-kortikale Erschöpfung vorliegt. Oft besteht Verdauungsinsuffizienz; auch können andere Mangelerscheinungen wie Drüsen-, Vitamin- und Mineralmängel vorhanden sein.

· — · — · — · — Diabetogene, hypoglykämische Kurve – sie zu entdecken ist sehr wichtig; sie kennzeichnet einen vordiabetischen Zustand und ist beim Dreistundentest manchmal nicht auszumachen. Gutes Ansprechen auf die skizzierte Behandlung. Diese Kurve tritt bei schlechter Verträglichkeit von gewissen Nahrungsmitteln auf. Sie ist allgemein bei multipler Sklerose vorhanden.

Streßsituation. Das gilt besonders für Zucker, der seinen Weg in eine unübersehbare Vielzahl unserer Nahrungsmittel gefunden hat. Zucker belastet Nebennierenrinde, Bauchspeicheldrüse und Leber und bereitet den Weg zur Erschöpfungsphase unseres Stoffwechselsyndroms.

Wie oben schon erwähnt, müssen wir hier aber auch den Überkonsum von Anregungs- und Reizmitteln wie Alkohol, Tabak, Kaffee, schwarzem Tee und Drogen einbeziehen, die sämtlich zur Erschöpfung der Nebennierenrinde beitragen, und die Symptome, mit denen wir es hier zu tun haben, intensivieren. Für viele dieser Substanzen hat die Natur keinen Stoffwechselweg geschaffen, so daß sie wie »Straßensperren« am natürlichen Weg zur Energieerzeugung wirken und vielfach Vitamine und Enzyme zerstören oder ihre Nutzung im Körper blockieren. Neben den Nahrungsmitteln muß aber auch die geistige Ernährung berücksichtigt werden und die Rolle, die die Seele bei den psychosomatischen Erkrankungen spielt, mit denen wir auf diesem Gebiet so viel zu tun haben. Gewohnheitsmäßige Zustände von Gereiztheit, Ärger, Frustration, Neid oder Eifersucht wirken sich alle über den mit der Hypophyse in enger Beziehung stehenden Hypothalamus (einen Teil des Zwischenhirns) tiefgreifend auf das System der inneren Sekretion aus. Solche Streßwirkungen und der allgemeine Zustand geistiger Depression führen zu starker Erschöpfung der Nebennierenrinde.

Resorptionsinsuffizienz ist ein weiteres wichtiges Problem im Rahmen dieses Symptomkomplexes. Sie kann auf verschiedenen Ursachen beruhen – zumeist auf einem Mangel an Salzsäure im Magen, einem Mangel an Enzymen im Dünndarm, zu geringer Gallesekretion seitens der Leber sowie – wenn auch selten – auf einer genetisch bedingten Unfähigkeit des Körpers, ein gewisses Enzym zu bilden. Salzsäuremangel im Magen bedeutet auch, daß der Dünndarm nicht imstande ist, Vitamin B_{12} zu absorbieren. Jeder, dem ein beträchtlicher Teil des Magens operativ entfernt worden ist, weiß sich wohl zu erinnern, daß B_{12}-Injektionen wesentlich zu seiner Gesundung beigetragen haben. Solche Mangelerscheinungen sollte man in Betracht ziehen, wenn ein Patient trotz sehr kalorienreicher Nahrung keine Gewichtszunahme zeigt oder wenn bei jemandem, der seine Speisen gut zu kauen pflegt, im Stuhl trotzdem regelmäßig unverdaute Speisereste gefunden werden. Durchweg auftretender kalkfarbener oder klumpiger Stuhl, der schwimmt oder fettig aussieht, ist in dieser Hinsicht als verdächtig anzusehen. Die zuletzt erwähnte Erscheinung, die bei der Choliakie von Kindern und der nicht tropischen Sprue (einem komplexen Resorptionsinsuffizienz-Syndrom) bei Erwachsenen auftritt, wird durch das Fehlen eines Enzyms bewirkt, das zur Verwertung von Gluten (aus Weizen und anderen Getreidearten nach Auswaschen der Stärke gewonnenen Proteinen) erforderlich ist. Dieser Zustand spricht gut auf eine mit Folsäure ergänzte glutenfreie Diät an. Ein Malabsorptionssyndrom ist auch dann zu vermuten, wenn sofort nach der Mahlzeit starke Blähungen auftreten. Wird durch entsprechende Versuche die Anwesenheit der Säure festgestellt, so kann man die Einnahme von pankreatischen Enzymen und/oder Galletabletten bei den Mahlzeiten in Erwägung ziehen. Wenn viele Antibiotika genommen werden, sollte man Gaben von Acidofilus-Kultur oder einfachem Yoghurt in Betracht ziehen, um im Dickdarm die natürliche Darmflora wiederherzustellen, deren Fehlen Auftreibungen und körperliches Unbehagen verursacht und die Synthese gewisser Vitamine stören kann.

Aufgrund unserer Erfahrungen aus Meadowlark werden wir uns in zunehmendem Maße der Tatsache bewußt, daß die Assimilierungsfähigkeit der Nahrung die Offenheit des Individuums gegenüber dem Leben widerspiegelt: für seine Fähigkeit, Liebe auszudrücken und eine verantwortungsvolle Rolle im Leben zu übernehmen. Eine 54jährige verheiratete Frau kam, nachdem sie mehr als zehn Jahre lang bettlägerig gewesen war, nach Meadowlark. Es gab nur ganz wenige Nahrungsmittel, die sie vertragen konnte. Gleich nach der Mahlzeit stellten sich starke Blähungen ein. Sie hatte häufig Durchfall und starke Kopfschmerzen*. Salzsäuretabletten und besonders leicht resorbierbare pankreatische Enzyme, die eigens von

---

* Über einen langen Zeitraum hatte sie täglich zusätzlich Vitamine und Injektionen mit Nebennierenrindenextrakt erhalten.

einem Biochemiker hergestellt wurden, gingen im Stuhl völlig unver-
daut ab. Die Patientin isolierte sich vollkommen von allen Mitmenschen. Auch ihrem Mann gegenüber verschloß sie sich total, obwohl
dieser sie trotz allem herzlich liebte und sie in jeder Hinsicht liebevoll
betreute. Zu den Mahlzeiten in Meadowlark ließ sie sich nicht in den
Speisesaal führen, um mit den anderen Gästen gemeinsam zu speisen.
Ist es nicht möglich, daß durch diese Einstellung der Hang zur
Isolation auf die Zellen übertragen wird, so daß diese die Nahrung
abweisen?

Zwei weitere Krankengeschichten sollen die Wirksamkeit eines
sorgfältig zusammengestellten diätetischen Systems bei sehr unterschiedlichen Symptomen eines Anpassungs-Erschöpfungs-Syndroms
zeigen:

A. K., eine 18jährige Schülerin, klagte über mangelnde Energie,
Krämpfe im Bauchraum und Kopfschmerzen. Ihre Diät bestand
weitgehend aus Fleisch, Milch, Brot und Süßigkeiten. Sie aß weder
Gemüse noch Obst. Die Werte eines fünfstündigen Glukosetoleranztestes waren 102 Blutzuckerwert an der Fastengrenze sowie 155, 133,
112, 77 und 87 in den folgenden Stunden. Der 25prozentige Abfall
unter den Fastengrenzwert in der vierten Stunde deutete auf ein
Anpassungs-Erschöpfungs-Syndrom hin. In der Folge stellte man
ihren Diätplan um. Sie erhielt angemessene Mengen an Proteinen,
Gemüse und Früchten und keine verfeinerten Kohlehydrate. Hinzu
kamen noch ergänzende Vitamingaben. Sechs Monate später zeigte
sich eine ausgesprochene Besserung des Energiepegels, und die Kopfschmerzen waren verschwunden.

K. S., ein zehnjähriges Mädchen, hatte sich von der Geburt bis zum
18. Monat normal entwickelt. Dann erlitt sie einen furchtbaren
Schrecken. Ihr Sprachvermögen entwickelte sich nicht, und ihre Ko-
ordinationsfähigkeit war gering, bis sie an das neurologische Entwick-
lungs- und Bahnungsprogramm von Doman-Delcado angeschlossen
wurde. Ihre Überaktivität ließ nach, ihre Aufmerksamkeitsspanne
blieb jedoch gering. Ein Neurochirurg hatte eine Gehirnbiopsie
vorgenommen und das Kind als organisch hirngeschädigt eingestuft.
Da ihr Fünf-Stunden-Glukosetoleranztest einen prädiabetischen Kur-

ventypus aufgewiesen hatte, wurde sie auf eine hoch proteinhaltige Diät gesetzt.

Weitere Untersuchungen in meiner Praxis ließen auf einen hypothyroiden Zustand und auf Resorptionsinsuffizienz schließen. Daraufhin wurden ihr die Fleischproteine entzogen, und sie bekam eine gemäßigte lactovegetabile Diät mit Nebennierenrindenextrakt und pankreatischen Pillen sowie ergänzende Vitamingaben.

Binnen fünf Monaten wurde sie viel ruhiger; ihre Konzentrationsspanne nahm zu, und ihre muskuläre Koordination besserte sich. In einem Jahr lernte, las und sprach sie besser. 18 Monate später war sie imstande, erstmalig im Mathematikunterricht mitzuarbeiten. Binnen zweier weiterer Jahre berichteten ihre Eltern, sie mache »gewaltige Fortschritte«.

Diese Art von Programm, dessen Basis auf der 80jährigen Erfahrung der mehrfach von mir besuchten Züricher Bircher-Benner-Klinik aufgebaut und durch unsere eigene langjährige Erfahrung in der klinischen Ernährungsforschung bei langdauernden chronischen Krankheiten vervollständigt wurde, hat sich gut bewährt. Der Patient beginnt häufig mit einer Fastenperiode bei Wasser oder Säften, wodurch das gastroenterologische System (Magen-Darm-Kanal) zur Ruhe gebracht und den Heilkräften der Natur unbehinderte Freiheit gelassen wird, ihre Energien voll und ganz für die Wiederherstellung der Gesundheit einzusetzen. Die erste Aufstockung der Diät erfolgt mit Gemüse und Obst, großenteils im Rohzustand verabreicht. In manchen Fällen kann dies auch als Ausgangsstadium angesetzt werden. In dem Maße wie sich der Zustand des Patienten bessert, wird die Diät durch Nüsse, Yoghurt, Käse und Körnerkost erweitert, sofern für letztere keine Unverträglichkeit festgestellt wurde. Fleisch ist, wenn überhaupt, die letzte Stufe der Diät.

Nebennierenrindenextrakt ist eine sehr wertvolle Beigabe bei der Behandlung. Früher hat man das allzuoft vernachlässigt. Bei der Behandlung des Anpassungs-Erschöpfungs-Syndroms muß nicht immer Nebennierenrindenextrakt verabreicht werden. Nach meiner Ansicht hängt seine Anwendung von der Energiereserve des Patienten ab; es empfiehlt sich bei Patienten, die wegen ihres niedrigen Energiepegels in ihrem normalen Lebensbereich nicht funktionsfähig sind. Die Häufigkeit der Injektionen richtet sich nach der Schwere der Erschöpfung. In extremen Fällen sollte man mit täglichen Injektionen beginnen; viel häufiger aber genügt eine Spritze pro Woche. Bei Besserung wird die Häufigkeit der Injektionen reduziert, bis diese endlich ganz abgesetzt oder nur noch in besonderen Streßsituationen oder bei auftretenden Krankheiten, wie zum Beispiel bei Lungenentzündung oder Herzanfällen, gegeben werden. In solchen Fällen ist Nebennierenrindenextrakt außerordentlich hilfreich und beschleunigt in hohem Maße die Genesung.

Die auf sehr mangelhafter Produktion von Nebennierenhormon beruhende Addisonsche Krankheit ist seit langem bekannt, doch die kleineren Mangelerscheinungen hat man meistens übersehen oder mit Cortison behandelt. Diese Medikation hat viele unerwünschte Spätwirkungen, wie zum Beispiel das verbreitete aufgedunsene Gesicht der Cortison-Patienten, Wiederauftreten alter Magengeschwüre oder Aufflackern von Diabetes oder Tuberkulose.

Glücklicherweise kommt es bei Anwendung des ganzen Extraktes der Nebennierenrinde nicht zu solchen Nebenwirkungen, weil es sich dabei um eine wohlabgestimmte, naturgeschaffene Drüsensekretion handelt. Wenn die Natur acht oder mehr steroide Hormone in einer einzigen Drüsensekretion kombiniert hat, so hat das, meine ich, seinen Grund, wenn die Wissenschaft auch noch weitgehend im unklaren über eine Anzahl dieser steroiden Hormone ist.

Ich benutze diesen Extrakt schon seit 25 Jahren und habe noch nie eine unerwünschte Nebenwirkung gesehen, und dies bei weit über tausend Patienten, die ich zeitweilig damit behandelte, um ihnen über besonders streßgeplagte Zeiten ihres Lebens hinwegzuhelfen. Die Zeitspanne, während der der Extrakt gegeben werden muß, hängt weitgehend von der Bereitschaft des Patienten ab, sich selbst zu beobachten und sich der in seiner Krankheit liegenden Lehre stärker bewußt zu werden. Dieser neue Zustand des Bewußtseins erwächst aus einer Aktivierung der Drüsenfunktion der Nebennierenrinde.

Das Anpassungs-Erschöpfungs-Syndrom tritt häufig zusammen mit einem Zustand übermäßiger Bewegungstätigkeit bei zurückgebliebenen, eretischen Kindern sowie mit Delinquenzproblemen und sogar mit Verbrechen auf. Eine interessante Fallstudie hierzu ist die von H. D., einem 10jährigen Jungen, der zuerst durch einen abnormal großen Tätigkeitsdrang auffiel. In seiner Vorgeschichte zeigten sich heftiges Verlangen nach Süßigkeiten sowie schulische Disziplin- und Leseschwierigkeiten. Bei der körperlichen Untersuchung konnte nichts Krankhaftes festgestellt werden.

Ein Fünf-Stunden-Glukosetoleranztest aber brachte einen zumal für das Kindesalter auffallend hohen Fastenwert von 102; die weiteren Werte waren nach einer halben Stunde 212, nach einer Stunde 213, nach zwei Stunden 136, nach drei Stunden 89, nach vier Stunden 100 und nach fünf Stunden wieder 112.

Der rapide Anstieg in der ersten halben Stunde dürfte auf eine durch die Leber bedingte, verspätete Glukose-Aufnahme aus dem Blutstrom hindeuten. Der Abfall von 23 Punkten zwischen dem Fastenpegel von 112 und dem niedrigsten Wert von 89 weist auf einen veränderten Stoffwechselzustand hin, wie das bei jedem Rückgang um 20 oder mehr Punkte der Fall ist, besonders wenn gleichzeitig Symptome vorhanden sind, für die der Patient eine Erklärung sucht. Stuhluntersuchungen ließen eine unvollständige Verdauung von Proteinen und Kohlehydraten erkennen. Die Urinuntersuchung erwies einen Mangel an Vitamin C. Der Junge wurde aufgrund dieser Befunde auf ein System mit Nebennierenrindenextrakt-Tabletten, Verdauungspillen, ergänzenden Kalzium- und Magnesiumgaben sowie hoch proteinreicher Nahrung eingestellt. Verfeinerte Kohlehydrate und Anregungsmittel wurden ausgeschaltet.

Drei Monate nach Umstellung auf diese Ernährung berichtete man über eine entschieden geringere Bewegungsunruhe; Mathematik und Lesen fielen dem Jungen leichter, und der Umgang mit seinen Mitschülern hatte sich wesentlich gebessert. Das Einmaleins lernte er binnen fünf Monaten. Im Lesen verbesserte er sich wesentlich und erreichte das Klassenziel. Nach neun Monaten war der Bericht der Schule sehr positiv. Der Junge sollte in die seinem Alter entsprechende Klasse übernommen werden.

Ein weiterer Fall ist der von E. B., einem 33jährigen Mann. Seine

Tätigkeit war die Montage und Reparatur von Klimaanlagen. Zwei Jahre zuvor hatte er fast einen Nervenzusammenbruch gehabt. Zur Zeit der Untersuchung war er schon drei Monate arbeitslos. Er war von Ängsten geplagt und litt unter Depressionen. Sein Energiepegel lag während der letzten zehn Jahre unter der Norm. Er klagte über eine gewisse Gefühllosigkeit in den Füßen und über Krämpfe. Wenn er eine Mahlzeit ausließ, stellten sich starke Kopfschmerzen ein. Perioden geistiger Verwirrung hinderten ihn manchmal bei der Arbeit. So passierte es, daß er Thermometer einstellte und bei einer Nachkontrolle feststellen mußte, daß sie falsch eingestellt waren. Auch stellte sich heraus, daß er in den letzten beiden Jahren angefangen hatte, sich von seinen Freunden und der Kirchengemeinde zurückzuziehen. Und nun hatte er schließlich das Gefühl, praktisch niemandem mehr trauen zu können.

Sieben Jahre vorher hatte man mit ihm einen Drei-Stunden-Glukosetoleranztest vorgenommen. Nach einem Fastenwert von 145 stieg der Wert nach einer halben Stunde auf 246; nach einer Stunde wurde 210, nach zwei Stunden 120 und nach drei Stunden 130 festgestellt. Der Urin war zwar immer frei von Zucker, dennoch aber diagnostizierte man ihn als Diabetiker und setzte ihn auf Diät. Auf Befragen gab der Patient zu, daß seine Ernährung sehr viel raffinierte Stärke und wenig Protein enthalten hatte.

Fünf Jahre zuvor hatte man zwei Stunden nach einer Mahlzeit einen einzigen Zuckerwert von 40 gemessen; doch offenbar war nichts dagegen unternommen worden. Im Krankenhaus beabsichtigte man, einen ganzen Sechs-Stunden-Glukosetest vorzunehmen, doch nach dem erforderlichen Verzehr von Kohlehydraten vor dem Test und der Glukosemahlzeit geriet der Patient in große Erregung. Er glaubte, alle hätten sich gegen ihn verschworen. Er wurde gewalttätig, und eine medikamentöse und psychiatrische Behandlung wurde erforderlich. Auf die Durchführung des Testes mußte verzichtet werden.

Ich glaubte, bei dem Patienten eine schwere reaktive Hypoglykämie mit schizoiden Begleitsymptomen sowie Proteinmangel feststellen zu müssen. Infolgedessen wurden eine entsprechende, mehrmals täglich einzunehmende hoch proteinhaltige Diät mit nichtverfeinerten Koh-

84

lehydraten sowie tägliche Injektionen von Nebennierenrindenextrakt und Vitaminen verordnet. Im Hinblick auf Erkenntnisse der kurz zuvor aufgekommenen Sparte der medizinischen Ökologie neige ich dazu, anzunehmen, daß die damalige erregte Reaktion des Patienten entweder durch den Mais verursacht gewesen war, den man als Grundlage für die beim Test benötigte Glukose verwendet hatte, oder vielleicht auf die künstliche Farbe oder die Geschmackstoffe der Glukoselösung.

Schon acht Tage nach der Aufnahme konnte der Patient entlassen werden, und zwar mit völlig klarem Verstand, mit gesteigerter Energie und mit weniger Taubheitsgefühlen in den Füßen. Wie wir Jahre später von ihm hörten, war seine Energie wieder normal und sein Verstand völlig klar. Auch hatten sich keine psychotischen Ausbrüche mehr gezeigt. Keine der üblichen Drogen gegen Schizophrenie war nötig gewesen, doch hatte der Patient festgestellt, daß er sich streng an die Diät halten mußte, um seinen guten Zustand nicht wieder zu gefährden.

Diabetes

Dies wirft die ganze Frage nach der Behandlungsart des an Diabetes Erkrankten auf. Es scheint viel Unstimmigkeit über die ideale Diät bei Diabetes zu herrschen. Das trifft besonders auf den labilen Diabetes mellitus zu, dessen Blutzuckerwerte im Laufe eines Tages gewaltige Unterschiede aufweisen. Vielleicht gelingt es, den Blut- und Urinzucker in mutmaßlich befriedigendem Maße unter Kontrolle zu halten und das Gewicht zu erhalten – was ja alles sehr wichtig ist –, dennoch aber dürften wir noch weit von der Erreichung eines befriedigenden Gesundheitszustands bei solchen Patienten entfernt sein.

Wenn nämlich ein Diabetiker seinen Tag damit verbringen muß, für alle Mahlzeiten seine Nahrung zu wiegen, jedes Gramm an Proteinen, Fetten und Kohlehydraten zu berechnen und viermal am Tag seinen Urin zu prüfen, dann ist das alles doch kein richtiges »Leben« mehr und unvergleichbar mit dem, was wir als gesundes Leben betrachten.

Vielleicht muß viel mehr Aufmerksamkeit auf die Qualität seiner Nahrung verwandt werden, auf die Fähigkeit seines Körpers, die Nährstoffe zu absorbieren, und sogar darauf, was im intrazellularen Bereich vor sich geht, so daß das Insulin den Zellen nicht zugänglich gemacht wird.

Neuere Forschungen lassen erkennen, daß einige Diabetesprobleme darauf beruhen, daß Zink, Kupfer und Chrom die Zellmembran nicht zu durchdringen vermögen. Sie alle aber sind für die körpereigene Insulinerzeugung nötig. Dr. Anthony Pescetti hat experimentell ein Produkt aus Zink, Kupfer und Chrom entwickelt, mit dem recht interessante Resultate zur Senkung der Blutzuckerwerte bei gewissen Diabetesfällen erreicht wurden. Vor der Anwendung des Präparates hatten die betreffenden Patienten abnormal hohe Blutzinkwerte, die aber nach einmonatiger Behandlung mit dem neuen Produkt dazu tendierten, auf den Normalwert zurückzugehen.

Die bis heute erreichte Kontrolle über Diabetes hat zwar das Befinden des Patienten entschieden verbessert, doch bei einem gewissen Prozentsatz der Erkrankten geht der häufig mit Diabetes einhergehende arteriosklerotische Prozeß ungestört weiter und führt zu degenerativen Veränderungen in den Augen und den Koronararterien des Herzens sowie zu Blutkreislaufschwund in den Beinen, was große Schwäche und Hinfälligkeit verursacht.

Man ist sich heute darüber klar, daß die Arteriosklerose eng mit dem Kohlehydratstoffwechsel zusammenhängt. Zur Beurteilung des Risikos von Komplikationen, die mit Ateriosklerose auftreten können, sind drei Blutbestimmungen wertvoll, die Bestimmungen des Cholesterins, des HDL (fett-tragende Proteine im Blutanteil des Cholesterins) – und des Triglyzerid-Spiegels. Die ersten beiden stehen in Zusammenhang mit gesättigten Fetten, Bewegungsmangel sowie Mangel an adäquatem Vitamin E und Lezithin, während die letztere durch Überkonsum an verfeinerten Kohlenhydraten beeinflußt wird.

So wird es in zunehmendem Maße klar, daß Hypoglykämie, Diabetes und Multiple Sklerose – in dieser Reihenfolge – sich progressiv steigernde Zeichen schlechter Verträglichkeit des Körpers gegenüber gewissen spezifischen Nahrungsmitteln sind, die zu gestörtem Stoffwechsel führen.

Die Rolle der Fette ist möglicherweise viel signifikanter, als man normalerweise annimmt, besonders dann, wenn Übergewicht anfängt, zum Problem zu werden und seine Beseitigung Sorge macht. Fett ist ein wertvoller Energiespeicher, ein wichtiger Isolierstoff, ein wertvolles Kissen für die Lagerung vitaler Organe und sehr wichtig auch für eine schöne Haut. Mit Proteinen zusammen ist Fett wichtig zur Bildung von Nervengewebe. Ferner spielt es eine vitale Rolle bei der Bildung zarter Zellmembranen, die die Bewegung von Substanzen ins Innere der Zellen und aus ihnen heraus überwachen müssen. Fettsäuren entstehen aus dem Abbau komplexer Fette, die wir in uns aufnehmen. Eine unserer besten Fettquellen sind pflanzliche Fette in ihrer (ungesättigten) Ölform, zum Beispiel aus Oliven, Sonnenblumen und Sesam. In bezug auf die Sicherstellung der körperlichen Versorgung mit Fettsäuren gibt es einige wichtige Punkte, die der Diskussion bedürfen. Die erste Frage ist, ob das Fett saturiert, d. h. gesättigt, oder unsaturiert, also ungesättigt ist. Darüber gibt es im Zusammenhang mit der Senkung des Blut-Cholesterinspiegels viele wissenschaftliche Abhandlungen. Ungesättigte Fette haben in ihrer Struktur Punkte, an denen sie sich mit anderen Nährstoffen in der Zelle verbinden und diese so ernähren können. Gesättigte Fette aber sind chemisch inert und werden irgendwo im Körper mit viel anderem überflüssigem Fett abgelagert.

Die einfachste Art, die beiden Fette zu unterscheiden, ist, ob das Fett flüssig oder fest ist. Ungesättigte Fette neigen dazu, weitgehend flüssig zu sein, während gesättigte meistens fest sind. Man tut daher gut daran, tierische Fette, Schmalz, Margarine mit gesättigten Fetten sowie Butter weitgehend zu meiden, vor allem, wenn man bereits einen hohen Cholesterinspiegel oder Übergewicht hat. Auch sollte man das Etikett der Packung beachten und feststellen, ob im Text das Wort »Hydrierung« vorkommt; denn durch diesen Prozeß wird ein natürlicherweise ungesättigtes Fett in ein gesättigtes umgewandelt.

Eine weitere Frage ist, ob das Öl chemisch extrahiert oder wärmebehandelt wurde, weil auch das den Nährwert reduziert. Mit Ausnahme einiger weniger, für den örtlichen Nahbereich hergestellter Sorten sind heutzutage praktisch alle vegetabilen Öle raffiniert. In Spanien, Italien und Griechenland werden alle für den Export bestimmten Olivenöle raffiniert, während das von den Einheimischen gebrauchte Öl durchweg frisch gepreßt ist und, um Wohlgeschmack und Aroma zu erhalten, unraffiniert bleibt.

Daß auf dem Aufkleber einer im Reformhaus gekauften Ölflasche »kalt gepreßt« steht, kann sehr täuschen; denn manchmal ist solches Öl trotz der beruhigenden Aufschrift auf 245 °C erhitzt und auch noch anderen Prozessen unterworfen worden.

Im Fettbad gebratene Eßwaren wie Krapfen, geröstete Kartoffelscheiben oder Pommes frittes sind mit umgewandeltem Fett getränkt, das bei der Entstehung arteriosklerotischer Prozesse und der Erhöhung des Cholesterinspiegels eine Rolle spielt. Die besten Öle sind die im wahren Sinne des Wortes kalt gepreßten Öle aus der ersten Extraktion.

Vor einiger Zeit kam mir eine sehr wichtige Studie von Nathan Pritikin zu Gesicht. Pritikin spricht darin von der Ernährung und ihrer Beziehung zu Krankheiten. Den nachstehenden Ausführungen liegen die Erfahrungen Pritikins zugrunde sowie eine Rückschau auf etwa 83 medizinische Abhandlungen, die auf vielen tausend bestätigenden Fallstudien beruhen.

Zu den Höhepunkten der Abhandlungen Pritikins gehören folgende Feststellungen: Die amerikanische Durchschnittsdiät enthält etwa 40 Prozent Fett; zwischen dem Prozentgehalt an Fett – egal, ob gesättigt oder ungesättigt – und dem Cholesterinspiegel bestehen ganz bestimmte Beziehungen. So besteht eine voraussagbare Beziehung zwischen dem Grad der Arteriosklerose der (die Herzwände versorgenden) Koronararterien und den Cholesterin- und Triglyceridspiegeln des Blutes. Die Normalwerte für Cholesterin und Triglycerid basieren aber auf der amerikanischen Diät, deren Fettwerte zu hoch liegen, so daß sie irreführend sind. Statt annehmbarer Normalwerte von 150 bis 250 oder 300 im ersteren und 125 bis 150 im letzteren Falle nimmt er an, daß 150 oder weniger im ersteren und 75 oder weniger im letzteren Falle realistischer sind. Ihnen liegen Werte zugrunde, wie man sie bei Eingeborenen findet, bei denen der Fettgehalt der Diät nicht mehr als 10 oder 15 Prozent ausmacht und arteriosklerotische Zustände fast nicht oder überhaupt nicht vorkommen. Es ist ferner beachtlich, daß bei solchen Bevölkerungsgruppen, bei denen Fett und raffinierte Kohlehydrate in der Nahrung sehr gering sind, auch andere Stoffwechsel- und Degenerationskrankheiten wie Krebs, Arthritis, Gicht, Gallenblasenerkrankungen und Diabetes nicht vorkommen. Diese Diät – oder Lebensweise –, so führt er aus, kann auch bei denjenigen noch viel helfen, die bereits unter Arteriosklerose mit senilen Veränderungen in Gehirn, Augen und Ohren leiden; es wird sich dann bei so Erkrankten das Gedächtnis sowie das Seh- und Hörvermögen wieder bessern.

Wie auch wir schon betont haben, meint Pritikin, daß die stark proteinhaltige Diät, die bei Hypoglykämie und verwandten Krankheitserscheinungen immer wieder allgemein angepriesen wurde, durchaus nicht ideal ist. Demgegenüber ist eine Diät mit hohem Anteil an nichtverfeinerten Kohlehydraten und relativ geringem Proteingehalt bei weitem zu bevorzugen. Seine wichtige Bestätigung für das, was wir bereits gesagt haben, kommt darin zum Ausdruck, daß er eine zusätzliche Kontrolle hypoglykämischer Zustände durch Verminderung des Fettgehaltes der Diät empfiehlt.

Ein weiterer Vorteil dieser Diät besteht darin, daß sie schon bald die gewöhnlich bei hypoglykämischen Zuständen gegebenen zahlreichen, oft aus Milch, Käse, Eiern bestehenden Extrarationen überflüssig macht. Diese Beobachtung bestätigt ferner den geringen Energieertrag aus solchen viel Fett und Cholesterin enthaltenden Nahrungsmitteln.

Pritikin verweist auch darauf, daß der typisch hohe Fettgehalt der amerikanischen Diät zu einer schlechten Sauerstoffversorgung der Körpergewebe führt, was sich leicht in Diabetes, Arthritis, Gicht, Krebs und verminderter Seh- und Hörleistung im Alter äußern kann. Dieses Problem kann sich noch verstärken, wenn Rauchen und Bewegungsmangel zum Lebensstil des betreffenden Individuums gehören.

Abschließend ist festzustellen, daß eine 20 Prozent Fett enthaltende

Diät, die reich ist an unverfeinerten Kohlehydraten, reichlich Vollkorn, frischen Früchten, roh belassenen oder nur leicht gekochten Gemüsen, und die nicht mehr als 100 mg Cholesterin pro Tag aufweist, sehr empfehlenswert ist. Eine solche Diät und ein angemessenes Bewegungsprogramm können sogar vielfach helfen, Fälle von Angina pectoris, Bluthochdruck, intermittierendes Hinken (Durchblutungsstörungen als Folge von Gefäßerkrankungen), Diabetes und Arthritis wieder zurückzubilden, wenn die Diätvorschriften sorgfältig beachtet werden.

Vitamine

»Vitamine nehmen oder nicht?« Diese Frage hat viel Aufmerksamkeit geweckt und viele Diskussionen entfacht. Tausende unnützer Vitamine werden heutzutage von Gesundheitsenthusiasten geschluckt, obwohl über die Rolle der Vitamine und Minerale im menschlichen Stoffwechsel noch wirklich wenig allgemeines Verständnis vorhanden ist. Allzu häufig verstehen weder Ärzte noch Patienten, was es bedeutet, wenn man sagt, daß eine »gute, abgerundete Diät alle erforderlichen Vitamine bereits enthält«.

Vor 1960 habe auch ich so gedacht. Der Fehler liegt dabei ja nicht beim Arzt; denn man hat ihm das an den medizinischen Ausbildungsstätten und in den Assistenzjahren so beigebracht. Der eigentliche Fehler liegt darin, daß an den medizinischen Hochschulen der Ernährung einfach nicht der Platz eingeräumt wird, den sie im Studienplan verdient. Ernstlich daran interessierte Ärzte, die, wie ich selbst, die Notwendigkeit der Erforschung dieses überaus wichtigen Fachgebietes der medizinischen Ausbildung erkannten, mußten mangels Fachveröffentlichungen weitgehend auf Laienschriften zurückgreifen, um mit der Forschung auf dem Ernährungssektor auf dem laufenden zu bleiben.

Der Biochemiker und Produzent pharmazeutischer Erzeugnisse, Pescetti, sagte mir, die Herstellung einwandfreier, biologisch aktiver Ascorbinsäure (Vitamin C) stelle allerhöchste Anforderungen, weil die

Wirksamkeit des Vitamins schon durch die Einwirkung von Licht, Luft und Wärme sowie durch den Kontakt mit Metallen zerstört werden kann. Weil er bei der Herstellung die schädigenden Auswirkungen solcher Faktoren sorgfältig vermeidet, ist er imstande, eine Ascorbinsäurequalität auf den Markt zu bringen, die weit größere Wirksamkeit und Stabilität verbürgt als übliche Handelsprodukte. Tatsächlich hat sein Erzeugnis eine Stabilität von fünf bis sieben Jahren erreicht.

Der Grund dafür, daß viele Forscher den Wert von Vitaminen verkannt haben, liegt vielleicht darin, daß sie bei ihren Versuchen anstelle echter Vitamine »tote« Substanzen verwendet haben. Zum Beispiel wird Niacin (Vitamin B$_3$) – zusammen mit verwandten Vitaminen – recht ausgedehnt zur Bekämpfung der Schizophrenie benutzt. Die übliche anfängliche Tagesdosis bei dieser Therapie ist 3000 mg. Verwendet man aber ein biologisch aktives Präparat, so kommt man mit nur 400 mg täglich aus!

Minerale

Die in der Erdrinde vorkommenden Minerale sind von größter Wichtigkeit. Vor vielen Millionen Jahren mußten primitive Lebensstrukturen von diesen Substanzen Gebrauch machen, um ihre Lebensprozesse zu unterhalten. Algen, Pilze und Bakterien sind in bewundernswerter Weise imstande, diese anorganischen Minerale in organische Verbindungen zu überführen, die ihrerseits als natürliche Nahrung für Pflanzen und Tiere dienen.

Wertvolle Beiträge über die Rolle der Minerale im körperlichen Stoffwechsel hat der Chemiker Dr. John Miller in Chicago Ärzten im Rahmen von Seminaren vermittelt.

Die Haaranalyse, die sich noch immer im Forschungsstadium befindet, bietet den am ehesten gangbaren Weg auf diesem Arbeitsfeld. Die bei Versuchen routinemäßig erfaßten Minerale sind Natrium und Kalium, Kalzium und Magnesium, Kupfer und Zink, Eisen und Mangan sowie Chrom, Quecksilber, Kadmium und Blei. (Ich habe einige

Minerale paarweise zusammengestellt, weil die Mengenverteilung innerhalb dieser Gruppen besonders wichtig ist.) Natrium und Kalium spielen eine wichtige Rolle wegen ihres überaus bemerkenswerten Anteils an der Steuerung der Transporte anderer Minerale und Ernährungselemente in die Körperzellen hinein und aus ihnen heraus.

Lassen Sie mich einige Beispiele für die Rolle spezifischer Minerale im Gesundheitsbild geben. Kalzium hat eine primäre Funktion in der Stärkung des Muskeltonus, während der Gruppenpartner Magnesium entspannend wirkt. Die unterstützende Rolle von Kupfer und Magnesium beim Stoffwechsel der roten Blutzellen wird heute immer klarer erkannt. Zink ist außer seiner Rolle bei der Bildung von Insulin sehr wichtig für das Wachstum und für die Heilung von Wunden.

Ich darf hier noch zwei Beispiele für die Auswirkung mineralischer Diät-Ergänzungsgaben anführen. Der erste Fall ist der eines schwer erziehbaren Mädchens in einer Sonderschule. Sie brachte ganz gute Leistungen, solange sie Kupfer als Ergänzung nahm. Im zweiten Fall handelt es sich um ein überaktives Kind, das, solange es Zink als Ergänzung nahm, ruhig blieb und keinerlei Probleme verursachte.

Bei Haaranalysen erweisen sich extrem hohe Gehalte an gewissen Metallen als deutliche Verursacher krankhafter Symptome. Blei ist dabei besonders wichtig. Hier könnte man zum Beispiel die Brauchbarkeit von Haarfärbemitteln untersuchen sowie die Einwirkungen von Luftverschmutzung und industriellen Schadstoffen. Die Ergebnisse dieser Bestimmung sind übrigens viel sensitivere Indikatoren als Bleiwerte im Blut. Blei findet sich oft bei Störungen der Gehirnfunktion von schwererziehbaren Kindern. Erhöhte Zink- und Kupferwerte finden sie häufig bei schizophrenen Zuständen. Bei der Behandlung extrem hoher Mineralwerte haben sich Ascorbinsäure sowie besonders auch gewisse Magnesiumchelate als recht wirksam erwiesen.

Chelate

Ein vielversprechender Abschnitt der angewandten Biochemie begann mit der Herstellung von Chelaten, die eine wesentlich erhöhte Mineralabsorption erlauben. Chelate sind sehr konzentriert, so daß auf viele Pillen verzichtet werden kann.

Viele Minerale, zum Beispiel Kalziumpräparate, Magnesium- und Eisenverbindungen, wie sie in den meisten Vitaminen enthalten sind, werden nur sehr unvollkommen absorbiert. Der Fall der gewöhnlichen Eisenzugabe ist ein gutes Beispiel. In Chelatform wird es fast hundertprozentig absorbiert; es kommt dabei nicht mehr zu Konstipation, und der Stuhl ist nicht mehr teerartig schwarz gefärbt. Das erklärt sich daraus, daß das Eisenmolekül im Inneren eines Aminosäure- oder Vitaminmoleküls eingehüllt ist und daher in einer für die bedürftige Zelle sehr akzeptablen Form vorliegt; der Zutritt in die Zelle steht ihm nun offen, es wird nicht mehr beiseite gedrückt.

Die Wege des Stoffwechsels

Der menschliche Körper ist weit mehr als eine Ansammlung von Organen, deren jedes unabhängig von den anderen arbeitet und, wenn es verschlissen ist, aus einer Art Ersatzteillager wieder ersetzt werden kann. Die Gruppe von Geweben, aus denen die Organe bestehen, dienen gemeinsam dem Zwecke, ein spirituelles Wesen lebendig zu erhalten und ihm eine Wohnstätte zu bieten. Sie werden durchdrungen und miteinander verbunden durch ausgedehnte Energiesysteme, die zu verstehen wir kaum erst begonnen haben und die wir keineswegs in ihrem gesamten Erscheinungsbild aufzeichnen können.

Die fundamentale Einheit des animalischen Lebens ist die Zelle. Die Zellen des menschlichen Körpers sind spezialisierte Einheiten, die alle Billionen grundlegender Atome beinhalten, zum Beispiel Wasserstoff, Sauerstoff, Kohlenstoff, Stickstoff, Natrium, Kalium, Kalzium, Phosphor, Magnesium und Schwefel. Atome anderer Elemente werden ferner für besondere Aufgaben gewisser Zellen benötigt. So sind zum

Beispiel Eisen, Mangan und Kupfer wesentliche Komponenten der Blutzellen; Jod wird von der Schilddrüse gebraucht. Die Zellen der Bauchspeicheldrüse, die Insulin produzieren, benötigen Zink und Chrom.

Die Zelle besteht aus dem zentralen Zellkern und dem ihn umgebenden Zytoplasma, beide umhüllt von einer äußerst zarten, mit feinstem Unterscheidungsvermögen ausgestatteten Zellmembran, die aus dem Blutstrom genau die besonderen Nährstoffe entnimmt, die die Zelle braucht.

Das Zytoplasma ist Zellenfabrik und Nährstofflager. Ein sehr wichtiges Element in seiner Struktur ist das Mitochondrium. Dieses funktioniert wie eine Batterie, indem es das wichtige Endprodukt des Glukoseabbaus, die Grundlage der Energieerzeugung, in sich bewahrt.

Die Zellen wiederum sind die Fabriken, in denen sich die körperlichen Stoffwechselprozesse abspielen – daher die Wichtigkeit, sie vor schädigenden Stoffen zu bewahren, die man heutzutage so oft in der Nahrung antrifft und die zu einem Zusammenbruch des Stoffwechselfließbandes der körperlichen Prozesse beitragen. Jede Zelle ist verantwortlich für die Überwachung von zwischen 1000 und 10 000 verschiedenen chemischen Reaktionen. Sie ist auch ein Speicher für etwa 5000 Enzyme, die nötig sind, um diese chemischen Reaktionen möglich zu machen.

Die Ärzte Abraham Hoffer, Humphrey Osmund und David Hawkins sowie die Biochemiker Roger Williams, Linus Pauling, Anthony Pescetti, John Miller und andere haben die Wichtigkeit des Stoffwechselpfades anhand entsprechender Gehirnleistungen verfolgt. Dr. Pauling hat für dieses Arbeitsgebiet den Namen Orthomolekulare Psychiatrie vorgeschlagen. Wegen der dabei angewandten hohen Dosierung von Vitaminen wird dies auch als Megavitamin-Therapie bezeichnet.

Es ist schon lange bekannt, daß für die Behandlung schwerer psychotischer Zustände, und besonders für die Schizophrenie, die Psychotherapie allein nicht ausreicht. Hoffer und Osmund, die den Verdacht hegten, daß zwischen dem durch Vitamin-B_3 (Nikotinsäureamid-)Mangel hervorgerufenen, Pellagra genannten, mentalen Zustand und dem bei der Schizophrenie eine direkte Beziehung besteht, begannen, Schizophrenie-Patienten mit erhöhten Gaben von Vitamin B_3 zu behandeln. Sie erzielten dabei sehr gute Erfolge.

Dr. Hoffer bemerkt, daß wir alle bei radikalem Entzug des Vitamins B_3 aus unserer Nahrung binnen eines Jahres psychotisch würden. Auch weist er darauf hin, daß die Ähnlichkeit zwischen Pellagra und Schizophrenie nur so weit geht wie der Bedarf an B_3. Bei Pellagra liegt eine mangelnde Lieferung der Vorläufer der essentiellen Aminosäure Tryptophan sowie der Vitamine B_3 und B_6 (Pyridoxin) aus der Diät vor. Bei der Schizophrenie handelt es sich um eine innere Störung, weil der Körper das Gehirn nicht ausreichend mit dem Enzym NAD versorgt.

Bei der Behandlung von Pellagra ist weit weniger B_3 erforderlich als bei Schizophrenie. Längs dem Stoffwechselpfad im menschlichen Körper gibt es noch eine Reihe von Komponenten, die für die Zuführung des Endproduktes, nämlich die Erzeugung geistiger Energie, von Wichtigkeit sind. Eine Blockierung an irgendeiner Stelle der Kette verursacht den Zusammenbruch des ganzen Fließbandes. Eine solche Blockierung kann auf einem Mangel in der Diät, auf Malabsorption im Magen-Darm-Kanal, auf einer Lebensmittelallergie, auf chemischen Giftstoffen in der Nahrung oder sogar auf einem fehlenden Erbgen beruhen.

Für die richtige Funktion des Gehirns ist eine angemessene Belieferung mit Glukose von erstrangiger Wichtigkeit. Das weist auf die Verwandtschaft zwischen dem Anpassungs-Erschöpfungs-Syndrom und Zuständen geistiger Verwirrung hin. Man schätzt, daß eine Störung des Kohlehydrat-Stoffwechsels ähnlich der beim Anpassungs-Erschöpfungs-Syndrom bei nahezu 75 Prozent aller Schizophrenie-Patienten vorliegt. Auch wurde festgestellt, daß ein Mangel an Glutaminsäure, einer anderen Aminosäure, bei der Unterfunktion des Gehirns eine Rolle spielt.

Intrazellulare Wachstumsprozesse

Die Forschungsarbeit des bekannten Biochemikers Ernst Anderson ist mit Zeitlupe gefilmt worden und zeigt intrazellulare Wachstumsvorgänge. Es ergibt sich daraus eine Anzahl wichtiger Erkenntnisse. Eine normale Entwicklung pflanzlicher und tierischer Zellen ist unmöglich, wenn nicht Metalle in Kombination mit organischen Substanzen vorhanden sind, die für die Zelle nützlich sind und mit den Tausenden von Enzymreaktionen, die sich in der Zellstruktur abspielen, harmonisieren.

Ein Teil des Filmes zeigt die für das Leben der Zelle und zur Bildung der Zellmembranen benötigten Nährstoffe. An einer Stelle fließen diese Ingredienzen rechtsdrehend, um in die richtige Absorptionsstellung zu kommen, und dann, einen Augenblick später, ändert sich die Richtung auf mysteriöse Weise. Man kann sich vorstellen, wie die kleinste Unterbrechung dieser Bewegungen die Zusammensetzung des Zellinneren verändern kann oder wie das Fehlen einer Substanz die Zellfunktion vernichten könnte.

In einem anderen Teil des Films wird eine winzige Menge Gift – nur 1 Teil in 30 000 000 Teilen – zugesetzt. Schnell ändert sich die Bewegung der Zellen; zuerst wird sie rasend beschleunigt, als wenn versucht wird, jedem Kontakt mit dem Gegner zu entgehen, dann aber beginnt dieser seinen Tribut zu fordern, und das Stoffwechselsystem verlangsamt sich. Zum Teil bereits gebildete Zellen beginnen zu zerfallen, und es ist ersichtlich, daß sie absterben.

Andere interessante Entdeckungen, verhältnismäßig neue Konzepte, ergeben sich aus diesen intrazellularen Analysen. Bei der Bestimmung von Blut-Chemie-Ergebnissen wurden die Werte im allgemeinen danach beurteilt, ob sie in einen normalen Bereich fallen oder nicht. Doch die Erforschung intrazellularer Analysen läßt auch erkennen, daß die Mengenverhältnisse der einzelnen Elemente zueinander gleich wichtig sind. So sollte zum Beispiel das Verhältnis von Kalzium zu Magnesium annähernd 8 zu 1 und das von Natrium zu Kalium annähernd 2,4 zu 1 betragen.

Am wichtigsten ist das Verhältnis zwischen Natrium und Kalium, weil diese Minerale die Bewegung aller Flüssigkeiten und Minerale in die Zelle hinein und aus ihr heraus steuern und weil sie für die Ernährung der Zellen und für die Beseitigung ihrer Abfallerzeugnisse verantwortlich sind. Die Intrazellularanalyse hat auch begonnen, die Bedeutung einiger Minerale zu klären, von denen man bisher nur wußte, daß der Mensch sie braucht.

Betrachten wir nun einmal die Anwendung der Haaranalyse am Falle von D. D., einer 36jährigen verheirateten Frau. Sie begab sich in ärztliche Behandlung wegen extrem starker, zur Arbeitsunfähigkeit führender Kopfschmerzen sowie wegen Allergien und schwerer Depressionen, die sie fast zum Selbstmord trieben. Sie war 16 Monate lang wegen eines Anpassungs-Erschöpfungs-Syndroms auf eine geänderte Diät mit Nahrungsergänzungen gesetzt worden und hatte homöopathische Medikationen sowie Nebennierenrindenextrakt erhalten. Dabei hatte sich auch eine beachtliche Besserung gezeigt; doch war ein gewisses Krankheitsbild zurückgeblieben.

Die Haaranalyse ließ niedrige Natrium- und Kaliumwerte erkennen, das anteilige Verhältnis beider war fast normal. Kalzium und Magnesium hatten ebenfalls recht niedrige Werte bei fast normal anteiligem Verhältnis. Die Werte für Eisen und Mangan waren ebenfalls beide niedrig. Der Bleiwert war nicht erhöht. Man gab ihr Kalzium-, Magnesium-, Eisen- und Mangan-Chelate. Sie wurde angewiesen, ihren Salzverbrauch zu steigern. Einen Monat später berichtete sie, daß sie sich schon nach wenigen Tagen viel ruhiger gefühlt habe und daß der Körpergeruch völlig verschwunden sei. Binnen eines weiteren Monats stellte sie eine bedeutende Besserung fest, und sie hatte nur noch einmal Kopfschmerzen gehabt. Die Darstellung des Falles ist sehr skizzenhaft, doch bei den vielen von mir angewandten Behandlungsarten ist es schwierig, einen klaren Beweis für die Überlegenheit einer Behandlungsart gegenüber anderen Behandlungsweisen herauszusondern. Diese Wirkungsbestimmung muß schon im Rahmen einer wissenschaftlichen Untersuchung erfolgen. Ich bin aber überzeugt, daß eines Tages diese neue Art der Therapie für die Stärkung des menschlichen Widerstandes gegen Krankheiten einen beachtlichen Rang als Ergänzung zur Ernährungstherapie erringen wird.

Körperliche Aufnahmebereitschaft für Nahrungsmittel
und deren Ergänzungen

Die vorstehende Diskussion läßt schon erkennen, wie wichtig die
Fähigkeit unseres Körpers ist, Nahrungsmittel und Ergänzungen, die
wir ihm anbieten, anzunehmen. Zunächst fragen wir vielleicht: Ist die
Ernährungsformel ausgeglichen und annähernd so komplett, wie sie
nach unserem heutigen Wissensstand sein kann?

Enthält beispielsweise das Vitaminpräparat genügend Vitamin B_{12}
(Cobalamin), das sehr teuer ist und daher zur Einsparung an Herstellungskosten in vielen Vitaminformeln nur in geringen Mengen vorkommt? Dr. Pescetti führt ein Beispiel an. Erhält der Körper eine
Ergänzung mit 0,1 mg Kupferchelat, so fängt die Leber an, eigenes B_{12}
abzugeben, und wenn dazu 25 mcg B_{12} hinzukommen, steigert sich die
Abgabe der Leber auf das Zwei- bis Dreifache. Dies ist vor allem bei
älteren Menschen wichtig, deren Magen möglicherweise einen Mangel
an Salzsäure aufweist, oder bei Menschen, denen man einen Teil des
Magens wegoperiert hat. Vitamin B_{12} ist ein notwendiges Glied in der
Kette der Wirkstoffe, die zur Umwandlung von Protein in Nukleo-
protein, einen wesentlichen Teil des DNA-Moleküls, benötigt werden. Die Kette ist nicht stärker als ihr schwächstes Glied. Wenn also
ein Teil Mängel aufweist, so kann die Reaktionskette nicht bis zum
vorgesehenen Endpunkt ablaufen.

Dr. Pescetti ist der Meinung, daß sich die Hersteller von Vitaminen
und anderen Nahrungs-Ergänzungspräparaten mit ihren Erzeugnissen
so weit wie möglich der Natur annähern sollten. Für das in seinem
Werk hergestellte Vitamin E zum Beispiel hat er die biologisch aktiv-
sten Ingredienzen festgelegt und so in Kombination angeordnet, daß
sie dem natürlichen Zustand ganz nahekommen. Er hat auch entdeckt,
daß Vitamine ohne Hitzeanwendung hergestellt werden können und
dann eine sonst nicht mögliche biologische Wirksamkeit behalten.
Daher ist zu raten, natürliche Lebensmittel mit hohem Vitamingehalt,
wie Brauereihefe, Sesammehl oder Weizenkeime, gewöhnlich mit
anderen Vitaminen einzunehmen, um Mängel fabrikmäßig hergestellter und weitgehend synthetischer Produkte auszugleichen.

Es ist häufig schwierig, aus der Beschreibung auf dem Etikett eines Erzeugnisses zu ersehen, ob es aus natürlichen Quellen stammt oder synthetisch hergestellt wurde. Im allgemeinen gilt aber, daß ein Erzeugnis, das einen chemischen Namen führt, wie zum Beispiel etwa Thiamin, synthetisch hergestellt ist, während die Bezeichnung »Thiamin (Hefe)« angibt, daß es zum Teil aus einer natürlichen Quelle stammt.

Zum Beispiel kann ein Etikettaufdruck »Vitamin C aus Hagebutten« sehr irreführend sein, weil eine 500-mg-Tablette oft 490 mg synthetisch hergestellte Ascorbinsäure enthält und nur 10 mg Vitamin C aus Hagebutten.

Immerhin aber hat Dr. Pescetti auf die interessante Tatsache hingewiesen, daß, wenn eine großenteils synthetische Vitamintablette einen kleinen Anteil natürlichen Vitamins enthält, dieser den biologischen Wert des synthetischen Vitamins beachtlich erhöht.

Im Falle von Vitamin C erweist sich immer mehr, daß zugesetzte, natürlich vorkommende Bioflavinoide den Wert des Vitamins C verstärken. Ich glaube, es läßt sich mit Sicherheit sagen, daß bei Vitaminpräparaten mit etwas Vitamin in natürlichem Zustand der therapeutische Wert des Präparates sich erheblich steigert, so daß die einzunehmende Dosis viel geringer sein kann. Wenn wir nur natürliche Quellen heranziehen, so benutzen wir auch Anteile, die die Wissenschaft vielleicht bis heute noch nicht analysiert hat. Im wesentlichen fragt der Körper nicht danach, ob ein Vitamin natürlich oder synthetisch ist, und man hat festgestellt, daß durch Kombination beider ausgezeichnete Resultate erreicht werden können.

Der letzte Teil dieses Kapitels soll noch einige praktische Anregungen zur Ernährung geben.

Brot

Viele Menschen betrachten Brot als das wichtigste Nahrungsmittel. Die Werbung stellt dies immer noch so dar, obwohl die medizinischen Erkenntnisse dem widersprechen; was u. a. ein von Dr. Roger J.

Williams an einer Gruppe von Ratten durchgeführtes Experiment gut illustriert. Von 1281 Ratten aus vier verschiedenen Stämmen wurde eine Hälfte mit handelsüblich angereichertem Brot gefüttert, während die andere Hälfte Brot erhielt, das eine ausgewogene Zusammenstellung von Vitaminen, Mineralen und Aminosäuren enthielt. Beide Brote sahen völlig gleich aus.

Von den mit handelsüblich angereichertem Brot gefütterten Ratten gingen binnen neunzig Tagen zwei Drittel an Unterernährung ein, und der Rest wies Wachstumsanomalien auf. Die Ratten der anderen Gruppe, die das nach der verbesserten Formel angereicherte Brot gefressen hatten – das zu Großhandelspreisen nur den Bruchteil eines Cent teurer in der Herstellung war – gediehen überraschend gut. Sie wuchsen siebenmal schneller als die der anderen Gruppe. Und doch werden wir von der Reklame dazu gebracht, unsere Kinder mit dem handelsüblich angereicherten Brot zu ernähren! Das gleiche »angereicherte« Mehl ist die Grundlage für Kekse, Torten, Pfannkuchen, Makkaroni und so weiter.

Bei einer Unterhaltung beschrieb Dr. Pescetti, daß seine Mutter Brot so buk, wie sie es von ihrer Mutter in Italien gelernt hatte. Die Herstellung dauerte einen ganzen Tag, und das Brot wurde bei sehr niedriger Temperatur vier oder fünf Stunden gebacken; man benutzte hausgemachte Hefe. Nach seiner Meinung hat gewöhnliches Weißbrot absolut keinen Nährwert. Wir sollten darüber beunruhigt sein, daß die Industrie an unserer Gesundheit so wenig interessiert ist, daß man die Nährwerte des Erzeugnisses den niedrigeren Herstellungskosten opfert.

Milch

Lange hat man uns glauben gemacht, daß pasteurisierte Milch der rohen Milch überlegen sei. Zu seiner Zeit leistete Pasteur der Menschheit einen großen Dienst, indem er die Ausbreitung durch Milch übertragener Krankheiten wie Typhus, bakterielle Ruhr, Malaria und Tuberkulose drosselte. Heute aber haben wir durch die amtliche

Überprüfung der rohen Milch ein sehr sicheres Erzeugnis, das der pasteurisierten Milch weit überlegen ist. Molkereien setzen heutzutage Vitamin D, Eisen und die Vitamine B_1, B_2 und B_6 ihrem Milcherzeugnis zu. Zur Pasteurisierung und Homogenisierung sind extrem hohe Temperaturen erforderlich, und daher bleibt vom echten biologischen Wert nur wenig im Produkt zurück.

Der Körper kann nur Spuren von Kalzium (der Art, die in homogenisierter pasteurisierter Milch vorkommt) assimilieren. Dr. Pescetti meint, daß die Zahnkaries weitgehend auf der mangelnden Fähigkeit des Körpers zur Assimilation von Kalzium, Magnesium, Phosphor und Zink in der Knochenstruktur beruht. Er hat Fälle beobachtet, in denen sich durch zusätzliche Gaben dieser Elemente in Chelatform binnen sechs Monaten zerstörte Knochenstrukturen wieder völlig regenerierten. Bei Zähnen, denen die vorerwähnten essentiellen Minerale bereits entzogen sind, trägt nach Meinung von Dr. Pescetti Zucker wesentlich zur Entstehung von Zahnkaries bei, weil durch den ursächlichen Mangel der Zahnschmelz an Härte verliert und vom Zucker leicht durchdrungen wird.

Dr. Francis Pottenger hat viele Experimente mit Katzen durchgeführt, um die Wirkungen von rohem Fleisch und roher Milch als Futter mit gekochtem Fleisch und pasteurisierter Milch zu vergleichen. Er berichtet wie folgt:

»Katzen, die rohe Milch und rohes Fleisch erhielten, hatten von Generation zu Generation gleichbleibend gesunden Nachwuchs. Fehlgeburten waren selten. Geworfen wurden durchschnittlich fünf Junge, und die Mutterkatzen säugten ihre Jungen normal. Katzen, die mit gekochten Fleischabfällen gefüttert worden waren, brachten als Nachwuchs verschiedenartige Kätzchen, von denen jedes ein anderes Skelettmuster aufwies; in der ersten Generation waren 25 Prozent Fehlgeburten, in der zweiten Generation 70 Prozent! Die Geburten waren schwer, und viele Katzen gingen dabei ein. Die Sterblichkeitsziffer war hoch. Oft waren die Kätzchen zu schwach, um zu saugen. Die Weibchen waren schwierig zu halten, leicht reizbar und hatten einen größeren Hang, den Halter zu beißen.

Viele auch bei Menschen auftretende Krankheiten infektiöser und degenerativer Art waren festzustellen.«

Diese Untersuchungen waren durch Dr. Pottengers Beobachtung angeregt worden, daß eine beträchtliche Sterblichkeit unter den Katzen herrschte, denen er die Nebenniere operativ entfernte, um Nebennierenrindenextrakte zu standardisieren. Als Ursache der Sterblichkeit wurden die gekochten Fleischabfälle des Sanatoriums erkannt. Das sollte uns nachdenken lassen über die mögliche Beziehung dieses Faktums mit dem »cardiac arrest«, dem Herzstillstand bei der modernen Humanchirurgie. Sollten wir uns nicht bemühen festzustellen, ob nicht eine Beziehung besteht zwischen diesen lebensbedrohenden Vorkommnissen bei Menschen und deren Konsum an Fleisch, das bei hoher Temperatur gekocht ist?

Die richtige Art zu kochen

Im allgemeinen ist es nicht ratsam, beim Kochen oder der Nahrungsverarbeitung hohe Temperaturen anzuwenden, die sehr zur Zerstörung der wichtigen Nährstoffe in den Speisen beitragen. Die Verarbeitung von Nahrungsmitteln unter Hitzeanwendung verändert den Ernährungswert tiefgreifend. Dabei werden nämlich die Enzyme und Vitamine und damit die Natur der Nahrung verändert. Je höher die angewandte Temperatur ist und je länger ihre Einwirkung dauert, um so größer ist die Zerstörung. Kochen und Garen bei niedriger Temperatur ist dem weit überlegen und hält die Nahrung knusprig-frisch und wohlschmeckend. (Wird Gemüse klein geschnitten, so benötigt der Kochprozeß weniger Hitze.)

In diesem Zusammenhang ist es interessant, daß sich bei einer Mahlzeit mit rohen Speisen die Zahl der weißen Blutkörperchen nicht verändert; bei einer Mahlzeit mit gekochten Speisen dagegen erhöht sich im allgemeinen ihre Zahl, da die wie Polizisten wirkenden weißen Zellen mobilisiert werden, um bei Notfällen einzugreifen. Enthält die Nahrung außerdem noch Konservierungsmittel, so verändern die verschiedenen Typen der weißen Zellen ihr normales anteiliges Verhältnis, womit eine noch größere Störung der menschlichen Physiologie angezeigt wird. Das illustriert eindringlich, wie unzweckmäßig zubereitete Speisen die körperlichen Gleichgewichtssysteme stören. Eher annehmbar ist es, wenn zu gekochten Speisen Rohkost gegessen wird.

Ist die Herkunft der Gemüse oder Früchte nicht bekannt, so ist es sehr wichtig, sie gründlich zu waschen, damit Überreste gesundheitsschädlicher Spritzmittel soweit wie möglich entfernt werden. Die Bircher-Benner-Klinik empfiehlt, Wurzelgemüse unter fließendem Wasser mit einer Bürste zu säubern, dann zu schälen und schließlich in kaltes Wasser zu legen, dem man Salz und Zitronensaft zugesetzt hat, um die natürliche Gemüsefarbe zu erhalten.

Stuhlgang

In meiner medizinischen Praxis ist es nur selten nötig, daß ich – abgesehen von bettlägerig Kranken – Abführmittel oder Klistiere verordnen muß. Die Verbreitung der Idee, daß Stuhlgang zu einer bestimmten Tageszeit erfolgen müsse, ist ein Irrtum. Jeder Mensch ist anders. Manche haben jeden Tag einmal Stuhlgang, so regelmäßig wie ein Uhrwerk, andere gehen zweimal täglich aus, und bei wieder anderen tritt der Stuhlgang nur jeden zweiten Tag auf. Wenn gelegentlich ein Tag oder gar zwei Tage übersprungen werden, ist es sicherlich völlig harmlos und jedenfalls kein Grund zu Besorgnis.

Allein schon die Sorge und Angst vor Verstopfung oder anderen unliebsamen Folgeerscheinungen ruft im Körper eine Spannung hervor, die den normalen täglichen Rhythmus hindernd beeinflussen kann. Ein Programm täglicher Leibesübungen wirkt sich ebenso in einer Regulierung aus wie reichlicher Verzehr roher Gemüse. Unerkannte Hypothyreose (Unterfunktion der Schilddrüse) tritt häufig zusammen mit pathologischer Konstipation auf.

Die richtige Verwertung der Nahrung

Nehmen wir einmal an, daß eine ausgewogene Nährstoffzufuhr
vorliegt, so gilt es, noch andere Faktoren zu berücksichtigen, um die
richtige Verwertung der Nahrung zu sichern. Zunächst einmal ist es
wichtig, die Nahrung gut zu zerkleinern, damit den Verdauungssäften
eine möglichst große Oberfläche der Nährstoffe dargeboten wird.
Offensichtlich ist das ein Zahnproblem, wobei es darauf ankommt,
daß die Zähne sich richtig gegenüberstehen, damit die Nahrung
gründlich gekaut wird und genügend Zeit für den Kauprozeß zur
Verfügung steht.

Als nächstes ist die Absorption der eingenommenen Nahrung von
äußerster Wichtigkeit, was oft, und besonders von älteren Menschen,
übersehen wird. Wann ist eine ungenügende Absorption zu vermuten?
Eines der ersten Anzeichen ist möglicherweise eine bald nach der
Mahlzeit einsetzende Verdauungsstörung. Das sollte immer die Frage
aufwerfen, ob im Magen Salzsäure fehlt. Diese Säure nämlich ist einer
der wichtigsten Stoffe, um den Verdauungsprozeß in Gang zu bringen.

Auch Menschen, die ständig Untergewicht haben und nicht zuneh-
men können, obgleich sie ausreichende Mengen richtiger Nahrung zu
sich zu nehmen scheinen, sollten prüfen, ob die Ursache an Salzsäuremangel im Magen liegt. Salzsäure und Pepsin sind nötig, um die
Verdauung der Proteine einzuleiten und Kalzium im System zurückzuhalten. Sie bewirken auch die Nutzung von Vitaminen und Mineralen. Ihre Anwesenheit kann heute durch einen einfachen Test festgestellt werden; dabei ist es nicht mehr nötig, einen Schlauch durch den
Mund bis in den Magen zu führen.

Beim Eintritt der eingenommenen Nahrung in den Dünndarm
müssen von der Bauchspeicheldrüse und der Dünndarmwand genügend Säfte und Galle freigesetzt werden, um die individuelle Verdauung der Kohlehydrate, Proteine und Fette durchzuführen und die
Fette auch zu emulgieren. Ein anderer Anhaltspunkt für eine schlechte
Funktion in diesem Bereich – außer Verdauungsstörungen und Blähungen nach einer Mahlzeit – ist das Vorkommen unverdauter Speise-
partikel im Stuhl.

Spätere Aufblähungen des Unterbauches können beim Fehlen des Acidophilus-Bazillus auftreten, der zur Synthese der Bestandteile des Vitamin B sowie für die normale Dickdarmtätigkeit bei normaler Bakterienflora der Eingeweide sehr nötig ist. Diese wichtigen Bakterien werden häufig zerstört, wenn zeitweise Antibiotika genommen werden; sie sollten durch Zugabe einer Acidophilus-Kultur zu Milch oder durch Buttermilch oder Yoghurt guter Qualität wieder ersetzt werden.

Bei einer anderen, nicht so häufigen Form verminderter Resorption, die als nichttropische Sprue bekannt ist, tritt Wasserstuhl (sehr selten geformt), auf Wasser schwimmender Stuhl mit Anzeichen von nichtassimilierten Ölen oder Fetten, auf. Zur Behandlung dienen Folsäure und glutenfreie Diät.

Die richtige Einstellung zur Ernährung

Ernährung und Absorption der Nahrung sind eng mit dem seelischen Zustand verbunden. Viele Gäste, die nach Meadowlark kommen, haben sich durch ihr Kopfzerbrechen und ihre starken Vorurteile über das, was sie essen können und nicht essen dürfen, selbst in einen schlechten Ernährungszustand versetzt. Der eine kann nicht alles roh essen, ein anderer kann nicht alles gekocht essen. Wieder einer kann keine Proteine und Kohlehydrate in der gleichen Mahlzeit zu sich nehmen; ein anderer wiederum kann keine Tomaten, keine Zwiebeln, keine Erdbeeren essen usw.

Es ist erstaunlich, wie eine völlige Abschaltung von den häuslichen Gewohnheiten, von der Berufsarbeit, vom Umgang mit gewissen Freunden oder Kollegen sowie ein bißchen Sichgehenlassen und die Anleitung zu Entspannungstechniken einen Menschen binnen drei oder vier Tagen dazu bringen können, sich seinen Teller randvoll mit vielen seiner »verbotenen« Speisen zu füllen. In der neuen Umgebung bringt das innere und äußere Gleichgewicht viele Allergien zum Verschwinden. Eine Mahlzeit aus natürlichen, unverfälschten Speisen, die man entspannt im Kreise neuer Freunde einnimmt, die ebenfalls nach der Lösung von Lebensproblemen suchen, kann ein heilendes Erlebnis sein.

Hinweise für die Anwendung von Vitaminen

Soll man Vitamine, Minerale und Protein-Ergänzungsgaben nehmen? Die nachstehenden Fragen wollen Ihnen helfen, die richtige Antwort zu finden:

1. Haben Sie nach Ihrer Meinung eine robuste Gesundheit?
2. Wie genau befolgen Sie die Diät-Empfehlungen des vorigen Abschnitts?
3. Essen Sie eine angemessene Menge ungespritzten, rohen, frischen Gemüses oder Obstes? Wie lange nach dem Pflücken verzehren Sie es? Wurde es im Fruchtwechsel und unter Verwendung natürlichen Düngers angebaut?
4. Nehmen Sie die meisten Ihrer Mahlzeiten zu Hause ein, wo Sie über die Herkunft Ihrer Nahrungsmittel einen besseren Überblick haben, oder speisen Sie in Restaurants, wo Sie über diese Faktoren nichts wissen?

Wenn Sie diese Fragen in positivem Sinne beantworten können, gibt es möglicherweise gewisse Jahreszeiten, in denen die Einnahme zusätzlicher Vitamine überflüssig ist. Für den größten Teil der Zeit aber würde ich nicht ohne diese Zusätze sein wollen. Ich kann nur sagen, daß in den letzten ein oder zwei Jahren, in denen ich streng nach einigen der von mir gegebenen Richtlinien gelebt habe, meine Energie größer geworden ist, als sie früher war. Übrigens stammen viele der vorgenannten Richtlinien aus Europa, wo man in der medizinischen Praxis der Ernährung ein weit größeres Gewicht beimißt.

Die Entscheidung über die Wahl Ihres Vitaminzusatzes sollte am besten mit Hilfe eines ernährungsorientierten Arztes, eines Biochemikers oder eines Ernährungsfachmanns erfolgen.

Vier Empfehlungen für eine gute Ernährung

1. Ihre Diät sollte einen höchstmöglichen Anteil an rohen Gemüsen und Obst enthalten. Deren Menge sollte immer über 50 Prozent der ganzen Mahlzeit ausmachen; im Krankheitsfalle sollte man sogar bis nahe an 100 Prozent gehen; auch sollten frische Gemüse oder Obstsäfte gegeben werden. Frische rohe Samenkörner (besonders von Sonnenblumen, Sesam und Kürbis), Nüsse, Weizenkeime und Brauereihefe sind ebenfalls sehr wertvoll.

2. Meiden Sie, soweit möglich, Dosennahrung, besonders solche, die weißen Zucker und/oder Mehl enthält oder daraus besteht. Für Gemüsearten, die gekocht werden müssen (Dampfgarung ist am besten), sollte die Kochdauer zur Vermeidung von Verlusten an Vitaminen, Mineralen und Enzymen möglichst kurz sein. Denken Sie aber daran, daß die *meisten* Gemüse roh gegessen werden können.
Vollkornbrot und andere Getreideerzeugnisse sind gute Nahrungsmittel. Meiden Sie auch Gebratenes, Konserven, Kaffee, Tee, Kakao, Schokolade und alle kohlensäurehaltigen Getränke. Bei richtiger Ernährung schwindet die Lust auf Anregungsmittel, die dann ohnehin nicht nötig sind. Man hat Kräutertees als viel vorteilhafter schätzen gelernt.

3. Beginnen Sie jede Mahlzeit mit Rohkost, zum Beispiel mit Salat, frischem Saft oder Früchten. Das, so hat man festgestellt, führt zur wirksamsten Verdauung. Die in frischen grünen Blättern, im vollen Korn und in Samen enthaltenen Proteine liefern eine ausgezeichnete Ernährung. Bekannt ist, daß homogenisierte, pasteurisierte Milch einen niedrigeren Nährwert hat als amtlich geprüfte rohe Milch, Buttermilch, Yoghurt, Quark und natürlicher Käse. Meiden sollte man aber verarbeitete Käsesorten.
Wenn ein Säugling allergisch auf Milch reagiert oder als Kind Ekzeme bekommt oder nasale Allergien mit Katarrh und viel Schleimbildung, dann tut man gut daran, die Milch einen oder zwei

Monate lang wegzulassen und zu beobachten, ob sich dadurch der Zustand bessert.

4. Lassen Sie sich nicht entmutigen, wenn sich Ihr Gesundheitszustand nicht sofort bessert. Geduldiges und beharrliches Fortschreiten auf dem Weg der neuen Lebensführung aber bringt dauerhafte Besserung. Andererseits ist man oft erstaunt über die Schnelligkeit, mit der sich manchmal Änderungen einstellen. Wenn die Ernährung auch nicht der einzige Faktor ist, der zu körperlichem Wohlbefinden führt, so ist sie doch von sehr großer Wichtigkeit. Ein bestmöglicher Gesundheitszustand ist ohne gute Ernährung nicht denkbar.

Nun wenden wir unsere Aufmerksamkeit dem Gebiet der Leibesübungen zu, einem weiteren wichtigen Faktor zur Förderung des Wohlbefindens.

4. Kapitel

Über körperliche Bewegung

»Besser zu jagen im Feld als Gesundheit zu kaufen
Und für bitt're Arznei zum Doktor zu laufen.
Der Weise sich zur Heilung auf Übung verläßt.
Gott schuf sein Werk nicht für den Menschen zum Test.«

JOHN DRYDEN

Wenn Sie allzuoft mit Erkältungen oder Grippe zu tun haben, wenn Sie der Rücken schmerzt, wenn Sie von Schlaflosigkeit geplagt werden, Herzbeschwerden, hohen Blutdruck, Magengeschwüre, Arthritis, Krampfadern, Diabetes, Depressionsperioden oder Übergewicht haben, dann ist es an der Zeit, sich allen Ernstes zu überlegen, wieviel und welche Art von körperlicher Bewegung Sie haben. Wenn Sie sich stets müde fühlen, ohne offenbar überarbeitet zu sein, dann fehlt es Ihnen nicht an Schlaf, sondern unter anderem an mehr Bewegung.

Gebrauch der Muskeln

Das Leben in einer Welt, die auf ein Höchstmaß an körperlicher Bequemlichkeit zusteuert, kommt uns teuer zu stehen. Wir haben schon ziemlich ausführlich besprochen, wie Änderungen unserer Nahrung unser heutiges Gesundheitsbild beeinflussen. Aber neben der Ernährung ist körperliche Bewegung nötig; denn sie hat Einfluß auf Blutzirkulation und Sauerstoffaufnahme, die beide für die richtige Ausnutzung der Nahrung unentbehrlich sind.

Das Essen schmeckt bekanntlich am besten nach einer langen

109

Wanderung in der freien Natur, wenn wir in vollen Zügen frische, unverschmutzte Luft haben einatmen können. Diese Bewegungsart regt den Geschmack an natürlicher, einfacher Kost an, während sitzende Lebensweise, zusammen mit einem Übermaß an Reiz- und Anregungsmitteln, den Geschmackssinn ändert und pervertiert, so daß unser Körper die Fähigkeit einbüßt, die Nahrung zu begehren, die er nötig hat.

Automobile und Motorräder haben Spaziergänge großenteils verdrängt. In vielen modernen Vorstädten gibt es keine Bürgersteige mehr; die städtischen Parkanlagen sind unsicher geworden, und jemand, der es wagt, in der Nähe seines Hauses einen Spaziergang zu machen, muß vorsichtig sein und überall dem Kraftverkehr ausweichen.

Als Medizinstudent in New York City konnte ich mir zum Glück kein Auto leisten und hatte zudem Eltern, die gerne Spaziergänge in die schönen bewaldeten Berge im nördlichen New Jersey unternahmen. Während der zwei Jahre, in denen ich bei Onkel und Tante im Westen New Yorks wohnte, hatte ich Gelegenheit, täglich zum ca. acht Kilometer entfernten Institut, hin und zurück, zu Fuß zu gehen. In zwei anderen Jahren war ich Mitbewohner eines im Osten der Stadt gelegenen Apartments, von wo der Weg etwas kürzer war. Da das Apartment im fünften Stock lag und das Haus keinen Aufzug hatte, war das häufige Treppauf, Treppab für mich ein gutes, regelmäßiges Bewegungstraining. In meinen Sechzigern habe ich es mir zur Gewohnheit gemacht, an Tagen, an denen ich morgens keine Zeit zum Joggen habe, die häufigen Gänge zur dritten und vierten Etage unseres hiesigen Krankenhauses zu Fuß zu machen.

Es gibt nicht nur Anzeichen dafür, daß unbetätigte Beinmuskeln atrophieren, sondern Ähnliches ist auch zu erwarten, wenn unsere Arme und Hände nicht mehr genug Bewegung haben. Seit es Fernsehen gibt, ist es immer mehr zur Mode geworden, zu Hause herumzusitzen und zum Beispiel lieber die Sportschau anzuschauen als am Sport aktiv teilzunehmen; und beim Heckenschneiden, Rasenmähen und Sägen verrichten motorisierte Geräte die schwere Arbeit.

Sogar beim Sport zeigt sich der Trend zur Bequemlichkeit. Früher ging ein Mann am Wochenende von zu Hause los, um 9 bis 18 Löcher Golf zu bewältigen und sich durch die dazu erforderliche Bewegung zu erfrischen. Heute fahren viele zum Klubhaus, mieten sich einen Elektrogolfwagen, fahren über den Platz und steigen an der Stelle, wo der Ball liegt, tapfer aus. Dann spreizen sie ihre Beine, um ihre zunehmende Leibesfülle beim Schlagen des Balles abzustützen. Nach ein paar Stunden geht's dann zurück ins Klubhaus, um nach all den Anstrengungen des Morgens bei ein paar Cocktails neue Kraft zu schöpfen.

Im vorigen Jahrhundert verlangte das tägliche Leben dem Menschen viel Bewegung ab, und infolgedessen bedrohten Herz- und Schlaganfälle sowie andere degenerative Erkrankungen das Leben bei weitem nicht in dem Maße, wie das heute der Fall ist. Auch gab es damals weit weniger geistige Gesundheitsprobleme als heute. Der Prozentsatz junger Männer, die nicht einmal einer einfachen körperlichen Tauglichkeitsuntersuchung für den Militärdienst genügen, ist heutzutage weit größer als noch vor einigen Jahrzehnten. Es spricht vieles dafür, daß die jungen Männer heutzutage lieber Auto oder Motorrad fahren, als ihre Muskeln zu gebrauchen, um ihre jugendliche Aggressivität auszulassen.

Es besteht eine direkte Wechselbeziehung zwischen körperlichem Bewegungsmangel und vorzeitigem Altern. Viele Männer von 45 Jahren könnte man für Sechziger halten, und bei ärztlichen Untersuchungen zeigt sich klar eine Verhärtung der Arterien sowie eine Erhöhung des Cholesterinwertes, was beides eine Beeinträchtigung der Blutzirkulation anzeigt. Selten, wenn überhaupt, finde ich jemand, der bei erhöhtem Cholesterinspiegel imstande ist, ein Leibesübungsprogramm durchzuführen, wie ich es gleich beschreiben werde. Ich habe häufig beobachtet, daß es bei angemessener körperlicher Betätigung nicht so sehr darauf ankommt, eine Diät mit geringem Gehalt an Cholesterin und cholesterinbildenden Substanzen einzuhalten.

Kommen Bewegungsmangel und Tabakrauchen zusammen, so vermindert sich der Widerstand gegen Erkrankungen, und die Lebenserwartung sinkt. Das vorgeschlagene Übungsprogramm kann dann häufig wegen mangelnder Ausdauer, Kurzatmigkeit und behindernder Hustenanfälle nicht durchgeführt werden.

Früh in meiner medizinischen Laufbahn verbrachte ich fünf Jahre mit Fischersleuten im nördlichen Neufundland und weitere zwei Jahre im Inneren Chinas. In beiden Fällen stellte ich fest, daß dort degenerative Erkrankungen kaum vorkamen. Das Leben der Fischer im stürmischen Nordatlantik forderte tagaus, tagein harte Arbeit und kräftige Betätigung, und im Winter ging man täglich zehn Meilen oder weiter mit dem Hundeschlitten hinaus, um genug Holz zum Beheizen des Hauses zu schlagen. Soweit ich mich entsinne, habe ich in diesen sieben Jahren nur drei Fälle von Myokardinfarkt (Herzanfälle) gesehen. In Neufundland betraf es den mit sitzender Tätigkeit befaßten Magistratsbeamten sowie einen Großhandelskaufmann. In China war es der Sekretär der örtlichen Handelskammer – ebenfalls ein sehr reicher Kaufmann.

Die Chinesen der ländlichen Provinz Yunnan waren Farmer und Händler. Sie machten sich nichts daraus, mit 100 bis 150 Kilogramm schweren Lasten viele Meilen weit zu gehen oder gar zu laufen. Sie hatten bei ihren Bewegungen ein ausgeprägtes Gefühl für Rhythmus, was zweifellos ihre Arbeitsleistung erhöhte. Das gleiche Gefühl kann man bei uns beim Joggen oder Laufen sowie beim Schwimmen lernen und anwenden.

An dieser Stelle fragen Sie vielleicht: »Welchen Nutzen soll nun all diese Bewegung für meine Gesundheit haben?«

Eine Verschlechterung der körperlichen Verfassung macht sich zuerst im Kreislaufsystem bemerkbar. Die Nahrung, die wir zu uns nehmen, muß nämlich die »Fabrik«, das heißt, bestimmte Zellen erreichen, wo die Nährstoffe in die Energie umgewandelt werden, die wir zum täglichen Leben benötigen. Der Rückfluß aus den Beinen zum Herzen und zu den Lungen hängt großenteils vom Tonus der Beinmuskeln ab. Ein aktiver, durch ein gutes Bewegungsprogramm und richtige Atmungsgewohnheit geförderter Kreislauf führt dazu, daß die Blutgefäße rein und freigehalten werden von atheromatotischen (cholesterinhaltigen) Fettablagerungen und daß in den Ventilen und Muskelwandungen der kleineren Gefäße unserer Glieder und Innenorgane ein gesunder, ausgeglichener Tonus beibehalten wird.

Atmung

Außer Nährstoffen benötigen die Zellen eine angemessene Menge Sauerstoff aus den Lungen, denn Sauerstoff ist für jede Art Verbrennung erforderlich und damit auch unentbehrlich für die Umwandlung der Nährstoffe in Energie. Der Körper kann Nährstoffe speichern, nicht aber Sauerstoff. Daher ist die richtige Atemtechnik von allergrößter Wichtigkeit. Nur wenige Menschen atmen richtig. Sie glauben, daß man zum Einatmen die Brust herausdrücken und den Bauch einziehen muß. Das Gegenteil ist richtig, wie jeder ausgebildete Sänger weiß. Die Ausdehnung der Lungen ist bei Brustatmung wegen des Widerstandes der Rippenknochen sehr begrenzt, während durch die Tätigkeit des Zwerchfells, dessen Bewegung von einer Einwärtsbewegung der Bauchdecke begleitet wird, eine viel größere Kompression auf die Lungen ausgeübt und eine bessere Durchlüftung erreicht werden kann.

Atmen kann viel mehr sein als nur eine körperliche Bewegung, symbolisiert der Atem doch unser Leben. Beim ersten Atemzug tritt der Mensch ins Leben ein, und doch widmen wir Menschen im Westen dieser grundlegenden Bewegung nur wenig Aufmerksamkeit. Das Zutrauen des Menschen zu seinem Leben drückt sich tatsächlich in seiner Art zu atmen aus. In körperlicher Hinsicht steuert die Atmung das Körpergeschehen, in geistiger Hinsicht führt sie zu Klarheit des Denkens, und in spiritueller Hinsicht strahlt sie etwas von des Menschen Glauben an den Spender des Lebens aus.

Auch die Tiefe des Atmens spielt eine wichtige Rolle; denn den am Lebensprozeß beteiligten chemischen Reaktionen muß ein ausreichendes Volumen an Sauerstoff zur Verfügung gestellt werden. Der Körper braucht aber nicht nur den Sauerstoff der Luft; er braucht auch die in der Luft enthaltenen atmosphärischen Ionen. Es weiß ja wohl jeder, daß Heilungen in Gebirgs- und Seeklimazonen schneller erfolgen als im staubüberladenen Smog der Großstädte. Besonders wertvoll sind Atemübungen, bei denen man die innere Überzeugung hegt, mit der Luft zugleich die subtilen Energien des Universums (das *Prana* der Yogis) einzuatmen, die die eigenen Energien zu steigern vermögen.

Es gibt vielerlei Arten der Atemtechnik: den raschen, den abgehack-
ten »Stakkato«-Atem; das laute Atmen eines aufgebrachten, zornigen
Menschen; die schnelle, etwas ungleichmäßige Atmung einer ängst-
lichen Person; das keuchende Atmen eines Menschen in einer unge-
wohnten Streßsituation; die sehr flache Atmung jemandes, der an der
»Oberfläche des Lebens« gelebt hat. Setzt man die Reihe fort bis in den
Bereich kranker Menschen, dann beobachten wir noch das schnelle
Atmen von Patienten, die Lungenentzündung oder hohes Fieber haben
– beides Fälle mit auftretenden Beängstigungen und Frustrationen.

Außerdem gibt es noch die Atmungsgewohnheiten von Menschen,
die an Asthma und Lungenemphysem leiden, anscheinend ernstliche
Atmungsprobleme haben und gewöhnlich nicht wissen, ihr Zwerchfell
beim Atmen richtig zu benutzen. Diese Erscheinungen treten oft
zusammen mit bronchialer Verkrampfung auf, die die Atmungsschwie-
rigkeiten noch erhöht und mit emotionalen Problemen verbunden ist.

Richtiges Atmen muß in Bewußtheit beginnen, die unter der
Kontrolle des persönlichen Willens oder des Ego steht, das ganz anders
wirkt als das wahre Selbst mit seinen innigen Verbindungen zu den
lebenspendenden Energien und fundamentalen Rhythmen des Universums. Wie schon gesagt, wird allzuoft die Beteiligung des Zwerchfells
bei der Atmung vernachlässigt, was dazu führt, daß bei diesem
wichtigen Akt den Brustmuskeln die wichtigere Rolle zufällt. Die
Rippen, die nur eine gewisse Drehbewegung ausführen können,
erlauben beim Einatmen nur eine sehr geringe Ausdehnung der Lungen.
Beobachten Sie einmal Ihre eigene Atmung. Legen Sie die Finger einer
Hand direkt unterhalb der Rippen auf den Bauch und den Daumen um
die Seite. Prüfen Sie beim Einatmen, um wieviel der Bauch eingezogen
wird und wie weit sich die Brust bewegt. Bei richtiger Atmung sollte auf
die Brust nicht mehr als ein Viertel oder ein Drittel der gespürten
Bewegung entfallen. Eine möglichst vollständige Ausatmung bei
bestmöglicher Leerung der Lungen erfordert die Muskelkraft des
Zwerchfells und ist ein Ausdruck von Lebenskraft (oder *Prana*) und soll
länger dauern als die Einatmung, die nur ein einfacher Einsaugvorgang,
ein passiver Akt, ist.

Nachdem wir das Phänomen des Atmens in Zeiten der Gesundheit und Krankheit betrachtet haben, wenden wir uns nun der richtigen Atemtechnik zu. Das Lernschema läßt sich in drei Stufen unterteilen. Auf der ersten bemühen wir uns um den physischen Akt des Atmens und werden uns seiner bewußt. Auf der zweiten kommen wir zur Erkenntnis des eigenen falschen Atmens und beginnen, ohne Willensbeteiligung zu atmen. Die dritte Stufe bringt die persönliche Loslösung vom Akt des Atmens, so daß das »Ich« (Ego) nicht länger atmet, sondern das »Selbst« geatmet wird.

Atemübungen sollte man täglich an einem stillen Ort durchführen, wo man nicht gestört wird. Man kann dabei in einem Sessel oder auf einem Stuhl mit geradem Rücken sitzen; die Sitzfläche muß hoch genug sein, daß die Knie auf der Höhe des Beckens sind. Die Füße stehen auf dem Boden. Der Rücken soll ohne Zwang ganz gerade sein. Schultern und Arme sind entspannt. Manche Leute bevorzugen die Lotus- oder Halb-Lotus-Stellung. Die beste Zeit für die Übungen ist – bei leerem Magen – entweder am frühen Morgen oder kurz vor dem Abendessen.

Es ist ratsam, vor den Übungen ein Glas Wasser zu trinken, um den Magen zu entleeren, denn er soll frei von Gas sein, damit nicht der Vagusnerv ungünstigerweise angeregt wird. Es ist gut, ein offenes Fenster in der Nähe zu haben. Man beginne die Übung mit langsamem, tiefem Atmen bei geschlossenen Lippen und denke daran, daß Atmen nicht einfach eine Bewegung zum Einsaugen und Ausblasen von Luft ist, sondern eine für jedes lebendige Wesen fundamentale Bewegung, die auf den Körper ebenso Einfluß nimmt wie auf Seele und Geist.

Im Anfangsstadium ist es eine Hilfe, wenn man die Atemzüge etwa wie folgt zählt: *Einatmen* = eins, zwei, drei; *Anhalten* = eins, zwei; *Ausatmen* – eins, zwei, drei, vier; *Anhalten* = eins, zwei. *Einatmen* = eins, zwei, drei; und so weiter. Dies gut zu tun, verlangt sorgfältiges Üben.

Beim Einatmen wird der Bauch eingezogen, dann wird der untere Teil der Brust gehoben, wobei die erste Bewegung vom aufsteigenden Zwerchfell ausgeht. Sorgen Sie dafür, daß Rippenmuskeln, Schultern und Arme immer noch entspannt sind. Bei der Ausatmung wird der

Atem hinuntergedrückt, so daß man den Druck schließlich im Unterbauch fühlt. Die Aufmerksamkeit ist besonders auf den ausfließenden Atem zu richten. Die Ausatmungsphase dauert länger als die Einatmung, die einfach ein Einsaugreflex ist.

Während der Übung konzentriere man sich völlig auf die Zählung und lasse sich aufdrängende Gedanken unbeachtet. Man versuche nicht einmal, sie abzudrängen, sondern setze unentwegt die Zählung konzentriert fort. Der Punkt der Konzentration sollte vom Kopf in die Gegend des Nabels verlegt werden, weil dies zur Unterstützung des Solarplexus führt, der für die Funktion der Nebennierendrüse besonders wichtig ist. Hat man auf diese Weise die Übungen einige Monate durchgeführt, so kann man die Zählung aufgeben. Die Atmung geschieht dann auf ganz natürliche Art. Dabei hört dann die geistige Kontrolle über die Atmung auf und »es beginnt von selbst in uns zu atmen«.

Mit der allmählich fortschreitenden Aufgabe des persönlichen Willens – und damit der Aufgabe des Ego – übergibt man ebenso seine Befürchtungen und Ängste. Damit fällt viel von der Spannung ab, die mit der Oberflächlichkeit der Atmung in Beziehung steht. Die Segnungen, die sich aus dieser Auf- und Übergabe für uns ergeben, sind enorm, denn sie führen uns zu neuen Dimensionen des Glaubens, der doch die Basis des Lebens ist, das Christus und die Propheten sowie auch Paulus lebten, der da sagt: »Nicht ich lebe mehr, sondern Christus lebt in mir.«

Körperliches Fitneßprogramm

Ob Sie laufen, radfahren, Aerobic oder jegliche andere Sportart bevorzugen, bleibt Ihrer persönlichen Entscheidung überlassen. Informieren Sie sich über das für Sie notwendige Maß an körperlicher Bewegung in den zahlreich vorhandenen Büchern zum Thema und stellen Sie sich Ihr persönliches Programm zusammen.

Auf jeden Fall holen Sie aber vor Beginn Ihres Fitneßprogramms immer die Zustimmung Ihres Arztes ein, besonders dann, wenn Sie über 50 Jahre alt sind, wenn mit dem Herzen oder dem Rücken etwas nicht in Ordnung ist oder wenn es sonstwie mit der Gesundheit hapert. Bei der Durchführung des Programms sollte man vorsichtig beginnen, um dann die Leistung allmählich zu steigern, und, besonders wenn man schon älter ist, keine Wettkämpfe mit anderen aufnehmen.

Der Nutzen körperlicher Bewegung

Eine Reihe wichtiger Vorteile, die die Durchführung des Programms bietet, sind nachstehend aufgeführt:

1. Sie fühlen sich allgemein besser.
2. Überflüssiges Fett wird allmählich durch festeres Gewebe ersetzt.
3. Wenn Sie Raucher sind, stellen Sie wahrscheinlich bald fest, daß Sie weniger rauchen.
4. Wenn Sie nervös sind und unter Schlaflosigkeit leiden, werden Sie ruhiger werden und wieder gut schlafen können.
5. Gewisse Herzbeschwerden, insbesondere Angina pectoris, bessern sich.
6. Diabetiker brauchen weniger Insulin.
7. Hoher Blutdruck baut sich ab; die Pulsfrequenz sinkt.
8. Der Cholesterinspiegel wird niedriger.

In den letzten dreißig Jahren hat sich die Einstellung der Medizin in bezug auf die Körperbewegung gewandelt. Früher wurden Operationspatienten praktisch bewegungslos im Bett gehalten. Nach Bruchoperationen ließ man die Patienten ganze zwei Wochen liegen, und nach Geburten blieben die Wöchnerinnen, wie schon der Name sagt, eine Woche oder bis zu zehn Tagen im Bett.

All dies hat sich geändert. Bruchoperierte und die meisten anderen Operationspatienten läßt man heute so schnell wie möglich aufstehen, manchmal sogar schon am Tage der Operation. Geht es ihnen darum schlechter? Im Gegenteil! Die frühzeitige Bewegung bekommt ihnen viel besser. Es gibt viel weniger Fälle von Lungenentzündung. Atelektase (die durch Schleimpfropfen eines Bronchus verursachte Unfähigkeit einer Lunge, sich auszudehnen), eine früher häufige Komplikation, ist heutzutage verhältnismäßig selten. Postoperative Embolien treten weit weniger auf, und eine Katheterisierung der Blase ist bei Patienten, die frühzeitig aufstehen dürfen, nur selten erforderlich.

Standardtest für allgemeine körperliche Fitneß

Jede Testaufgabe wird, wenn man sie erfüllt, mit einer Punktzahl bewertet. Nehmen Sie die ganze Testserie und schreiben Sie bei jedem Ihre Punkte an. Nach Beendigung aller Tests addieren Sie die insgesamt erreichten Punkte. Die erreichbare Höchstzahl an Punkten ist 200. Der Durchschnitt ist um 100 Punkte. Jeder Wert unter 100 ist als Versagen anzusehen und als ein Anzeichen schlechter Verfassung zu werten.

Bild 1
Wert: 15 Punkte   Ihre Punktzahl . . . . . .
Stellung mit zurückgezogenen Schultern und stärkstmöglich herausgedrückter Brust. Messung des Brustumfangs dicht unter den Achselhöhlen. Dann Messung der Bundweite bei entspannter Magenstellung – weder eingezogen noch herausgedrückt. Ihr Brustumfang sollte 13 cm größer sein als die Bundweite. (Bei Frauen sollte die Differenz etwa 25 cm betragen.)

Bild 2
Wert: 10 Punkte   Ihre Punktzahl . . . . . .
Setzen Sie sich mit den Beinen vor sich ausgestreckt auf den Boden, und stellen Sie aufrecht zwischen Ihre Knie ein 20 cm hohes Buch. Halten Sie dann die Beine gerade und flach auf der Erde, beugen Sie sich nach vorn, und berühren Sie mit der Stirn das Buch.

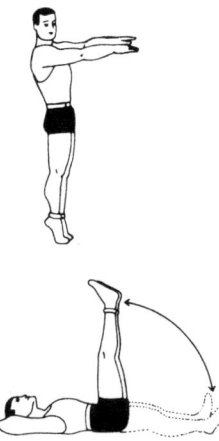

Bild 3
Wert: 15 Punkte   Ihre Punktzahl . . . . . .
Stellen Sie sich auf die Zehen, mit den Fersen zusammen und mit geschlossenen Augen; strecken Sie die Arme in Schulterhöhe nach vorne. Bleiben Sie 20 Sekunden lang in dieser Position, ohne Ihre Fußstellung zu ändern oder Ihre Augen zu öffnen.

Bild 4
Wert: 20 Punkte   Ihre Punktzahl . . . . . .
Legen Sie sich mit den Händen unter dem Kopf auf den Rücken, und heben Sie beide Beine bis zur Senkrechten hoch, ohne die Knie zu beugen. Dann senken Sie die Beine – wieder, ohne die Knie zu beugen – bis zum Boden. Wiederholen Sie das 20mal hintereinander.

Bild 5
Wert: 15 Punkte   Ihre Punktzahl . . . . . .
Stützen Sie den gerade gestreckten, seitlich gerichteten Körper auf eine Hand (mit gerade gehaltenem Arm) und die Außenseite eines Fußes. Setzen Sie die andere Hand auf die Lende. Heben Sie das obere Bein 25mal, ohne das Knie zu beugen, bis zur Horizontalen.

Bild 6
Wert: 25 Punkte   Ihre Punktzahl . . . . . .
Sie liegen mit hinter dem Kopf gefalteten Händen und dem Gesicht nach unten auf dem Bauch, mit fest auf dem Boden liegenden Füßen. Dann heben Sie das Kinn bis zu 45 cm über Bodenhöhe.

Bild 7
Wert: 10 Punkte
Ihre Punktzahl......
Aus kniender Grundhaltung mit den Fußsohlen nach oben und den Armen aus den Schultern vorgestreckt: mit den Armen auf und ab schwingen, in die Standstellung springen und die Balance halten. Beide Füße müssen zusammen hochkommen.

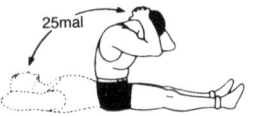

Bild 8
Wert: 20 Punkte   Ihre Punktzahl......
Sie liegen auf dem Rücken mit den Händen hinter dem Kopf und den Füßen locker auf dem Boden (nicht niedergehalten). Heben Sie sich 25mal hintereinander, ohne Pause, in die Sitzstellung.

Bild 9
Wert: 10 Punkte   Ihre Punktzahl......
Machen Sie aus dem Stand einen weiten Sprung. Die Länge des Sprunges sollte etwa Ihrer Körpergröße entsprechen.

Bild 10
Wert: 50 Punkte   Ihre Punktzahl......
Laufen Sie 60 Sekunden lang auf der Stelle, und heben Sie dabei die Füße mindestens 10 cm. Danach machen Sie drei Atemzüge und halten dann den Atem 60 Sekunden an.

Wieviele dieser Tests haben Sie bestanden? Welche Punktzahl haben Sie insgesamt erreicht? Ein voller Erfolg ergibt 200 Punkte. Der Durchschnitt liegt bei 100 Punkten.

Wenn Ihre Gesamtzahl unter 100 liegt, sind Sie in schlechter Verfassung und benötigen ein intensives Konditions-Trainingsprogramm. Wenn Sie den letzten Test und zwei andere nicht bestanden haben, dann sollten Sie allen Ernstes an ein körperliches Konditionstraining denken. Und selbst, wenn Sie ziemlich gut abgeschnitten haben, wird Sie ein gutes Konditionsprogramm befähigen, Ihre jetzige Kondition beizubehalten und sogar noch zu verbessern.

Patienten, die Angina pectoris gehabt oder einmal einen Herzinfarktanfall erlitten haben, fürchten sich immer vor Leibesübungen. Es ist aber eine bekannte Tatsache, daß Leibesübungen Volumen und Stärke der Muskeln vergrößern, und dies gilt für den Herzmuskel ebenso wie für die anderen Muskeln des Körpers.

Viele Ärzte, die zahlreiche Patienten nach Herzanfällen behandeln, führen ein Streßprüfungsprogramm durch. Dazu gehört als eine der wesentlichen Aufgaben, daß der Patient bei kontinuierlicher elektrokardiographischer Überwachung auf einem Ergometer radeln muß. Aufgrund der dabei erhaltenen Resultate werden ihm geeignete Übungsprogramme empfohlen. Die Patienten werden ermutigt, diese Programme durchzuführen und dann ihren Puls zu prüfen, dessen Frequenz durch die Übungen auf bestimmte Höhen gebracht wird. Wenn sich Symptome zeigen, wie etwa Brustschmerzen, wird die Übung abgesetzt. Ich habe bei einer Reihe von Angina-pectoris-Patienten, die diese Stufenübungsprogramme mitmachten und täglich Vitamin E nahmen, gesehen, daß ihre Anfälle stark zurückgingen oder sogar verschwanden.

Andere Formen der körperlichen Betätigung, die in das Aerobicprogramm passen, sind u. a. Tennis, Rudern und Paddeln. Nach den Sommerferien, die Sig und ich an Seen und in den Bergen verbringen, kommen wir vollständig erfrischt und erneuert zurück – physisch, emotional und geistig.

Wie der Körper positiv auf gute Ernährung anspricht, so spricht er auch auf Lungen an, die ganz mit reiner Luft erfüllt sind. See- und

Gebirgsluft und der emotionale Frohsinn, der einen in solcher Umgebung packt, ergeben eine weitere unbegreifliche Dimension von Gesundheit. Der Naturforscher John Muir hat es treffend ausgesprochen: »Wildnis ist eine Notwendigkeit... Gebirgsparks und Naturschutzgebiete sind nicht nur nützlich als bewaldete und von Flüssen durchströmte Reservate, sondern sie sind auch Quellen unseres Lebens.«

In diesem und dem vorigen Kapitel haben wir uns mit äußeren Praktiken befaßt, die uns zu guter Gesundheit führen sollen. Im nächsten Abschnitt werden wir Blicke ins Innere des erstaunlichen, harmonisierenden Regulierungssystems der innersekretorischen Drüsen werfen.

5. Kapitel

Das endokrine Orchester

»Hier ist dann in dem (endokrinen)
System die Aktivität der Seele,
eine Gabe des Schöpfers an den Menschen...«
EDGAR CAYCE

In diesem Kapitel betrachten wir das, was ich als »endokrines Orchester« bezeichnen möchte. Wie das eng mit ihm verbündete autonome oder vegetative Nervensystem nimmt es vom Gehirn Informationen mit integrierten feinen Signalen von der Uhr der Natur auf und leitet sie, um die rhythmische Musik des Lebens erklingen zu lassen, den Zellen des Körpers zu.

Und so setzt sich das Orchester zusammen: Zuerst brauchen wir den Komponisten. Er sitzt im Mittelteil des Gehirns und heißt Hypothalamus. Seine Arbeit besteht darin, den Kontakt mit seiner Umgebung zu halten und die passende Melodie zu wählen. Diese gibt er an den Dirigenten des Orchesters, die Hypophyse, weiter. Unsere Körperzellen sind mit Hilfe der Hormone die Instrumente.

Das Wort *Hormon* stammt aus derselben Wurzel wie das Wort *Harmonie.* Die Harmonie im menschlichen Wesen hängt sehr von der Harmonie der Hormonfunktion ab, die ihrerseits wieder sehr von der Friedfertigkeit des Gemütes abhängt. Die Hormone wirken durch die Zwischenschaltung des Gehirns. Wir wissen, daß das Gehirn sowohl bewußt als auch unbewußt funktioniert. Die bewußten Funktionen stehen unter der direkten Kontrolle der Großhirnrinde, und die unterbewußten Funktionen steuern die verschiedenen Organe unseres Körpers. Man glaubt, daß diese Beeinflussung durch den Hypothalamus und die benachbarten basalen Stammganglien geschieht.

Normalerweise hat man keine Kontrolle über die unbewußten Aktivitäten, doch können sie durch Training und strenge Disziplin teilweise unter die Kontrolle des Willens gebracht werden. Andererseits gehen Tätigkeiten, die wir häufig wiederholen – so zum Beispiel manche Bewegungen beim Autofahren –, allmählich in den Bereich der unterbewußten Reaktionen über.

Die Hypophyse

Die Hypophyse wird oft als die dominierende Drüse betrachtet, weil sie die wichtige Arbeit hat, die anderen Drüsen zu steuern. Sie bestehen aus zwei Teilen. Der Hinterlappen, aus dem Nervengewebe entstanden, wirkt auf den Wasserhaushalt des Körpers sowie auf die Zusammenziehung der glatten (unwillkürlichen) Muskelfasern, die sich in solchen Teilen des Körpers wie den Wandungen der Blutgefäße und im Uterus befinden. Der zweite Teil der Hypophyse, der sehr wichtige Vorderlappen, sondert trophische Hormone ab, die die Funktion verschiedener anderer Drüsen anregen.

Ein paar dieser wichtigen Hormone, die von den verschiedenen in diesem Teil der Hypophyse befindlichen Zellen erzeugt werden, beinhalten die adrenocorticotropischen Hormone (ACTH), die den als Rinde bezeichneten Teil der Nebennierendrüse anregen; die thyreotropen, die die Schilddrüse anregen, die gonadotropen, die auf Hoden und Eierstöcke wirken, und die laktogenen, deren Wirkung die Erzeugung von Milch in den Brüsten schwangerer Frauen anregt.

Die Nebennierendrüsen

Diese beiden lebenswichtigen Drüsen liegen auf den Nieren; sie bestehen aus zwei Hauptteilen: dem inneren Markteil, der Adrenalin abgibt, das uns in Notfällen den wichtigen Energieimpuls gibt, und die

124

äußere Rinde, die viele unterschiedliche Funktionen hat. Aus ihr hat man 50 verschiedene Hormone isoliert, deren bekanntestes Kortisol ist.

Diese Hormone werden in Gruppen unterteilt: die Glukokorticoide, die mit der Nutzung der Zuckerarten im Körper zu tun haben, und die Mineralkortikoide, die verschiedene Funktionen ausüben, darunter die Herstellung des Gleichgewichtes zwischen Natrium und Kalium – zweier Elemente, die für den Haushalt des Körpers von großer Wichtigkeit sind. Diese beiden Hormongruppen sind für den Transport der Minerale und Nährstoffe führenden Flüssigkeitsströme zu und aus den Zellen wichtig. Abweichungen von der Verteilungsnorm können schnell zu ernsten Störungen führen.

Kalium ist die allerwichtigste intrazellulare Komponente des Teams, während sich Natrium in den Zwischenräumen zwischen den Zellen befindet, die als Extrazellularräume des Körpers gelten. Wird aus irgendeinem Grund ihr richtiges Mengenverhältnis gestört, so erleidet auch das Gleichgewicht der anderen für die vitalen intrazellularen Prozesse wichtigen Minerale eine Störung. Der Transport von Kalzium, Magnesium, Eisen, Mangan, Zink und Kupfer ist unerläßlich für die Aufrechterhaltung der Stoffwechselfunktionen der Zelle.

In der heutigen streßgeplagten Zeit mit ihren Terminnöten müssen wir Dr. Hans Selye dankbar sein für seine hervorragenden Forschungen in bezug auf die Reaktionen, die Streß im menschlichen Körper auslöst. In seinem Buch *The Stress of Life* beschreibt er diesen Mechanismus und seine drei Stufen: erstens, die Alarmreaktion; dann die Stufe der Anpassung; und schließlich, falls der Streß nicht bewältigt wird, eine Stufe der Erschöpfung, die schlimmstenfalls sogar zum Tode führen kann.

Die Alarmreaktion ist für die Ausschüttung von Adrenalin aus dem als Mark bezeichneten Teil der Nebennierendrüse verantwortlich. Über ein typisches endokrines Feedback-System wird dadurch der Vorderlappen der Hypophyse veranlaßt, ACTH abzusondern, das seinerseits die Nebennierenrinde veranlaßt, Kortisol abzusondern. Der erste Schritt der Adrenalinausschüttung bewirkt, daß in der Leber gespeichertes Glykogen in Glukose umgewandelt wird. Das Kortisol wird dann im Zusammenhang mit der körperlichen Umwandlung dieser Glukose in Energie herangezogen und macht in dem Prozeß über die Umwandlung von Protein zu Glukose mehr Glukose verfügbar.

Jeder Mensch hat sein typisches eigenes Zielorgan, das den Angriff des Streßmechanismus auszuhalten hat. Bei Leuten mit hohem Blutdruck ist es vielleicht das Gefäßsystem, oder bei Personen, die mit Geschwüren zu tun haben, der Magen oder der Zwölffingerdarm.

Die Schilddrüse

Die nächste für die Gesundheit sehr wichtige Drüse ist die Schilddrüse. Ihr widmeten Ärzte schon lange ihre Aufmerksamkeit wegen ihrer vorspringenden Lage am Halse, und weil Menschen in Gegenden, wo es wenig Jod gibt, zu Kropfbildung neigen. Störungen dieser Drüse treten häufig auf. Leute, die sich träge oder flau fühlen, besonders solche, denen es morgens schwerfällt, in Gang zu kommen, die aber bis in die frühen Morgenstunden aufbleiben können, sollten als mögliche Ursache dafür ihre Schilddrüse untersuchen lassen.

Die Schilddrüse ist sehr wichtig, um das Feuer des Stoffwechselprozesses anzufachen und die Körperwärme zu erhalten. Ein allgemeines Symptom für ihre Unterfunktion sind neben Empfindlichkeit gegenüber kaltem Wetter ein Mangel an Energie, äußerst trockene Haut, brüchige Fingernägel, Haarausfall und Schwellungen der Augenlider oder Finger am Morgen.

Bei der Analyse und beim Umgang mit Kindern, die in verschiedenen Phasen ihrer Entwicklung zurückbleiben, die zum Beispiel nicht zeitig sitzen, gehen, sprechen können oder ihre ersten Zähne nicht zur richtigen Zeit bekommen, ist es wichtig, die Schilddrüse auf ihre Funktion hin zu überprüfen.

Für diesen Zustand sind zahlreiche Tests entwickelt worden, von denen aber keiner in vollem Umfang befriedigend ist. Bedauerlicherweise gibt es eine ganze Reihe von Faktoren, die zu falschen Ergebnissen führen können, so zum Beispiel Pillen zur Empfängnisverhütung,

Östrogene zur Behandlung der Menopause, gewisse Arten diagnostischer Röntgenprozeduren, fremde Jodbestandteile in der Nahrung oder in Vitamintabletten sowie gewisse Arzneimittel wie Aspirin.

Im übrigen müssen wir uns darüber klar sein, daß das, was uns wirklich interessiert, nicht die Menge des im Blutstrom zirkulierenden Schilddrüsenextraktes ist, sondern die Menge, die davon aktiv an dem sich innerhalb der Zelle abspielenden Stoffwechselprozeß teilnimmt.

Die springenden Punkte der endokrinen Analyse sind heute eine sorgfältige Anamnese und ein paar klinische Beobachtungen. Die Bluttests sind schon wichtig, doch sind sie nicht das Primäre; sie sollten nur zur Bestätigung anderer klinischer Eindrücke herangezogen werden. Wer sich nur auf einen Bluttest verläßt, dem entgehen viele endokrine Probleme. Wenn wir einen Bluttest machen und den Urin analysieren, ist das so, als ob man durch eine Benzinanalyse im Vergaser oder einen Abgastest feststellen wollte, was sich im Inneren eines Automotors abspielt. Ein solcher Test kann keinesfalls ein vollständiges Bild ergeben. Da muß man schon die Haube aufmachen und den Motor selbst untersuchen.

Einen interessanten Fortschritt in der Erforschung mangelhafter Schilddrüsenfunktion hat Dr. Murray Israel durch seine Beobachtungen erbracht. Er untersuchte die Beziehung zwischen einer Schilddrüsenunterfunktion und der Entstehung von Arteriosklerose. Mit seiner Arbeit hat er eine Gruppe von Ärzten angeregt, den Alterungsprozeß gründlich zu studieren. Er hat Tausende von Menschen behandelt, die Schilddrüsensekrete benötigten, ohne daß sie davon wußten. Etwa 80 Prozent dieser Leute hatten bei normalen Schilddrüsentests ganz normale Werte gehabt.

Besonders spektakulären Erfolg hatte Dr. Israel bei der Behandlung von Diabetikern, die infolge von Arteriosklerose der Blutgefäße der Retina von Blindheit bedroht waren. Solche Fälle können nicht einfach durch Zugabe von Schilddrüsenextrakt behandelt werden, sondern es muß außerdem eine Vitaminergänzung, besonders mit einem B-Komplex, erfolgen, dessen Absorption gesichert sein muß. Die Dosis des Schilddrüsenextraktes muß sehr sorgfältig eingestellt werden, denn viele dieser Patienten brauchen nur eine sehr geringe Menge und würden ihren Zustand verschlechtern, wenn sie mehr davon einnehmen würden.

Drei Krankheitsfälle mögen die Wichtigkeit des ernährungsmäßigen endokrinen Gleichgewichtes verdeutlichen:

Marion, 33 Jahre: Das erste Anzeichen, daß mit mir etwas nicht stimmte, merkte ich vor drei Jahren, als ich 30 Jahre war. Zunächst hatte ich Zeiten, in denen ich mich »schwach« fühlte – gewöhnlich gegen 11 Uhr morgens. Es ging mir zum Beispiel normalerweise ganz gut, doch ganz plötzlich fühlte ich mich so krank, kraftlos und schwach, daß ich nicht mehr stehen konnte. Ich stellte fest, daß, wenn ich dann etwas Süßes aß, meine Energie in wenigen Augenblicken wiederkam und ich meine Hausarbeit verrichten konnte. Ich entschloß mich, zu meinem Arzt zu gehen.

Zuerst nahm man an, ich hätte einen Tumor an der Wirbelsäule. Man schickte mich in ein großes Krankenhaus in einer etwa 70 Kilometer entfernten Stadt, wo ich von neurologischen Fachärzten behandelt wurde. Ich mußte mehrere Tests und Untersuchungen über mich ergehen lassen, unter anderem auch eine Myelographie (Röntgenuntersuchung des Spinalkanals). Ich erwartete in zwei oder drei Tagen eine Rückenoperation. Doch die Myelographie zeigte keinen Tumor am Rückgrat. Anschließend nahm man andere Untersuchungen vor, darunter einen Glukosetoleranztest.

Der Oberarzt der Neurologie übergab mir am Ende der Woche die Resultate aller Tests. Die Diagnose war unsicher, und man meinte, ich hätte vielleicht Multiple Sklerose oder Diabetes. Niedergeschlagen kehrte ich nach Hause zurück. Ich durfte es mir nicht gestatten, über die Diagnose nachzudenken. Jedesmal, wenn der Gedanke aufkam, packte mich Schrecken. Ich wußte nicht, wie ich damit fertig werden sollte. Ich war doch noch so jung und hatte für meinen Mann und mein kleines Mädchen zu sorgen. Ich fand es einfach ungerecht. Ich dachte immer wieder: »Warum muß mich das treffen?«

Eines Abends rief dann Dr. Loomis meinen Mann an und bat ihn, mich am nächsten Morgen sofort zu ihm zu bringen. Er hatte meine Krankenberichte, war aber trotzdem ganz optimistisch. Er sagte meinem Mann, wir würden die Krankheit bekämpfen und sollten uns keine Sorgen machen.

Am nächsten Morgen saßen mein Mann und ich bei Dr. Loomis im Sprechzimmer. Er sagte, er glaube nicht, daß ich Diabetes habe. Allerdings hatte ich einen sehr hohen Zuckerspiegel, doch sank dieser schnell auf einen sehr geringen Wert ab, was bei einer Art Hypoglykämie häufig der Fall ist. Der Test zeigte, daß der niedrige Zuckerwert viel schlimmer war als zwei Jahre zuvor. Diesmal konnte es kein Mogeln mit meiner Diät mehr geben.

Ich war erleichtert, das zu hören, denn ich mochte nicht mit Insulin und all den anderen Tabletten anfangen. Immerhin erschreckte mich die Möglichkeit einer Multiplen Sklerose sehr. Wir besprachen diese Krankheit und die von Dr. Loomis vorgeschlagene Behandlung. Er sagte mir, er wolle keinen Patienten mit einer Krankheit wie MS etikettieren, sondern ziehe es vor, von einer Stoffwechselerkrankung des neurologischen Systems zu sprechen. Und das, meinte er, ist der Weg, wie wir Ihre Krankheit behandeln werden – als eine Störung, die wir beide, der Patient und der Arzt, bekämpfen werden, um alles wieder in Ordnung zu bringen.

Mir wurde eine neue Diät verordnet. Grundsätzlich kein Fleisch, nur frische Früchte und Gemüse, Milch, Käse, Eier und natürliche Lebensmittel. Auch begann ich, hohe Dosierungen gewisser Vitamine einzunehmen sowie täglich gewisse B-Vitamine und Nebennierenrinden-Extrakt zu injizieren. Auch nahm ich täglich zur Bekämpfung der Krankheit eine homöopathische Medizin.

Diese Zeitspanne war sehr schwer für mich; vielleicht war es die schwerste Zeit meines ganzen Lebens. Ich ging einmal wöchentlich zu Dr. Loomis und fühlte mich bei diesen Besuchen immer sehr optimistisch und ermutigt. Es kamen aber auch Zeiten, in denen ich Angst hatte, zum Krüppel zu werden; zuweilen fürchtete ich, trotz meiner Hoffnung auf Besserung, nicht gesund zu werden. Es ist hart, doch auch begeisternd, nun zurückschauen zu dürfen und sich an alles zu erinnern, was sich vor fast zwei Jahren zugetragen hat. Ich versuche, die Schmerzen und Ängste, die ich ausgestanden habe, zu vergessen. Infolge dieser Krankheit habe ich eine viel größere

Einsicht in mein Leben gewonnen. Ich entdeckte, daß ich allein mit alledem nicht hätte fertig werden können. Ich brauchte dazu die Hilfe meines Arztes, meines Mannes und meiner Familie. Und vor allem brauchte ich die Kraft, die allein von Gott kommt. Es begann mir besser zu gehen, und ich dankte Gott für jeden Tag meines Lebens und für die Liebe der Menschen um mich; besonders dankte ich meinem Mann, der mir sehr viel geholfen und mich beschützt hat. Ich glaube, die meisten von uns nehmen ihre Gesundheit als selbstverständlich hin. Als diese Krankheit mich packte, kam ich zur Erkenntnis, daß das Kostbarste im Leben gerade das ist, was wir als selbstverständlich ansehen – unseren Körper, unseren Geist, unsere Gesundheit. Während des letzten Jahres hat sich meine Krankheit um etwa 85 Prozent gebessert, doch hat das eine gesunde, positive Einstellung gegenüber dem Leben erfordert.

In meiner Familie haben wir eine entscheidende Umstellung unserer Eßgewohnheiten vorgenommen. Wir ziehen Gemüse selbst und essen nur natürlich frische Früchte. Die Gesundheit der ganzen Familie ist besser geworden! Dr. Loomis hat mich durch all dies geführt, und ohne seine speziellen Kenntnisse und seinen Enthusiasmus hätte meine Besserung nie so große Fortschritte gemacht. Da bin ich ganz sicher.

Ich bin noch nicht völlig wiederhergestellt; noch habe ich einige Probleme mit dem Bein und dem Fuß. Ich hinke aber fast nie, und ich habe auch keine Schmerzen. Zudem fühle ich, daß es mir immer besser geht. Die Hauptsache ist, daß ich mich wohl fühle. Ich bin glücklich und zufrieden mit meinem Leben, meinem kostbaren, von Gott geschenkten Leben, das ich höher bewerte als alles auf Erden.

Donald, 9 Jahre: Frau V. W. (Donalds Mutter) hatte während ihrer Schwangerschaft wenig auf eine gesunde Ernährung geachtet. Im fünften Monat bekam sie Lungenentzündung und hatte eine mit Hypophysenextrakt erzwungene Entbindung. Das Baby schrie oft in der ersten Zeit. Des Knaben Entwicklung schien in den ersten beiden Jahren normal zu verlaufen. Mit zwei Jahren wurde er akut schreckhaft gegenüber Geräuschen; selbst das Geräusch des familieneigenen

Autos jagte ihm Schrecken ein. Er hörte zu sprechen auf, zog sich zurück und schlief sehr viel. Sein Sprachvermögen bildete sich auf die Äußerung einzelner Worte zurück, und er wurde ausgesprochen bewegungsunruhig (eine abnormale Art unablässiger Aktivität). Bis er zweieinhalb Jahre alt war, trank er eine Menge Milch, dann verweigerte er sie und wurde gierig auf Zucker. Er bekam eine unbekannte Virusinfektion mit 39,5° Fieber und lag danach zwei Wochen lang herum.

Als ich Donald zum ersten Mal sah, war er ein neunjähriges, blasses Kind, das bei der Untersuchung schreckliche Angst hatte. Außer einem positiven Babinski-Zeichen ergab die Untersuchung nur wenig Bedeutsames. Sein Elektroenzephalogramm (EEG) zeigte Anfallmuster, und man glaubte, er habe ein *Petit Mal* (eine Form von Krampfanfällen bei Kindern). Seine Eltern sagten, man habe ihm viele Beruhigungsmittel, Antidepressiva und Antihistaminika verschrieben, die aber alle keine Besserung gebracht hätten. Der Junge schrie manchmal und pflegte sich bei großen Enttäuschungen zu schlagen, wenn er sich sprachlich nicht verständlich machen konnte.

Die diätetische Vorgeschichte war sehr bezeichnend. Frühstück: Rindfleisch, Schinkenspeck und Ginger Ale; Lunch: Rindfleisch oder Eigelb, Kekse, Kartoffelchips oder Weißbrot, Ginger Ale; Dinner: Fleisch, Spaghetti oder Pizza, Brot und Ginger Ale.

Es wurde eine Umstellung der Diät auf Gemüse versucht und damit begonnen, Nebennierenrinden-Extrakt mit verdauungsfördernden Enzymen und Vitaminen als Diätergänzung zu geben. Nach acht Monaten war die Überaktivität geringer geworden, und in der Sprechfähigkeit hatten sich Ansätze zum Besseren gezeigt. Die Behandlung wurde unterbrochen, weil die Eltern den diätetischen Teil des Programms nicht durchzuführen bereit waren; sie bestanden darauf, daß Donald kein Gemüse essen wolle.

Mary, 13 Jahre: Mary kam zu uns wegen Bewußtseinsstörungen, die sie in den letzten Wochen häufig gehabt hatte, und wegen Verhaltensproblemen. Sie glaubte, von anderen gehaßt zu werden, und sie selbst haßte praktisch jeden. Sie meinte, man spioniere ihr nach. Psychologisch ausgedrückt, war sie in den beiden letzten Jahren etwas paranoid gewesen. Auf ihre Schwester war sie äußerst eifersüchtig. Ihre schulischen Leistungen waren unter dem Durchschnitt, zum Teil wegen geringer Konzentrationsfähigkeit und Mangel an Motivation. Sie hatte viel Kopfschmerzen, eine verstopfte Nase, Juckreiz an den Augen und im letzten Jahr Beinkrämpfe. Ihre Kopfschmerzen begannen kurz nachdem sie bei ihrem Vater lebte, der als Pilot und Flieger für Schädlingsbekämpfung (»Cropduster«) tätig war.

Die körperliche Untersuchung ergab außer niedrigem Blutdruck und Anzeichen von Allergie wenig. Der fünfstündige Glukosetoleranztest wies auf Hypoglykämie hin. Der Blutausstrich zeigte keine Besonderheiten. Der Urin wies einen niedrigen Vitamin-C-Pegel aus. Bei der Stuhluntersuchung zeigte sich mangelnde Fettabsorption aus der Nahrung. Die röntgenologische Untersuchung ihrer Handgelenke erwies eine ihrem Alter entsprechende Knochenentwicklung. Die Schilddrüsenaktivität war gut. Weil sie mit der von Schädlingsbekämpfungsmitteln bestäubten Kleidung ihres Vaters in Kontakt kam, wurde eine Blutuntersuchung zur Entdeckung eventueller Schädlingsbekämpfungsmittel durchgeführt. Sie ergab aber, daß dies nicht zutraf.

Bei einer Haaranalyse zeigten sich hohe Zink- und Kupferwerte. Den hohen Zinkwert glaubte man durch eine Nahrungsergänzung, die das Kind nahm, erklären zu können. Das EEG wurde als normal befunden. Ein Hoffer-und-Osmond-Diagnosetest (HOD) wies definitive Anzeichen von Schizophrenie auf.

Im Hinblick auf obige Befunde lautete die Diagnose auf Schizophrenie, Hypoglykämie mit erniedrigten Kortikoidwerten, Heuschnupfen und Verdauungsinsuffizienz. Eine Diät mit hohem Anteil an rohem oder leicht gekochtem Gemüse und Früchten sowie etwa 70 Gramm Protein wurde vorgeschrieben. Wöchentlich erhielt sie Injektionen von Nebennierenrinden-Extrakt, Verdauungstabletten, Nikotinsäureamid (Vitamin B$_3$) und Vitamin C, Pantothensäure und Vitamin B$_6$ entsprechend dem Megavitaminprogramm von Hoffer und Osmond, sowie Nux vomica in homöopathischer Dosis. Innerhalb eines Monats fühlte das Mädchen sich besser, hatte weniger

Kopfschmerzen und keine Bewußtseinsstörungen mehr; ihre schulischen Leistungen hatten sich gebessert. Im zweiten Monat hatte sie nur einmal Kopfschmerzen; ihre Nase war viel freier, und ihr Konzentrationsvermögen hatte zugenommen. Drei Monate später berichtete uns ihre Mutter über beträchtliche Fortschritte der Tochter. Es hatten sich keine besonderen Probleme mehr gezeigt. Der Blutdruck hatte sich normalisiert. Sie hatte begonnen, Leute nett zu finden, und sie paßte sich anderen besser an. Sie hatte keine Beinkrämpfe mehr. Die Nase war aber an Tagen mit Smog leicht verstopft. Ihr HOD-Test zeigte einige Besserung, doch waren seine Ergebnisse noch nicht normal.

Zehn Monate nach Beginn der Behandlung berichtete man uns von einer entscheidenden Besserung. Auch der HOD-Test wies jetzt völlig normale Werte auf. Bei Niederschrift dieses Buches erhielt das Mädchen immer noch einmal in der Woche Nebennierenrinden-Extrakt, dessen Menge aber verringert und schließlich ganz abgesetzt werden kann, sobald sie aufhört, mit ihrer Diät zu mogeln. Eine gewisse Zeit lang wird sie das Megavitaminprogramm noch durchhalten müssen. Nach verstärkten Potenzen von Nux vomica erhielt sie Anacardium, was ihr beträchtlich half.

Wir haben in diesem Abschnitt nicht einmal versuchen können, das ganze Feld der Endokrinologie zu besprechen. Die hier gegebenen Ausführungen müssen oberflächlich bleiben. Über die wichtige Rolle der Hypophyse (Hirnanhangdrüse) bei Problemen von Fettleibigkeit, menstruellen Schwierigkeiten und bei der Wasserzurückhaltung in den Geweben haben andere Autoren ausführlich berichtet.

Kalziummangel auf der zellularen Ebene hat einen wichtigen endokrinen Aspekt. Muskelzucken und Beinkrämpfe sind besonders wichtige Symptome in diesem Umfeld. Die Osteoporose, oder Kalkverarmung, besonders in der Wirbelsäule und den Hüften, ist häufig die Ursache von Knochenbrüchen bei Stürzen älterer Menschen.

Zur Behandlung empfehle ich entschieden die Verwendung natürlicher Drüsenextrakte sowie die Absetzung der billigeren und allzu leicht zu beschaffenden synthetischen Ersatzstoffe. Millionen Jahre hat die unendlich größere kreative Intelligenz des Universums gebraucht, um das komplizierte endokrine System zu entwickeln, über das wir immer noch recht wenig wissen. In chemischer Hinsicht weisen viele der synthetischen Erzeugnisse eine Ähnlichkeit mit den natürlichen Hormonen auf; häufig aber sind sie nicht einmal chemisch identisch. Das endokrine Orchester ist viel zu fein gefügt, als daß man auf diese Weise an ihm herumpfuschen sollte; auch sind die weitreichenden Risiken allzu groß. Das gilt meiner Ansicht nach in besonderem Maße für die Pille zur Empfängnisverhütung.

Wichtig ist auch, daß die Natur gewisse zur menschlichen Ernährung bestimmte Substanzen kombiniert. So verbindet sich Vitamin E gerne mit Vitamin A, was seine Wirksamkeit steigert, wie das auch der wichtige, Lecithin genannte Bestandteil des Fettes tut. Diese natürlichen Wechselbeziehungen, die die Natur in Jahrmillionen zustande gebracht hat, harren noch weitgehend der wissenschaftlichen Erforschung.

Im Falle der synthetischen Hormone ist Thyroxin ein gutes Beispiel. Das Levo-Thyroxin scheint das aktivste Prinzip zu sein, doch ist bekannt, daß gute Schilddrüseneffekte auch mit dem in Schilddrüsenextrakten enthaltenen Trijodthyronin zu erhalten sind. Ich bin davon überzeugt, daß sich gewisse im menschlichen Wesen vorhandene Lebensenergien auf synthetischem Wege nicht duplizieren lassen, und es ist vernünftig anzunehmen, daß die natürlichen Extrakte der endokrinen Drüsen diese Energien weit besser zu vermitteln imstande sind.

Rhythmen

In jedem Orchesterwerk spielt der Rhythmus eine wichtige Rolle. Lassen Sie mich daher zum Abschluß dieses Kapitels noch kurz auf den Rhythmus zu sprechen kommen. Die meisten Großstädter, die in die Ferien fahren, brauchen gewöhnlich fünf bis sieben Tage, um abzuschalten und sich innerlich zu entspannen. Dann erst beginnt der eigentliche Erholungsprozeß. Gäste, die nach Meadowlark kommen, machen oft bis zum Ende der ersten Woche eine Zeit durch, die wir »Morastfluß« zu nennen pflegen. Sie fühlen sich müde und entmutigt, wenn Körper und Geist beginnen, sich von den unnatürlichen Belastungen und Spannungen zu befreien, unter denen sie bisher gelebt haben; und dann beginnen sie, ihren eigenen natürlichen Rhythmus zu entdecken.

Es gibt für den Menschen drei Grundrhythmen, auch Biorhythmen genannt: den Körperrhythmus von 23 Tagen, den 28tägigen emotionalen Rhythmus und den intellektuellen Rhythmus von 33 Tagen. Am besten bekannt ist zweifellos die alle 28 bis 29 Tage wiederkehrende weibliche Menstruationsperiode. Sie ist ein gutes Zeichen der Homöostase (normales Gleichgewicht des Körpers).

Die Regelung dieses Zyklus hängt wiederum von Hypothalamus und Hypophyse ab, die durch Hormone die verschiedenen Reaktionen steuern. Für ein junges Mädchen, das ins Internat oder in ein Sommerlager geht oder das einen Freund hat und unter emotionalem Streß steht, ist es schon fast eine normale Erfahrung, daß die Menses aussetzt. Gewöhnlich behebt sich die Unausgeglichenheit aber in zwei oder drei Monaten wieder von selbst. Ist der Streß stark und dauert lange an, so kann die Unterbrechung viele Monate, ja selbst Jahre dauern. Die Wiederherstellung erfordert dann eine endokrine Anregung; besonders wichtig aber ist die Beseitigung der spezifischen Streßsituation.

Später treten wieder mit dem Streß und den Veränderungen im Lebensstil zur Zeit der Menopause häufig menstruelle Probleme auf. In solchen Fällen wirkt die Anwendung von Hormonen etwa wie das Ingangsetzen einer Pumpe; sie können oft abgesetzt werden, wenn eine entsprechende psychotherapeutische und/oder geistliche Beratung bezüglich der Änderung der Lebenssituation erfolgt.

Jeder wird schon einmal festgestellt haben, daß er abwechselnd »gute« und »schlechte« Tage hat. Viele Frauen stellen einen periodischen Stimmungsumschwung etwa eine Woche oder zehn Tage vor Beginn der Menstruationszeit fest. So ist also die Beobachtung einer 38-Tage-Periodizität bei Emotionen nichts Verwunderliches.

Der Wiener Psychologe Hermann Swoboda interessierte sich zwischen 1890 und 1902 für die rhythmischen Zyklen des Menschen und beschrieb im Gegensatz zum weiblichen 28tägigen Rhythmus einen 23tägigen Rhythmus für bestimmte Krankheitsaspekte, den er als maskulinen Rhythmus bezeichnete. Er war sich über die Bisexualität

136

Biorhythmen

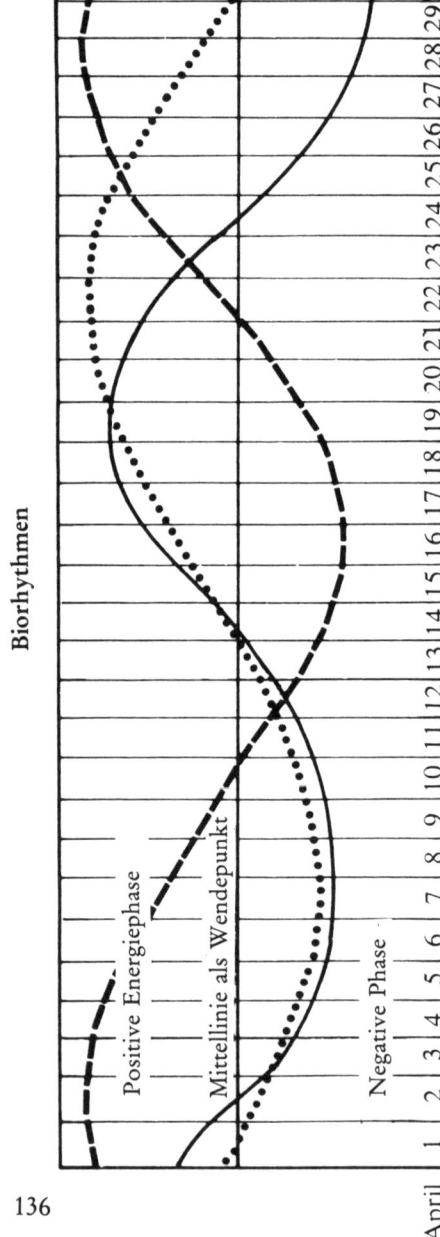

——— *Körperzyklus (23 Tage)*
· · · · · · · *Emotionaler Zyklus (28 Tage)*
– – – – – *Intellektueller Zyklus (33 Tage)*

Diese drei Zyklen gehen von einem gemeinsamen Punkt bei der Geburt aus, und man kann aus Tabellen für jeden Monat ein Schaubild berechnen.

Kritische oder für Unfälle empfängliche Tage sind solche, an denen die Körper- oder Emotionskurven die Mittel-linie beim Übergang von einer positiven zu einer negati-ven oder von einer negativen zu einer positiven Phase schneiden.

Im obigen Schaubild ist ein solcher Phasenübergang am 24. für die Körper- und am 30. für die emotionale Kurve zu erkennen. Ein doppelt kritischer oder unfallträchtiger Tag ist der 14., an dem sowohl die Körper- als auch die Emotionskurve die Mittellinie schneiden.

menschlicher Wesen durchaus im klaren und wußte, daß jeder männliche und jeder weibliche Mensch gewisse Komponenten des anderen Geschlechtes in seiner Struktur aufweist.

In den zwanziger Jahren stellte Alfred Telscher, ein Maschinenbaudozent, die Tatsache fest, daß die geistigen Höchst- und Tiefstpunkte seiner Studenten eine 33tägige Periodizität aufwiesen. Als sich dann auch noch andere Wissenschaftler in Europa mit solchen Untersuchungen befaßten, stellte man fest, daß unter Berücksichtigung dieses tagesrhythmischen Verhaltens zum Beispiel Chirurgen weniger mit postoperativen Komplikationen zu tun hatten, daß Athleten die Tage ihrer Höchstleistungen festlegen konnten, daß Luftfahrtgesellschaften ihre Piloten an deren kritischen Tagen, also dann, wenn die 23tägige Körperkurve und die 28tägige Emotionalkurve des Leistungsvermögens nahe beieinander aus der positiven zur negativen Phase wechseln, vom Flugdienst fernhalten konnten. Dies ist ein ergiebiges Gebiet für weitere Forschungsarbeiten.

Rhythmische Eßgewohnheiten

Gute Eßgewohnheiten sollten einen gewissen Rhythmus, einen täglichen und einen jahreszeitlichen, befolgen. Einen Tag zu beginnen, ohne etwas gegessen zu haben, ist für die meisten von uns so sinnvoll wie der Beginn einer Autoreise mit praktisch leerem Brennstofftank. Besonders gesundheitsschädlich ist diese Gewohnheit, wenn man während des Tages verschiedene Kaffee- oder Colapausen einlegt. Schwere körperliche, emotionale oder geistige Streßsituationen bringen alle Rhythmen durcheinander. In solchen Zeiten sollte man gute, natürliche, unverfeinerte Nahrung zu sich nehmen und die Streßfaktoren so niedrig wie möglich zu halten versuchen.

An heißen Sommertagen braucht der Körper andere Nahrung als im Winter. Rohe, ungekochte Salate, Gemüse und Früchte sollten dann die Hauptsache sein, während bei kaltem Wetter eine größere Menge an Molkereierzeugnissen, Fleisch, Fisch und Ölen erforderlich sein kann. Die Natur hat in dieser Richtung vorgesorgt. Der Eskimo kann in seinem kalten Lande nur sehr wenig Gemüse und Früchte ziehen, während die Eingeborenen in den Tropen von Früchten, Gemüsen und Fisch leben.

Appetitlosigkeit kann mit einer unbemerkten Krankheit zusammenhängen oder mit mangelndem Interesse für das, was man im Kreise anderer Menschen oder allgemein im Leben tut. Oft zeigt sich Appetitmangel bei Langeweile, Entmutigung oder bei einem Gefühl spiritueller Leere.

Fettleibigkeit dagegen zeigt sich bei schlechter Funktion unserer eingebauten Uhr. Sie kann sich als Folge eines Eßzwanges äußern, wenn man wegen Frustrationsgefühlen allzu häufig an den Kühlschrank geht. Sie kann auch Ausdruck einer Entartung des Appetits sein oder mit einer Funktionsstörung des Hypothalamus oder der Hypophyse in bezug auf das Ernährungsgleichgewicht zusammenhängen; denn viele Personen mit solchen Zuständen haben mit Wasser vollgesogene Gewebe.

Das Verlangen nach Süßigkeiten oder Alkohol ist ein Zeichen von Unausgewogenheit und findet sich regelmäßig bei hypoglykämischen Zuständen.

Hippokrates, der altehrwürdige Vater der Medizin, kannte sehr gut die Beziehung zwischen Rhythmus und Heilung. Er wußte, daß man einen Patienten nicht außerhalb seiner Umgebung beobachten sollte, daß bestimmte Nahrungsmittel für bestimmte Jahreszeiten richtig waren, daß gewisse Klimazonen bestimmten Patienten guttaten und daß die Mondphasen die menschlichen Rhythmen beeinflussen. Die indianischen Medizinmänner werden heute noch angehalten, die Heilkräuter zu ganz bestimmten Tages- und Jahreszeiten zu pflücken. Rudolf Steiner hat dieses Thema im Zusammenhang mit den geradezu lebenspendenden Eigenschaften gewisser Pflanzen besprochen.

Wenn wir Ärzte soviel über die Gesundheit wüßten wie wir über Krankheiten wissen, könnten wir unseren Patienten besser helfen. Einen Menschen in Gesundheit zu sehen, würde uns in zunehmendem Maße bedeuten, ihn in seinem ganzen Umkreis zu sehen, einschließlich der körperlichen, geistigen und spirituellen Atmosphäre, in der er Tag für Tag lebt.

Früher neigten die beruflichen Heiler dazu, ihre Forschung nach innen, auf bestimmte Zentren zu richten, wo Fehlfunktionen erkennbar waren. Dabei sind sie Experten in der Reproduktion von Krankheitszuständen in Tieren geworden. Wie Dr. Phillip Norman, der frühere beratende Ernährungsfachmann des Gesundheitsamtes der Stadt New York, schrieb:

»Jahrhundertelang haben Ärzte den miasmatischen Gestank biologischen Zerfalls im schrecklichen Sumpf der Pathologie geatmet. Wir sind besser bewandert in der Entdeckung biologischen Abbaus als in der Kenntnis biologischer Gesundheit.«

Ein zentrales Thema dieses Buches ist es, daß es im ganzen Universum subtile Rhythmen gibt, in die der Mensch eingebunden ist, und daß eine echte, holistische Philosophie der Medizin diese Tatsache berücksichtigen muß. Es gibt kaum etwas, das mich veranlassen könnte zu glauben, daß synthetische Chemikalien, insbesondere Derivate von Kohlenteer, einem Endprodukt im Todesprozeß der Natur, eine geeignete Quelle für neues Leben und Gesundheit sein sollen. Wir haben schon von der Auffassung der Yogis über die Chakras und ihre offenbare Verwandtschaft mit den Drüsen gesprochen. Wir haben vieles über tägliche und monatliche Rhythmen und ihren Einfluß auf die Ausschüttung von Hormonen gesagt. Wir wissen, daß die Atmung unseren Stoffwechsel und daher auch unsere Drüsenfunktion beeinflußt.

Die Yogis, die ein Leben damit zugebracht haben, die Kunst der Atemkontrolle bei der Meditation zu beherrschen, werden möglicherweise in nicht allzu ferner Zukunft imstande sein, uns viel über die Regulierung unseres ganzen endokrinen Systems zu sagen. Vielleicht werden Wissenschaftler und Philosophen aus Indien uns neue, bisher unerforschte Ausblicke eröffnen, unter anderen solche über einige der Zentren der menschlichen Energie, die unsere Drüsen direkt beleben und unsere gesamte homöostatische Struktur kräftigen.

Kapitel 6

Harmonie und Gleichgewicht in der Medizin

»Im Körper wirkt jeder treibenden Kraft eine hemmende ausgleichend entgegen. Die genaue Einhaltung dieses Gleichgewichtes ist ganz wichtig für die richtige Regelung der zahlreichen zellularen Funktionen. Gewönne einer der beiden Faktoren die Oberhand, so käme es sofort zu Unordnung, und das Ausmaß der Störung bliebe kaum auf den Bereich beschränkt, wo sie ihren Ausgang nahm.«

HENRY R. HARROWER

Jedwede Diskussion über Harmonie und Gleichgewicht im menschlichen Wesen muß seine körperlichen, emotionalen, geistigen und spirituellen Dimensionen in all ihren komplexen und verschiedenartigen gegenseitigen Beziehungen berücksichtigen. Geschieht das, dann stellt sich bald heraus, daß das Gesetz der Liebe – ein zentrales Thema aller großen Religionen – in allen Aspekten des Lebensprozesses das große Schwungrad ist. Wo Liebe fehlt, kommt es unvermeidlich zu Disharmonien. Der Soziologe Pitrim Sorokin hat dies klar ausgesprochen:

»Die Liebe erhebt den Menschen als biologischen Organismus auf die Ebene des Göttlichen, bereichert in weitestem Maße das menschliche Selbst und gibt Kraft zur Beherrschung der anorganischen, organischen und sozio-kulturellen Kräfte bis hin zur potentiellen Errettung eines Individuums und des Menschengeschlechtes sogar vom biologischen Tode.«

Die zwei Zugänge zur Medizin

In der wissenschaftlichen Forschung kennt man grundsätzlich zwei Wege: Der eine geht vom Mittelpunkt des Problems aus und arbeitet sich von dort zur Peripherie vor; der andere beginnt an der Peripherie und sucht den Mittelpunkt zu erreichen. Die frühere, deduktive Methode schreitet vom Allgemeinen zum Besonderen, Präzisen, die spätere, induktive Methode geht vom Besonderen zum Allgemeinen. Auf die Medizin angewandt, ist die Deduktion der Weg des Arztes, der bestrebt ist, die ganze Person zu erfassen: Körper, Seele und Geist. Er stärkt die natürliche Immunität und die natürliche Wiederherstellungskraft und schenkt der Ernährung und der psychosomatischen Medizin große Beachtung. Er schätzt die Heilkräuter der Natur und beurteilt anerkennend das wohlbegründete Feld der Homöotherapeutik (Homöopathie). Seine akademische Medizin und Chirurgie wendet er nur dann und dort an, wann und wo sie vernünftigerweise konstruktiv sind.

Die induktive Methode ist in den letzten 150 Jahren vorherrschend geworden. Sie ist der Weg, dem der experimentelle Determinist folgt, der sich weitgehend auf Erkenntnisse der Laborarbeit stützt. Wenn Nerven schlecht funktionieren, wird er sie vielleicht lahmlegen; wenn der thalamische Trieb Störungen im Körper verursacht, wird er vielleicht einen Teil des Gehirns operativ entfernen oder entweder die Hypophyse oder die Nebennieren herausnehmen. Im Falle einer Infektion wird er vielleicht zuerst große Gaben von Antibiotika verordnen.

Er neigt dazu, die Grundlagen der psychosomatischen Medizin zu verwerfen, und mag sich wahrscheinlich der Wiederherstellungskraft des Körpers nicht bewußt sein. Den sogenannten induktiven Arzt könnte man mit einem Schachspieler vergleichen, der die beiden letzten Züge im Spiel betrachtet und daraus auf die ersten Züge schließt.

Erfreulich und ermutigend ist es, daß immer mehr Ärzte vom orthodoxen, starren induktiven Standpunkt abgehen, um den relativ einsamen Weg der deduktiven Ärzte zu erforschen. Diese Tendenz hat in Amerika schon vor einiger Zeit zur Gründung von mindestens fünf neuen medizinischen Gesellschaften geführt.

Der Nachdruck bei der Arbeit dieser Gesellschaften liegt auf der Schaffung eines homöostatischen, ausgeglichenen Zustandes beim Patienten, statt auf der Beschreibung neuer Krankheiten und ihrer Behandlung, so als ob diese ein völlig unabhängiges Dasein hätten und nicht nur Symptome der Unausgeglichenheit im Patienten seien. Die Studien der Gruppen sind breit gefächert über Ernährung, Biorhythmen, intrazellulare Chemie und die Natur der grundlegenden Energien, die den Menschen antreiben.

Man könnte etwa fragen: »Warum sind solche Studien noch nötig? Macht nicht die heutige Medizin große Fortschritte?« Bestimmt macht die Medizin bedeutende Fortschritte, besonders bei der Bekämpfung von Infektionskrankheiten und bei gewissen Richtungen der Chirurgie. Wir können sehr dankbar dafür sein, daß die Maßnahmen zur Immunisierung sowie andere öffentliche Gesundheitsvorkehrungen es erreicht haben, daß in der westlichen Welt viele todbringende Krankheiten, wie Pest, Cholera, Ruhr, Pocken, Malaria und spinale Kinderlähmung – um nur einige wenige zu nennen –, nahezu ausgerottet sind.

Lungenentzündung ist heute bei weitem nicht mehr so lebensbedrohend, wie sie es früher war. Die Chirurgie ist viel sicherer geworden. Diese beiden Fortschritte beruhen weitgehend auf der Anwendung von Antibiotika. Doch gibt es bis heute noch keine Antwort auf die Frage, warum manche Menschen für Infektionen empfänglicher sind als andere, oder, warum sich eine bestimmte Art von Krebs bei dem einen lange hinzieht, beim anderen hingegen schnell zum Ende führt.

Sehr geringe Fortschritte verzeichnet die Forschung in der Bekämpfung degenerativer Erkrankungen, so der Koronarthrombose, der Schlaganfälle und der anderen mit Arteriosklerose oder Arterienverhärtung einhergehenden Zustände. Und Arthritis, viele neurologische und Hautkrankheiten, grauer Star (Katarakt), das Problem sogenannter hirngeschädigter oder zurückgebliebener Kinder sowie das große Problem der Geisteskrankheiten plagen uns immer noch.

Auch hat die Zahl sogenannter iatrogener (durch ärztliche Behandlung entstandener) Erkrankungen ständig zugenommen. In unrichtiger Kombination verschriebene Drogen haben sich als unverträglich oder gar als schädlich erwiesen.

Naturärzte der Geschichte

Als Hintergrund für die Gedanken der neuen Medizin möchte ich an einige der großen Heiler und Ärzte der Geschichte erinnern, an Männer, die weit über den engen Horizont der Traditionalisten hinaus zu schauen vermochten. Der anerkannte Vater der Medizin, Hippokrates, hatte ein sicheres Gespür für des Menschen Partnerschaft mit der natürlichen Welt. Daß er an die Theorie der Homöostase glaubte, erhellt aus seinen Studien über das Gleichgewicht der vier Elemente Feuer, Luft, Wasser und Erde.

Vergleichen wir einmal diese Anschauungen mit denen der in den neuen Gebieten der ärztlichen Forschung Tätigen.

Das *Erd*-Element hat Bezug zur neuen Ernährungsforschung. *Wasser* hat Bezug zum Kreislauf und zum intra- und extrazellularen Flüssigkeitsaustausch. *Luft* hat Bezug zur Atmungsfähigkeit und zu Rhythmen im allgemeinen, deren Signifikanz in unseren physiologischen Prozessen wir immer klarer erkennen. Schließlich hat das *Feuer* Bezug zum Stoffwechselprozeß und zur intrazellularen Enzymkette.

Blicken wir nun etwa ein Jahrhundert zurück und wenden uns dem großen Arzte Dr. Samuel Hahnemann zu, dessen Forschung einen tiefgreifenden Einfluß auf meine eigene medizinische Praxis gehabt hat. Nehmen wir eine Stelle aus seinem »*Organon*« heraus:

»Im gesunden Menschen herrscht die den materiellen Körper beseelende geistgleiche Kraft mit uneingeschränktem Schwung; durch ihre wunderbare, harmonisierende, vitale Wirksamkeit belebt und stärkt sie immer wieder alle Teile des Organismus in ihren Funktionen und ihrer Empfänglichkeit für Gefühle. So kann der uns innewohnende vernunftbegabte Geist dieses belebende, gesunde Instrument zur Erfüllung der höheren Zwecke unserer Existenz nutzen...

Kein einzelnes Organ oder Gewebe, keine einzelne Zelle und kein Molekül ist frei und unabhängig vom Wirken der anderen, sondern das Leben jedes einzelnen von ihnen ist aufgegangen in das Leben des Ganzen. So ist die Einheit des menschlichen Lebens nicht im einzelnen Organ oder Gewebe, nicht in der Zelle, im Molekül oder Atom beschlossen, sondern im ganzen Menschen.«

Aus einer ähnlichen Einstellung gibt uns der bekannte Chirurg und Forscher Dr. Alexis Carrel zu bedenken, daß:

»Sobald ein Teil des Raumes, der lebende Zellen enthält, aus der kosmischen Welt relativ isoliert wird, eine Zustandsform entsteht, die sich ansammelnde Abfallprodukte stagnieren läßt, wodurch die Umgebung der Zellen und die Zeitabläufe verändert werden. Der Widerstand erzeugt Rückstand, einen Rückstand aus Giftstoff.«

Diese Feststellung ist für unsere heutigen Forschungen über die ständig sich vergrößernden Probleme des Alterns von erheblicher Bedeutung. Um das Leben zu verlängern, müssen wir uns mit lebendigen Prozessen befassen und abgehen von der inneren Anwendung von Chemikalien, die als Drogen eingenommen werden.

Auch Umweltverschmutzungen verursachen mit Sicherheit Wirkungen, die das Humansystem schädigen.

Unsere Ernährung sollte aus »lebendigen« und nicht aus »toten« Nahrungsmitteln bestehen. Es scheint, daß dieser frische, neue Weg auch für die Krebstherapie besonders wichtig ist. Allzulange hat man uns glauben gemacht, daß dafür nur Chirurgie, Bestrahlung und Chemotherapie Sinn und Wert hätten. Es ist zwar wahr, daß wir die erste Krebsgeschwulst entfernen können, wodurch die Krankheit oft eine gewisse Zeitlang verzögert wird, doch bleibt immer die Gefahr bestehen, daß sich später Metastasen bilden.

In den USA gab es im 19. Jahrhundert eine kleine Zahl von Ärzten, die sich 1822 mit Isaac Jennings als erstem gegen die unnatürliche Praxis der orthodoxen Medizin auflehnten und eine medizinische Bewegung auf der Grundlage von Naturgesetzen zu bilden begannen.

Damit begann das *Natural Hygiene Movement*. Diese Bewegung ging von dem Grundsatz aus, daß jeder Organismus eine eigene in ihm wirkende Kraft besitzt, die ihn zu heilen sucht, falls das bei den entsprechenden Umständen möglich ist. Man entdeckte, daß zu diesen entsprechenden Umständen frische Luft, reines Wasser, natürliche Nahrung, Ruhe, Leibesübungen und eine angemessene Geisteshaltung gehören. Auch wurde der Wert des Fastens als Erholungs- und Entgiftungsmethode wieder entdeckt.

Die Vergiftung des Blutes im weitesten Sinne des Wortes wurde als Krankheitsursache erachtet. Ihre Anzeichen und Symptome waren lediglich eine Maßnahme des Organismus zur Bekämpfung und Beseitigung der Vergiftung. Bei dieser Auffassung sollte nach Jennings nichts unternommen werden, diese Symptome zu unterdrücken, weil das den natürlichen Heilungsprozeß beeinträchtigen würde.

Die Ursache der Toxämie wird als Folge einer den natürlichen Gesetzen nicht entsprechenden Lebensweise angesehen, und in dieser Hinsicht ist Krankheit eine Manifestation der Selbstentgiftung des Organismus. Die Behandlung richtet sich daher auf die Zulassung oder Unterstützung dieses Prozesses. Darauf folgt die Ermittlung dessen, was die betreffende Person falsch gemacht hat, sowie ihre Belehrung, wie sie sich in Zukunft zu verhalten hat, um ihren Bedürfnissen entsprechend ein richtiges Leben zu führen.

Dicse Bewegung leitete eine organisierte Zuwendung zur vorbeugenden Medizin und zu optimaler Gesundheit ein. Die mit der Heilkunde Befaßten waren nun in der Lage, die Natur des Menschen und die Erfordernisse zu seiner Gesundheit in einem viel weiteren Zusammenhang zu erkennen. Der Heiler wurde nun zugleich zum Forscher und Lehrer.

Es erscheint wichtig, hier noch einmal zu wiederholen, daß die menschlichen Rhythmen mit den Rhythmen des uns umgebenden Universums eng verwandt sind. Lassen Sie uns in diesem Zusammenhang kurz die taoistische Lebensauffassung betrachten, die einen der Hauptbeiträge des alten China darstellt.

146

Dem chinesischen Schriftzeichen Tao wird gewöhnlich die Bedeutung von Pfad oder Weg gegeben. Bei der Analyse der verschiedenen Komponenten erkennen wir als Kopf und Fuß Himmel und Erde. Auch gibt es darin einen Hinweis auf Vorwärtsschreiten mit dem linken Fuß und dann Stehenbleiben. Das deutet darauf hin, daß ich, wenn ich meinen Weg längs des Lebenspfades finden will, zuvor das Gleichgewicht zwischen dem körperlichen und dem spirituellen Selbst finden muß. Beim Weiterschreiten auf dem Pfad darf ich immer nur einen Schritt machen und muß dann verweilen, um den Sinn des Fortschritts ganz in mich aufzunehmen.

Beim Hinabsteigen in die physische Welt mit ihrer Dualität finden wir Schwankungen, die nötig sind, um das Gleichgewicht zwischen Gesundheit und Krankheit zu erhalten. Die chinesische Medizin stellt dies durch das Symbol von Yin und Yang, dem Weiblichen und dem Männlichen, dar.

Dieses Symbol ist so gefügt, daß beide Elemente sich nicht unterscheiden. Stellt man das Symbol auf den Kopf, so sieht es aus wie zuvor; jedes Bild ist in einem gewissen Sinne der Schatten des anderen. Wo eines von ihnen ist, ist auch der andere nahe.

Im Königreich der Moleküle und Atome haben wir positive und negative Ladungen in dynamischem Gleichgewicht. Im Pflanzen- und Tierreich sind Männliches und Weibliches Gegenstücke. Diese rhythmische Folge sehen wir überall rings um uns herum, und von ihrem Gleichgewicht hängt die Stabilität des Systems ab. Das helle Sonnenlicht des Tages, die Hauptzeit der Neubildung und Regenerierung, wird komplementiert durch die Abwesenheit des Sonnenlichts im Finstern der Nacht.

Die neue Medizin

Gesundheit hängt vom Gleichgewicht ab. Das Gleichgewicht zwischen Azidität und Alkalität des Blutes ist empfindlich und erlaubt nur geringe Schwankungen, denn der menschliche Körper ist ein fein abgestimmtes Instrument. Zusätzlich zu den täglichen Rhythmen ist der Mensch einbezogen in die monatlichen Rhythmen des äußeren Universums, deren bekannteste natürlich der weibliche Rhythmus ist. Viele weitere Untersuchungen sind noch nötig, um diese Zyklen und ihre Beziehungen zur medizinischen Praxis besser kennenzulernen. Als Beispiel für die Wichtigkeit der Rhythmen sagt Edson I. Andrews, M. D.:

»Viele Augen-, Ohren-, Nasen- und Hals-Chirurgen werden, wie ich, oft die Erfahrung gemacht haben, daß der menschliche Körper zu gewissen Zeiten eine größere Disposition zu extrem starken Blutungen zeigt als zu anderen Zeiten. Es gibt im Operationssaal Tage, an denen Blutungen ziemlich belanglos sind; zu anderen Zeiten aber sind hartnäckige und beunruhigend starke Blutungen an der Tagesordnung.«

An einer anderen Stelle seines Berichtes sagt er, daß eine über zwei Jahre durchgeführte Analyse aller Mandelentfernungen ergeben habe, daß 82 Prozent aller schweren und schwierig zu behebenden Blutungen in der Zeit zwischen dem ersten Viertel und einem Tag vor dem dritten Viertel des Mondes aufgetreten waren. Später verglich er seine Resultate mit denen eines anderen Chirurgen, Dr. Carl McLemore. Beide zeichneten zur größeren Anschaulichkeit Kurven auf und stellten fest, daß beide Kurven praktisch identisch waren. Auch beobachteten beide Ärzte, daß zur Neumondzeit Blutungen fast nicht vorkamen. Dr. McLemore ließ dann in seinem Krankenhaus die Blutungen bei Patienten mit Geschwüren analysieren und kam zum gleichen Resultat. In meinem Hospital habe ich selbst keine so ausgedehnten Beobachtungen angestellt, doch habe ich den Leiter des Operationssaals gebeten, ähnliche Feststellungen aufzuzeichnen. Es sieht so aus, als ob sich unsere Ergebnisse ebenfalls mit den vorgenannten decken.

Was wir als neue Wissenschaft und neue Medizin bezeichnet haben, muß viel mehr umfassen und in sich einbeziehen, denn sonst bleibt der Mensch auch weiterhin verloren. Arzt und Geistlicher müssen beide mehr Zeit für die eigene Heilung finden, im Sinne des Ausspruches: »Arzt, heile dich selbst« (Lukas 4,23).

Auf den emotionalen und mentalen Ebenen muß es zu einer Funktionskoordinierung der Bereiche des Denkens und Fühlens kommen. Viele der heutigen Menschen haben von Kindheit an ihre Emotionen so sehr unterdrückt und gehemmt, daß sie unfähig sind, zu weinen oder ihrem Ärger Ausdruck zu geben. Die daraus entstehende Spannung ist ein wichtiger Faktor bei vielen Krankheiten.

Auf der spirituellen Ebene herrscht der überaus wichtige Widerstreit zwichen dem selbstbestimmten Ego und dem selbstauslöschenden wahren Selbst oder der Überseele. Die Wiederherstellung des Friedens zwischen Geist und Seele ist überaus wichtig für das Wohlbefinden auf hoher Ebene. In dieser Welt verlieren wir zuweilen unser Gefühl für Frieden, und was wir brauchen, ist der innere Friedenssinn und die Kraft, den vielen uns begegnenden Problemen standzuhalten. Ich hoffe, daß der neue Trend zu einer stärkeren Erforschung der menschlichen Ökologie helfen wird, den Menschen enger an die Natur, an seine Umgebung und seine Mitmenschen heranzuführen.

Das Ausmaß der Auffassungsänderungen im Bereich der Medizin

läßt sich vielleicht vergleichen mit den tiefgreifenden Änderungen, die sich auf dem Gebiet der Physik vollzogen haben in der Zeit zwischen Newton, der sich die Welt noch aus winzigen Korpuskeln zusammengesetzt vorstellte, und Einstein, der sich große miteinander verflochtene Energiesysteme vorstellte. Charles Steinmetz, der große Genius der Mathematik, schrieb:

»Ich glaube, die größten Entdeckungen der Zukunft werden längs des spirituellen Pfades gemacht werden. Hier ist eine Kraft, die, wie die Vergangenheit lehrt, über alle geschichtlichen Zeiten hinweg die Entwicklung des Menschen am stärksten beeinflußt hat. Doch wir haben mit dieser Kraft nur gespielt, haben sie nie ernst genommen und studiert, wie wir es mit den physikalischen Kräften getan haben. Begännen wir mit einem solchen Studium, was könnte dann geschehen? Die Laboratorien würden der Erforschung eines Gebietes geöffnet, das wir bisher kaum berührt haben: der Erforschung göttlichen Wirkens, des Gebetes und der spirituellen Kräfte. Wenn diese Zeit einst kommt, wird die Welt in einer einzigen Generation mehr Fortschritt erfahren als bisher in den letzten vier.«

Der Gedanke der Verwandtschaften ist von großer Signifikanz bei unserem Studium. Schon die bloße Erwähnung reißt uns weg von dem Gedanken, einen Patienten in ein isoliertes diagnostisches Ablegefach zu schieben. Gemäß der Unschärferelation des großen Physikers W. Heisenberg kann man den Beobachter nicht von der Wesenheit dessen, was er beobachtet, trennen, weil das eine eine meßbare Wirkung auf das andere ausübt. Und der Philosoph Martin Buber sagt uns auch, daß wahre menschliche Beziehungen keine »Ich–Es«-Beziehungen, sondern »Ich–Du«-Beziehungen sind, bei denen ich mich selbst in respektvoller Beziehung zu einer anderen Person sehe – zu einem *Du* also und nicht zu einem Ding oder *Es*.

In der christlichen Religion finden wir den gleichen Gedanken der Verwandtschaft in den Worten Jesu: »Ich und der Vater sind eins« (Joh. 10,30); »Ich bin im Vater und der Vater ist in mir« (Joh. 14,11);

und wiederum in seinen Worten: »Was ihr einem der geringsten meiner Brüder getan habt, das habt ihr mir getan« (Matth. 25,40).

Als Chirurgen haben wir oft ziemlichen Bammel vor dem Bericht des Pathologen über die chirurgische Biopsie gehabt. Vielleicht hat das allzuoft das Schicksal eines unglücklichen Patienten besiegelt. Ich bekenne, daß ich heute immer mehr imstande bin, meinen Patienten zu sagen: »Das ist, was der Pathologe zur Zeit über den Fall sagt. Ich aber werde ihre Ernährung umstellen, ihnen Nahrungsergänzungen geben, um die ungenügende Versorgung mit Vitaminen, Mineralen oder Enzymen in ihrer Ernährung abzustellen. Wenn notwendig, werden wir Sie an einen Psychiater, Psychologen oder geistlichen Berater überweisen, der mit seinem eigenen geistigen und spirituellen Selbst in einem wirkungsvollen Verhältnis steht. Mit diesen vereinten Bemühungen glaube ich, daß wir Ihren ganzen Zustand ändern können.«

Praktisch jeder rechtschaffene Arzt, der zwanzig oder dreißig Jahre medizinischer Praxis hinter sich hat, sah schon Leute mit Krebs oder anderen sogenannten unheilbaren Krankheiten gesund werden, obwohl sie von Berufskollegen aufgegeben worden waren. In der Vergangenheit haben wir dem Unterschied zwischen sogenannten organischen und funktionalen Krankheiten viel Endgültigkeit zugestanden. Worauf sich dieser Unterschied aber stützte, war lediglich die Tatsache, daß im ersteren Falle der Pathologe unter dem Mikroskop Gewebeveränderungen feststellen konnte, was im zweiten Falle nicht möglich war. Mit anderen Worten, was der Pathologe am Autopsietisch beobachten kann, ist das, was beide Krankheitsarten unterscheidet. Im ersteren Falle kann er Krebs, Tuberkulose, arthritische Veränderungen und so weiter sehen; nicht sehen aber kann er, daß der Patient unter Migränekopfweh, Bronchialasthma oder Schizophrenie leidet.

All dies sehen wir mit unseren eigenen Augen in einer »Oktave« von Lichtenergie im elektromagnetischen Spektrum. Es gibt etwa 75 bekannte Energieoktaven in diesem Spektrum, die sich von elektrischen Wellen niederer Frequenz mit immer höheren Frequenzen von Radio-, Televisions- und Radarwellen, über die infraroten, die sichtbaren und die ultravioletten Lichtband-Frequenzen und weiter über die Röntgen- und Gammastrahlen hinweg bis schließlich zu den extrem hohen Frequenzen der kosmischen Strahlung hin erstrecken. Viele dieser anderen, über den sichtbaren Teil des Spektrums hinausgehenden Energien haben Einfluß auf unseren Körper. Schon oft hat es in der Medizin eine Tendenz gegeben, eine gewisse Endgültigkeit mit den erkennbaren Veränderungen zum Beispiel bei Krankheiten wie Krebs und fortgeschrittener Arthritis zu verbinden, als ob dies »Straßen ohne Wiederkehr« seien. Man hat sie gewöhnlich als etwas angesehen, das, soweit möglich, chirurgisch zu behandeln, sonst aber durch Bestrahlungen oder chemotherapeutisch zu unterdrücken war. Die latenten Heilungsenergien der menschlichen Seele und des Geistes sind nur selten angezapft worden. Viele Fälle von Sofortheilungen sind bekannt und zum Beispiel von der medizinischen Kommission der berühmten heilenden Stätte von Lourdes bestätigt worden. Viele Kirchen haben heute regelrechte Heilgottesdienste. Es ist für uns Ärzte an der Zeit, dieses ganze Gebiet viel gründlicher zu studieren.

Es gibt immer noch Ärzte, die versucht sind, einem Patienten, dessen Diagnose keine spezifische organische Krankheit erkennen läßt, zu sagen, es fehle ihm nichts, oder er habe sich eine Krankheit eingebildet. Ich muß gestehen, daß auch ich früher in dieser Hinsicht schuldig geworden bin, doch heute bemühe ich mich aufrichtig, in dieser Hinsicht ehrlich zu sein und einfach zuzugeben, daß ich keinen Schaden *festzustellen* vermag. Beim Durchblättern eines modernen medizinischen Lehrbuches findet man viele einander widersprechende Angaben über physiochemische Beziehungen, aber nur selten einen Hinweis auf menschliche Beziehungen. Sollten wir vielleicht, weil es nur verhältnismäßig wenig Literatur über psychosomatische Krankheiten gibt, annehmen, daß die Person für ihre Krankheit nicht verantwortlich ist, daß die Person und ihr Körper nur irgendwie, auf unbestimmte Weise, miteinander verbunden sind?

Hier ein passendes Beispiel: Ein Patient starb in unserem Krankenhaus. Er war 71 Jahre alt, ein Mann, dessen Autopsie Arteriosklerose der Koronargefäße und der Aorta, ein Lungenemphysem, Anämie sowie eine Niereninfektion erwiesen hatte. Sind dies denn nur ein paar isolierte Fakten? Welche Aussage steckt dahinter?

Beim lebenden Patienten hatten drei Spezialisten und ich keine Erklärung für seine Anämie gefunden. Die Biopsie des Knochenmarks war normal; der Pathologe sagte, es sähe so aus, als ob die Freigabe der normalen Blutzellen aus dem Mark in den Blutkreislauf irgendwie behindert sei. Bluttransfusionen waren unwirksam.

Die Einstellung des Kranken war: »Es ist mir egal.« Diese Einstellung spiegelte sich in seinem Widerstand gegenüber den angeordneten Versuchen, seine Lage im Bett zu ändern oder ihn tagsüber aufrecht in einen Sessel zu setzen. Er hatte aufgegeben.

Ist es möglich, daß diese seine Haltung irgendwie die Freigabe der roten Zellen ins Kreislaufsystem verhinderte? Warum hatte er sich aufgegeben und der Depression überlassen? Genügt es, hier von einer endogenen Depression zu sprechen, oder könnten hier Faktoren spiritueller Dimension gewirkt haben?

Vielleicht sah er keinen Anlaß, weiterzuleben und zu hoffen. Vielleicht fühlte er sich von denen, die früher um ihn waren, nicht mehr geliebt. War die Marter seines erkrankten Körpers so groß, daß er nicht mehr auf Heilung zu hoffen wagte? Waren die Enttäuschungen, die er im Laufe des Lebens erlitten hatte, zu hart für ihn? Bestand kein Gespür für die Verwandtschaft mit Gott? Bedauerlicherweise werden wir die Antworten in diesem Falle nicht mehr erfahren.

Eine Autopsie liefert mir, dem Arzte, eine Anzahl ziemlich beziehungsloser Beobachtungen. Soll ich sie als eine Serie unzusammenhängender Phänomene betrachten, oder soll ich nach einem ursprünglich verbindenden System oder Muster suchen, das zerbrochen ist, so daß es zu Krankheit oder zum Tode kommt? Es könnte ja sein, daß sich der Begriff der »Ganzheit« meinem Verständnis noch nicht voll erschlossen hat. Als Arzt erfaßt mein Verständnis vielleicht nicht einmal, was es bedeutet, ein wirkliches menschliches Wesen zu sein!

Als angehender Arzt für den ganzen Menschen hatte ich vor Jahren als Medizinstudent das große Glück, eine medizinische Hochschule zu besuchen, die einen der ersten Lehrstühle für Psychiatrie besaß. Zu einer Zeit, in der manche Hochschulen die Psychiatrie kaum kannten, hatten wir auf diesem Gebiet ein vierjähriges Ausbildungsprogramm. Den Kursus des ersten Jahres – Psychobiologie – nahm ich, wie ich gestehen muß, ebenso wie meine Kommilitonen recht leicht. Doch mußten wir diese langweilige Vorstufe absolvieren, um im folgenden Jahr den wichtigen Kursus in Psychopathologie besuchen zu können. Hier fühlten wir uns in unserem eigenen Gebiet, denn hier hatten wir mit Krankheiten zu tun, nach unserer Ansicht der richtigen Aufgabe eines angehenden Arztes.

Nun, nachdem so viele Jahre verstrichen sind, frage ich mich immer häufiger: »Bin ich denn qualifiziert, kranke Menschen zu behandeln, wenn ich die Bedeutung von Gesundheit oder Ganzheit nicht durch und durch kenne? Wie kann ich für einen Menschen die therapeutische Linie so festlegen, daß er Heilung und Ganzheit erreicht, wenn weder ich noch er genau wissen, wohin sie führt?«

Während der letzten Jahrzehnte ist es in den USA zur Gewohnheit geworden, Studienanwärter, die eine medizinische Hochschule besuchen möchten, nach einem Schema auszuwählen, bei dem die technisch-wissenschaftliche Befähigung besonders schwer wiegt und die humanistische Seite nur in sehr geringem Maße berücksichtigt wird. Und das geschieht, obgleich sich immer mehr erweist, daß die Gesellschaft verzweifelt nach »Ärzten« sucht, die bei der Bewältigung der angsterregenden Probleme mithelfen können, die in allernächster Zeit unsere Gesellschaft bedrohen. E. Grey Dimond hat eine Reihe solcher Probleme zusammengestellt:

a. Geburtenkontrolle	m. Selbstmord
b. Genetische Manipulation	n. Langeweile infolge von
c. Sterbehilfe	Freizeit und Alter
d. Umweltverschmutzung	o. Sex
e. Körperl. Bewegungsmangel	p. Scheidung
f. Ernährung	q. Jugendkriminalität
g. Seelische Erschütterung	r. Gefängnisreform
h. Narkotika	s. Schwachsinn
i. Alkohol	t. Neurose
j. Geschlechtskrankheiten	u. Psychose
k. Verkehrsunfälle	v. Transplantationen
l. Mord	w. Wiederbelebung

Jedes dieser Probleme weckt das Bedürfnis nach medizinisch geschulten Fachkräften, die auch über Sensitivität, hohe Moral, ethische Perspektiven sowie über Mitgefühl verfügen müssen. Die medizinische Ausbildung verfehlt ihr Ziel, wenn sie sich auch weiterhin primär auf hohe technische Leistung ausrichtet – so wichtig sie auch ist –, ohne diese anderen Faktoren zu berücksichtigen.

Es ist ermutigend, gewisse Anzeichen für eine Änderung festzustellen, die sogar soweit geht, etwas Philosophie und Ethik in den medizinischen Lehrplan einzubeziehen. Im Lichte der medizinisch-ethischen Fragen, die sich im Zusammenhang mit den oben aufgeführten Problemen stellen, ist das sicherlich wünschenswert. Es ist ein Schritt zur Vereinheitlichung des zwiegespaltenen Weges, auf dem wir heute unseren Patienten begegnen.

Vielleicht wird man in Zukunft die Beziehungen des Physikers zur kosmischen Energie, die des Arztes zum Heilungsprozeß und die des Geistlichen zur Wirkung des Heiligen Geistes lediglich als verschiedene Arten zur Beschreibung des gleichen wesentlichen Seins ansehen.

Homöopathie

Es gibt einen Zweig der Medizin, der im 19. Jahrhundert von großem Einfluß war und der heute eine kleine Auferstehung erlebt. In vielerlei Hinsicht vertritt er eine gegensätzliche Auffassung zum medizinischen Establishment, doch mag dies durchaus im besten Interesse der Heilkunst liegen. Dieses Heilverfahren wurde 1796 von dem deutschen Arzt Dr. Samuel Hahnemann begründet. Er beschrieb die fundamentalen Prinzipien eines medizinischen Systems, das er Homöopathie nannte. Diese Form der medizinischen Praxis geht von gewissen grundlegenden Annahmen aus:

1. Es gibt eine »Vitalkraft« oder »Gesundungskraft«, die in den rhythmischen Änderungen der normalen gesunden Funktionen des Körpers deutlich wird.

2. Eine Störung dieses normalen grundlegenden Rhythmus ist Krankheit.
3. Die Symptome und Merkmale der Krankheit sind die Reaktionen der Versuche des Körpers, den normalen Zustand der Homöostase (des normalen Gleichgewichtes im Körpergeschehen) wiederherzustellen.
4. Im Gegensatz zur allgemeinen allopathischen Medizin vertritt die Homöopathie die Auffassung, daß diese Veränderungen nicht die wesentlichen Elemente sind, die es zu studieren und in Krankheiten zu klassifizieren gilt. Sie sind vielmehr die Endprodukte der sich auswirkenden Störung.
5. Dementsprechend sollte man den kranken Menschen immer als Ganzes untersuchen und nicht seine erkrankten Gewebe.
6. Die homöopathische Behandlungslehre gründet sich daher auf eine Analyse der Symptome des individuellen Patienten. Von erstrangiger Wichtigkeit sind dessen geistige Symptome und seine Einstellung zum Leben, da dies von tiefgreifendem Einfluß auf die Genesung ist.

Schließlich steuert der Geist den Menschen. Wie bereits betont, wird unser Körpertypus von unserer Persönlichkeit bestimmt. Daher müssen die verschiedenen Organsymptome in Betracht gezogen werden, und ihre subjektive Qualität ist von großer Wichtigkeit.

In der gewöhnlichen (allopathischen) medizinischen Praxis erhält der Patient, der Schmerzen hat, eine Schmerztablette, deren Wirkung weitgehend auf den Grad der Schmerzen abgestimmt wird. Der homöopathische Arzt hingegen muß die spezifische Art des Schmerzes kennen, er muß wissen, ob der Schmerz dumpf, bohrend, schneidend, zusammenziehend, stechend, pulsierend, drückend usw. ist.

Die heilende Medikation muß diese Beschreibung berücksichtigen. Die Heilmittel müssen einfach und in einer Form sein, wie sie in der Natur vorkommen. Sonst wirken sie wie Giftstoffe, können den homöostatischen Prozeß stören, und der Körper wird sie ablehnen. Ist das nicht der Fall, so schädigen sie ein Körperorgan, und zwar besonders und meistens die Leber, die Nieren oder das Knochenmark.

Grundlegend für die Behandlung sind die Hauptelemente, aus denen der Körper besteht, nämlich: Natrium, Kalium, Eisen, Kalzium, Magnesium, Phosphor, Schwefel und Jod.

Auch sind noch einige in Spuren im Körper vorkommende Elemente wichtig, so Mangan, Kupfer, Zink, Fluor, Molybdän und Lithium.

Eine andere wichtige Elementgruppe enthält einige unserer Hauptmetalle, die wir bei normaler Anwendung als giftig betrachten müßten. Es sind dies unter anderen Gold, Silber, Platin, Quecksilber, Zinn, Blei und Arsen. In einem noch nicht bekannten dynamischen und nichtmateriellen Zustand können diese Metalle aber für die Gesundheit und die Wiederherstellung der Harmonie in den Energiesystemen unseres Körpers sehr wesentlich sein.

Eine zweite und große Gruppe homöopathischer Drogen stammt aus dem Pflanzenreich. Zu ihr gehören Akonit (Eisenhut), Arnika, Belladonna (Nachtschatten), Chamomilla (echte Kamille) und Pulsatilla (Küchenschelle). Diese Pflanzen haben eine innere Uhr, die der schon besprochenen inneren Uhr des Menschen ähnlich ist. Diese Tatsache ist von wichtigem Belang in bezug auf das zeitliche Auftreten gewisser menschlicher Symptome, entsprechend unserer früheren Diskussion über die biologischen Rhythmen.

Carolus Linnaeus, der Vater der biologischen Klassifizierung, beschrieb auf Grund seiner im 18. Jahrhundert durchgeführten Beobachtung cirkadischer Rhythmen eine Pflanzenuhr:

6 Uhr: Geflecktes Katzenohr öffnet sich
7 Uhr: Afrikanische Ringelblume (Calendula)* öffnet sich
8 Uhr: Mauseohr Habichtskraut öffnet sich
9 Uhr: Stachelige Gänsedistel schließt sich
10 Uhr: Gemeines Warzenkraut schließt sich
11 Uhr: Stern von Bethlehem (Ornithogalum)* öffnet sich
12 Uhr: Passionsblume (Passiflora)* öffnet sich
13 Uhr: Pinksnelke schließt sich
14 Uhr: Scharlachrote Pimpernelle schließt sich
15 Uhr: Habichtskraut schließt sich
16 Uhr: Kleine Winde schließt sich

17 Uhr: Weiße Seerose schließt sich

18 Uhr: Abendprimel (Primula)* öffnet sich

Interessant ist die Feststellung, daß auch die scheinbar leblosen Minerale ihre Rhythmen haben. Diese Tatsache ist für den homöopathischen Arzt sehr einleuchtend. Arsenicum album (Arsenoxid) findet seine stärkste Anwendung für Symptome, die um Mitternacht oder etwa zwei bis drei Stunden danach auftreten. Viele Herzpatienten hatten vor der ersten Dosis von Arsenicum album um diese Zeit aus dem Bett aufstehen und den Rest der Nacht sitzend zubringen müssen, um atmen zu können. Nach nur wenigen Gaben von Arsenicum album war das oft nicht länger mehr nötig.

Es scheint, als ob sich ein unsichtbarer Faden von Kontinuität um den Stamm des Baumes der Evolution windet, die Reiche der Minerale, Pflanzen und Tiere durchzieht und hinaufreicht bis in unsere eigene menschliche Struktur. Darauf deutet ja auch der menschliche Embryo hin, der unsere frühere Entwicklung durch eine Reihe aufeinanderfolgender tierischer Lebensformen nachzeichnet bis zum Gipfel des Menschenwesens. Viele Charakteristiken dieser früheren Lebenszustände leben in der menschlichen Form noch fort.

Ein Hilfsmittel von geradezu dramatischer Wirkung für jemanden, der praktisch leblos erscheint, der sich kalt anfühlt, obgleich sein Kopf heiß ist, der fast alle Farbe verloren hat und dessen Puls nur noch schwach geht, ist Carbo veg. (vegetabilische Kohle). Diese Beschreibung könnte auf einen Patienten mit akutem Herzfehler oder auch auf jemanden mit Lungenentzündung im Endstadium zutreffen. Sehen zu können, wie sich nach einer Gabe Carbo veg. bei einem solchen Patienten der Puls binnen weniger Minuten bessert, wie seine Gesichtsfarbe zurückkehrt, wie er sich aufrichtet und wieder lebendig wirkt, ist in der Tat ein beglückendes Erlebnis.

Pulsatilla (Küchenschelle) ist eine der am meisten gebrauchten

---

* Wo die wissenschaftliche Gattung in Klammern angegeben ist, wird die Pflanze homöopathisch benutzt.

Arzneien für Frauen, die, wie ihr blumiges Gegenstück, an einem Tage obenauf und wohlgemut sind, am nächsten Tag aber, wenn widrige Winde des Mißgeschicks zu blasen beginnen, darniederliegen.

Dann kommen wir zu den Drogen, die aus der Tierwelt stammen. Aus dem Meer kommt Sepia, eine besonders wichtige Droge. Es ist die schwarze Substanz aus dem Tintenbeutel des Tintenfisches. Mit dieser Droge kann man Menschen behandeln, die das Gefühl haben, immer im Dunkeln herumzutappen, die keinen Anteil an ihrer Familie und ihrer Arbeit nehmen und im stillen ständig deprimiert sind. Sie können unter Verstopfung und Blähungen leiden und sind im allgemeinen in ihren meisten Funktionen langsam.

So hatte zum Beispiel R. D., eine 64jährige Hausfrau, ziemlich starke Schmerzen und eine Schwellung unter den rechtsseitigen Rippen gehabt. Sie berichtete sehr ausführlich mit monotoner Stimme, wie betrüblich es ihr ergangen sei und wie wenig ihr die Ärzte in den letzten beiden Jahren, als sie an Leberentzündung gelitten habe, geholfen hätten. Ihr Mann habe kein Verständnis für sie, und ihre Kinder hätten ihre eigenen Probleme. Irgendwie sprach mich ihre niedergeschlagene Stimmung mehr an als ihre Probleme.

Als sie eine Woche lang täglich eine Dosis Sepia genommen hatte, kam sie wieder und sagte, sie fühle sich schon wesentlich besser. Mir schien, daß der trübe, düstere Schleier, der sie zuvor umgeben hatte, verschwunden war. Bei weiteren Besuchen erhielt sie größere Sepia-Dosierungen gegen ihre geschwollenen, schwachen Fingergelenke sowie gegen Blähungen und das Wiederauftreten der ursprünglichen Schmerzen in der Seite. Auch ihre Stimmung hatte sich gebessert, so daß ich bei ihren weiteren Besuchen wohl keine langen Schilderungen ihrer Leidensgeschichte mehr zu befürchten hatte.

Ein nützliches Beispiel aus der Welt der Insekten ist Apis, die Biene aus dem Stamme unserer gewöhnlichen Honigbiene. Sie ist eine Droge für akutere Symptome, zum Beispiel zur Verhütung toxischer Wirkungen von Bienenstichen bei besonders empfindlichen Personen. Im allgemeinen braucht man dieses Mittel bei scharf stechenden Schmerzen, striemenartigen, rasch fortschreitenden Anschwellungen der Haut sowie bei akuten und lebensbedrohenden allergischen Reaktionen, bei denen der Patient schläfrig, geistig träge, unbeholfen, teilnahmslos, weinerlich und zeitweise benommen ist.

Verabreichung homöopathischer Arzneien

Bei der Medikation homöopathischer Arzneien sind folgende vier Prinzipien zu beachten:
1. das Gesetz des Ähnlichen
2. die Minimaldosis
3. die Anwendung von nur jeweils einer Arznei
4. die Ermittlung gewisser grundlegender, im jeweiligen Falle zugrundeliegender chronischer Erkrankungen.

Die zu verabfolgende Arznei ist eine aus etwa 2000 Arzneien, von denen 800 regelmäßig in der ärztlichen Praxis Anwendung finden.

Über Wert und Symptomatik dieser Mittel haben Hunderte von homöopathischen Ärzten und Patienten in Erfahrungsberichten, sogenannten »Arzneimittel-Prüfungen«, ausgesagt, in denen Versuche unter kontrollierten Bedingungen beschrieben sind. Die potenzierten Substanzen werden dabei durch den Mund eingenommen, und die verschiedenen Symptome und Zeichen, die sich bei den zahlreichen Individuen gezeigt haben, werden genau und umfassend beschrieben. Diese Unterlagen werden klassifiziert und in einem Handbuch, Repertorium genannt, katalogisiert. Für die regelmäßig benutzten homöopathischen Drogen gibt es Tausende solcher Erfahrungsbeweise. Im Gegensatz zu den 800 Arzneien des Homöopathen benutzt der allopathische Mediziner wahrscheinlich nicht mehr als ungefähr fünfzig Drogen. Der homöopathische Arzt hat eine abgeschlossene Ausbildung als allopathischer Mediziner hinter sich, denn die Homöopathie wird nur in Anschlußkursen nach Abschluß des medizinischen Studiums gelehrt. Es kommen Fälle vor, in denen sich der Arzt entscheiden muß, ob zum Beispiel eine Droge, wie Digitalis, besser wirkt als ein Antibiotikum.

Von den gebräuchlichsten Drogen sind nur sehr wenige, wie Digitalis, reine Naturerzeugnisse. Denn es ist ja nicht so, daß synthetische

Drogen nicht ihren Platz in der Medizin hätten. In vielen Fällen entfallen bei ihnen gewisse unerwünschte Nebenwirkungen natürlicher Drogen, wie zum Beispiel Erbrechen. Immer aber hält sich der homöopathische Arzt so nahe wie möglich an die natürlichen Arzneien, weil viele der synthetischen allopathischen Medikamente toxisch sind und zu allergischen Reaktionen führen können.

Die Minimaldosis

Die verschiedenen homöopathischen Potenzen werden durch Verdünnung eines Teiles der Originalsubstanz mit neun Teilen des Verdünnungsmittels vorbereitet, bei dem es sich um Milchzucker, Alkohol oder Wasser handeln kann. Der Ausgangsstoff kann ein Gran einer Baumrinde, der Wurzel einer medizinischen Pflanze, von Schwefelpulver oder ein Tropfen Quecksilber sein. Das gibt man in ein geeignetes Gefäß, zum Beispiel einen Mörser, und vermahlt bzw. verreibt es innig mit neun Teilen Milchzucker und einem Tropfen reinen Alkohols. Das ist dann die erste Verdünnung, die man als 1 × Potenz bezeichnet.

Eine andere Herstellungsweise ist die Auflösung der Originalsubstanz in Alkohol oder Wasser als Ausgangslösung. Ein Teil dieser Mischung wird dann mit neun Teilen Milchzucker in einer kleinen Phiole gemischt und kräftig dreißigmal geschüttelt, indem man die Phiole mit der Hand hält und mit geschlossener Faust gegen eine elastische Fläche stößt. Das so erzeugte Produkt ist die 2 × Potenz. In ähnlicher Weise erfolgt dieser Prozeß für eine Folge weiterer Kombinationen bis zur Erreichung der gewünschten Verdünnung. Im allgemeinen betrachtet man die 12 × Verdünnung als niedrige Potenz, die 30 × und weitere als hohe Potenzen.

Obgleich es unser Fassungsvermögen übersteigt, wie sich bei so feinen Verreibungen in so hohen Potenzen von XM, 50M oder CM (100 000) die Heilkraft zu verstärken scheint, bleibt nur zu sagen, daß die praktischen Ergebnisse den faktischen Beweis liefern. Es ist zu erwarten, daß viele, die nicht über homöopathische Erfahrung verfügen, sagen werden, daß einer solchen Therapie nur ein »Placebo-Effekt« zuerkannt werden könne.

Immerhin aber gibt es überall in der Welt Tausende von homöopathischen Ärzten, denen es gelungen ist und immer wieder gelingt, die resistentesten und hartnäckigsten Krankheiten so zu heilen. Besonders interessant ist die Feststellung, daß die niedrigen Potenzen spezifischer bei körperlichen Beschwerden eingesetzt werden, während die XM-, 50M- und CM-Dosierungen stärker auf die ganze Persönlichkeit wirken. Das möchte ich an Hand einiger Fälle aus meinen Akten zeigen.

Lorraine – 70 Jahre alt – stellte am 27. April Schluckbeschwerden fest und bemerkte einen Knoten im Hals. Drei Tage später kam sie zur Untersuchung, wobei man eine steinartig harte Masse von 3 cm mal 2 cm Größe im rechten Lappen ihrer Schilddrüse feststellte.

Die üblichen Prüfungen der Schilddrüsenfunktion brachten normale Ergebnisse. Ich hatte daher vor, eine radioaktive Abtastung vorzunehmen. Um ihr aber die Kosten für diesen Test zu ersparen, gab ich ihr zunächst eine homöopathische Dosis Jod. Nach drei Wochen hatte sie keine Schluckbeschwerden mehr, und der Knoten hatte nur noch einen Durchmesser von 1,5 cm; bis zum 1. Juni ging er auf 1 cm zurück, und dann verschrieb ich die Homöopathika Lycopodium (Bärlapp) und Psorinum. Nach weiteren zwei Monaten war der Knoten nur noch schwer zu finden und hatte noch etwa die Größe einer Erbse.

Am 19. September, etwa viereinhalb Monate nach seiner ersten Feststellung, war von dem Knoten nichts mehr zu spüren. Ob es sich um ein Adenom, einen gutartigen Tumor, gehandelt hat oder um Krebs, werden wir nie erfahren, doch wissen wir, daß sich die Patientin sehr erleichtert fühlte und daß ihr ein sonst unumgänglicher chirurgischer Eingriff erspart blieb.

Harriet, eine 59jährige, geschiedene Frau, die in einer ärztlichen Praxis als Krankenschwester tätig war, klagte, daß sie sich seit einem schweren Autounfall, den sie 30 Jahre zuvor erlitten hatte, nicht wohl fühle. Bei der Schilderung ihrer Geschichte wurde sie ganz hysterisch und sagte dann, daß bisweilen ihr Denkvermögen aussetze.

Zehn Jahre zuvor hatte man bei ihr Hypoglykämie festgestellt, und nach diätetischer Umstellung hatte sie eine leichte Besserung verspürt. Sie litt aber immer noch unter heftigen Kopfschmerzen, zeitweiliger geistiger Verwirrung, einer geringen Aufmerksamkeitsspanne und manchmal sogar unter Selbstmordgedanken.

Die körperliche Untersuchung ergab nichts weiteres. Als Diagnose wurde relative Hypoglykämie, nervöse Kolitis (Dickdarmkatarrh) und depressive Ängstlichkeit festgestellt. Es wurden leichte Umstellungen ihrer Diät vorgenommen. In Anbetracht ihrer tagtäglich auftretenden ausgeprägten Stimmungswechsel wurde sie auf Pulsatilla gesetzt.

Ein Jahr später berichtete sie: »Es ist ein Wunder; mein Gehirn hat keine Verschwommenheitsphasen mehr, und ich bin auch nicht mehr so müde, wie ich früher gewöhnlich war.«

Ben hatte eine Woche lang Halsschmerzen gehabt und hatte immer noch Temperatur. Der Rachen war feuerrot entzündet und wies viele kleine Eiterpfröpfchen auf. Er erhielt verschiedene Gaben Mercurius iodatus flavus (gelbes Quecksilberjodid). Binnen 24 Stunden waren alle Symptome verschwunden, und zwar ohne Risiko von Nebenreaktionen, wie sie bei Anwendung von Antibiotika hätten auftreten können.

Alan, ein 92jähriger Mann, wurde von seiner Frau zu uns gebracht. Sie klagte, daß ihr Mann geistig so verwirrt sei, daß er sich im eigenen Hause nicht mehr zurechtfände und es manchmal vorkäme, daß er den Raum, in den er gehen wolle, nicht finden könne. In diesem konfusen Zustand wandere er dann lange Zeit herum.

Er erhielt eine Einzeldosis von Baryta Karbonat (Barium). Einen Monat später sagte uns seine Frau, daß keinerlei Konfusion mehr bestehe und sich der Appetit gebessert habe. Er spiele nun wieder regelmäßig mit seinen Freunden Golf.

Elsie, eine 35jährige verheiratete Frau, klagte, daß sie sehr häufig Harn lassen müsse und ihre Blase nicht völlig entleeren könne. Bisher hatte sie alle sechs Wochen bei einem Urologen eine Ausweitung vornehmen lassen, was ihr eine Zeitlang Erleichterung zu bringen pflegte. Ich verschrieb ihr ein paar Gaben Cantharis (Spanische

Fliege), die alle 15 Minuten einzunehmen waren. Die Druckschmerzen der Blase hörten sofort auf. Anschließend wurden abgestimmte Dosierungen verordnet, und nach einer Woche berichtete sie, daß die Erfolge unglaublich seien.

Seit nunmehr zwei Jahren nach der ersten Dosis hat sie keine instrumentelle Behandlung mehr nötig gehabt. Eine oder zwei Dosierungen von CM-Stärke reichen nun für drei Monate.

Archie, ein 74jähriger Mann, hatte seit Jahren Schwierigkeiten mit einem offenen Bein, das sich nach einem Unfall als Folge einer Knochenmarkentzündung (Osteomyelitis) gebildet hatte. Nach einer Dosis Acidum nitricum heilte der Abszeß, und ein Jahr später hieß es, daß sich keine weiteren Schwierigkeiten eingestellt hätten.

Norman, ein Zwölfjähriger, hatte seit seinem zehnten Lebensmonat *Grand Mal* (epileptische Anfälle). Er war in einer größeren Klinik mit verschiedenen Kombinationen entkrampfender Medikamente behandelt worden, die aber wegen unerwünschter Nebenwirkungen hatten abgesetzt werden müssen.

Da in der Krankengeschichte der Familie Epilepsie und Diabetes aufgetreten waren, wurde ein Glukosetoleranztest vorgenommen, der folgende Werte lieferte: Fastenwert 96, nach einer halben Stunde 106 und nach den folgenden Stunden (bis zu fünf) 92, 78, 83, 65 und 91. Der leichte Anstieg nach Einnahme der Glukose und der 31 Punkte betragende Abfall unter den Fastenwert wiesen auf einen hypoglykämischen Zustand hin.

Andere Aspekte der labormäßigen und körperlichen Untersuchungen waren ohne Belang. Das Elektroenzephalogramm wies auf eine fokale krampfartige Störung hin, die sich im Laufe der Zeit generalisiert hatte. Der Neurologe hatte nichts anderes empfohlen als die krampfhemmenden Mittel, die aber ohne Erfolg geblieben waren.

Aufgrund seiner Symptome und eines eingehenden Studiums der Natur seiner Anfälle sowie der vorwarnenden Anzeichen empfahl sich eine homöopathische Medikation. Die wichtigsten der die Wahl der homöopathischen Arznei bestimmenden Punkte oder Richtlinien waren nächtliche Anfälle, ruckartige Bewegungen der Augen während der Anfälle, Bewußtlosigkeit, äußerst heftige Schüttelbewegungen, eingeklemmte Daumen, Wechsel zwischen Kälte und Schweißausbrüchen sowie Blaufärbung der Lippen. Metallisches Kupfer in hoher homöopathischer Dosierung stellte sich als besonders wirksame Medikation heraus. Sehr interessant war es, bei der Haaranalyse festzustellen, daß hohe Werte intrazellularen Kupfers die hervorstechendste Abnormität waren. Nach dem grundlegenden homöopathischen Gesetz des Ähnlichen ist dies der Weg zur Behandlung toxischer Kupfermengen.

Obwohl es für eine endgültige Aussage noch zu früh ist, sei vermerkt, daß dem letzten Bericht zufolge die Anfälle aufgehört haben. Dieser Bericht läßt die mögliche Verbindung zwischen den Ergebnissen von Haaranalysen und der Homöopathie erkennen.

Jeweils nur ein Heilmittel

Gewöhnlich sollte jeweils nur eine Medikation gegeben werden, damit man deren individuelle Wirkungen beobachten kann. In manchen Fällen stellt sich ein stetiger Besserungszustand schon binnen weniger Stunden oder eines Tages ein. In anderen Fällen aber erwarten Patienten Beweise; sie möchten Symptome erfahren – die sich von einigen Stunden bis auf mehrere Tage erstrecken – Symptome, die sich nun in der umgekehrten Reihenfolge zeigen, wie sie früher auftraten. Wird aber gleichzeitig eine zweite Medikation gegeben, so gerät das Bild der Symptome, das für die Erkennung und Festlegung der weiteren Therapie wichtig ist, in Unordnung.

Chronische Erkrankungen

Die homöopathische Theorie postuliert vier grundlegende chronische Zustände, die oft mit chronischen und häufig wiederkehrenden Krankheiten in Beziehung gebracht werden können. Auf drei von ihnen wies Dr. Hahnemann bereits hin, nämlich auf Psora, Syphilis und Sycosis. Später kam noch Tuberkulose zu dieser Gruppe von

»Miasmen« oder chronisch pathologischen Schwächebereichen, die nur sehr indirekt mit den durch ihre Namen ausgewiesenen Krankheiten in Beziehung stehen.

Die Psora ist sehr weit verbreitet und liegt vielen Funktionsstörungen und organischen Erkrankungen zugrunde, besonders chronisch allergischen Zuständen, Epilepsie, Geschwürbildungen und Diabetes, um nur einige zu nennen. Doch muß auch hier betont werden, daß nicht die Krankheit, sondern vielmehr die Person behandelt wird.

Einer der hervorragenden Lehrer der Homöopathie des vorigen Jahrhunderts, J. T. Kent, M. D., beschrieb die Psora wie folgt:

»...Eine untergründige Ursache... oder eine Primärerkrankung der menschlichen Rasse. Dieser Zustand drückt sich in verschiedenen Formen unterschiedlicher chronischer Krankheiten oder chronischer Äußerungen aus. Wäre die menschliche Rasse in einem Zustand vollendeter Ordnung geblieben, so könnte Psora nicht aufgetreten sein. Die Anfälligkeit für Psora wirft eine Frage auf, die in ihrer Gänze für ein Studium im wissenschaftlichen Rahmen medizinischer Lehrinstitute viel zu groß ist. Sie ist viel zu ausgedehnt, geht sie doch auf das primitivste Unrecht der menschlichen Rasse, auf die allererste Erkrankung der menschlichen Rasse, auf die spirituelle Erkrankung zurück, von welchem Erstzustand die Rasse weiterschritt zu dem, was vielleicht als wirkliche Anfälligkeit für die Psora bezeichnet werden kann, die ihrerseits die Grundlage für andere Krankheiten bildet.«

Die anderen drei Zustände wurden nur nebenbei erwähnt. Nicht selten haben Personen zwei oder mehrere Arten solcher Schwächen, die Behandlung erfordern, bevor eine robuste Gesundheit wieder erreicht werden kann. Dr. Kent deutete an, daß, wenn auch die homöopathische Medikation solchen Patienten hilft, die körperliche Gesundheit wiederzuerlangen, so muß doch der ganze Mensch in das Heilverfahren einbezogen werden. Das bedingt notwendigerweise eine neue Ausrichtung des Lebens mit einem höheren persönlichen, zwischenmenschlichen und spirituellen Standpunkt. Denn Seele und

Geist bestimmen die allumfassende Ganzheit oder Gesundheit der Person.

Was ist Meadowlark?

Die ganze Atmosphäre von Meadowlark atmet Frieden und Schönheit. Die Zitrusbäume tragen Früchte, und das Schwimmbad bietet Erfrischung allen, die sie suchen. Hier plaudern Gäste miteinander im Aufenthaltsraum, andere lesen in der Bibliothek und wieder andere liegen draußen in der Sonne oder im Schatten, allein, zu zweien oder dreien. Die Rosen stehen in voller Blütenpracht, und das am Hause hochrankende Weinlaub leuchtet in hellem Grün. Die Kapelle ist eine liebliche, kühle Oase, erfüllt von Frieden, Trost und heilender Liebe. Ruhig und geschickt hält das tüchtige Personal das Getriebe am Laufen, so daß die Gäste die hinter allem steckende bewegende Kraft fast nicht gewahr werden.

So ... und was ist nun Meadowlark? Es ist ein Platz zum Leben, eine Heimstatt. Wir alle brauchen einen solchen Platz, und für manche, die hierherkommen, besteht ein solcher Platz nicht mehr, oder das Leben in ihm ist unerträglich geworden. Meadowlark wird für einige Zeit ihr Heim werden, wo sie wieder starke Wurzeln entwickeln können, wo sie die Sonne wieder warm auf ihren Wangen spüren und von wo sie wieder zu den Sternen aufzublicken vermögen.

Es ist auch ein Ort der Heilung – der körperlichen Heilung. Bevor man große Musik machen kann, muß erst das Instrument gestimmt werden; das gilt in ähnlicher Weise für uns selbst. Das Erlebnis von Meadowlark beginnt mit dem Stimmen des körperlichen Instrumentes. Alle Mittel der modernen Medizin – diagnostische wie heilende – stehen für den Gast bereit. Auch benutzen wir unser Heilungswissen, wie es in der Welt des Ostens praktiziert wird. Kein Weg bleibt unberücksichtigt, nur weil er nicht unserer derzeitigen Kultur entstammt. Hier gibt es auch Beharrlichkeit und Hoffnung sowie immer etwas mehr, was getan werden kann.

Meadowlark wartet aber nicht auf den Abschluß des »Stimmens der

Instrumente«. Ein Gast durchschreitet die schweren Eingangstore, geht über das weitläufige Vorgelände und tritt durch die breite Eingangstür. Mitglieder des Personals reichen ihm zum Willkommensgruß die Hände. Auch die Gäste zeigen dem Neuankömmling Freundlichkeit und Verständnis. Man ist zu Hause!

Das Gesamtpgrogramm tritt in Aktion. Hier gibt es kein Selbstbedauern, wenn man krank ist oder müde, kein Zurückziehen in Einsamkeit und Verlassenheit. Hier ist die Heilung – Heilung für den Menschen in seiner Ganzheit. Die Gäste können nach freiem Willen mitmachen, so viel oder so wenig, wie sie wünschen.

Es ist Morgen. Glocken läuten, den Tag zu begrüßen. Aufstehen! Aufstehen! Neues Leben erwartet Sie.

Wieder Glockengeläut. Möchten Sie meditieren? Oder beten? Ihr Gemüt beruhigen? In sich selbst ruhen? Die Kapelle wartet auf Sie ...nun, oder zu jeder anderen Tages- und Nachtzeit. Kommen Sie, lassen Sie sich vom Frieden der Kapelle umfangen, stärken durch die Kraft, die Sie hier finden; lassen Sie sich von neuen Einsichten leiten.

Die Glocken, immer wieder läuten sie, um neue Aktivitäten anzukündigen. Diesmal ist es das Frühstück – möglicherweise das beste Frühstück, das Sie je gegessen haben, sicher aber das am besten auf die Bedürfnisse Ihres Körpers abgestimmte. Was wird serviert? Das sage ich Ihnen nicht. Da müssen Sie schon kommen, es selbst zu sehen und zu probieren. Doch bin ich überzeugt, daß viele große bekannte Restaurants der Welt es begrüßen würden, diejenigen, die hier kochen und backen, in ihren eigenen Betrieben zu haben.

Der Tag schreitet fort, und bald werden Sie zum Body-Balance-Kursus gerufen, wo Sie Gelegenheit finden werden, sich selbst näher kennenzulernen, Ihren schwachen Rücken und Ihre schmerzenden Knie... und wo Sie lernen, freundlich mit Ihrem Körper umzugehen. Gelegentlich werden Sie auch an leichten rhythmischen Leibesübungen teilnehmen. Wenn Sie möchten, werden Sie sich ausruhen. Manchmal werden Sie vielleicht einfach nur zuschauen.

Einige Überraschungen wird es für Sie immer geben. Sie werden Ihr Herz kennenlernen, das schon – wievielmal? – pflichtgetreu und zuverlässig geschlagen hat. Sie werden ausruhen und sich erholen, während Musik Sie wie Wellen am Strand überflutet.

Was sagt Ihnen die Musik? Was möchten Sie aus sich herausholen? Was halten Sie für schön? Was finden Sie häßlich, abstoßend? Welche Gefühle der Verstimmung und des Unmuts hegen Sie, welche Gefühle der Dankbarkeit quellen in Ihnen auf? Welche Ängste steigen aus der Vergangenheit empor? Welche Hoffnungen hegen Sie für die Zukunft?

Das ist der richtige Zeitpunkt, dies alles auf Papier farbig zum Ausdruck zu bringen. Es muß kein Kunstwerk sein; vielleicht sind es nur Kritzeleien in häßlichen Farben – zackige Linien, rohe Gefühle. Eines Tages ist dies alles aus Ihnen herausgetreten, und Sie greifen, zunächst noch zögernd, dann aber mit Eifer nach dem Lichten, dem Hoffnungsvollen, dem Schönen... und dann werden Sie erkennen, daß ein neuer Mensch aus Ihnen geworden ist.

Mittagessen. Wieder nahrhafte Speisen und freundliche Konversation. Anschließend Ruhezeit, Lesezeit, Zeit zu tun, was man will. Um vier Uhr rufen die Glocken Sie zum Tee – auf der Terrasse oder am Schwimmbecken, oder bei einem knisternden Feuer im Aufenthaltsraum. Die freundlich-reizvolle Atmosphäre der Teezeit werden Sie schon bald nicht mehr missen wollen.

Das Abendessen ist ein mit Liebe geschaffenes Kunstwerk. Sie werden sich nach Rezepten erkundigen, um sie mit nach Hause zu nehmen.

Verschiedene Psychosynthesetechniken, besonders der von Roberto Assagioli gelehrte »Wachtraum«, werden mit den Gästen in Meadowlark ausgiebig geübt. Es ist eine rechte Freude, zu sehen, wie ein Gast, der von Problemen niedergedrückt und emotional verschlossen nach Meadowlark kam, sich zu entspannen, zu öffnen beginnt und seine Identität findet. Mehr Gäste bleiben nun etwas länger – ab zwei bis vier oder mehr Wochen –, und das gibt ihnen mehr Zeit, eine engere Beziehung zu schaffen und durch engeren Anschluß an die für sie tätigen Mitarbeiter von Meadowlark zu sich selbst zu finden.

Für viele von uns sind Abendveranstaltungen Höhepunkte, die wir nicht missen möchten. Hierbei werden wir in eine Welt eingeführt, die größer ist als die uns zuvor bekannte. Die Mitarbeiter sind sorgfältig nach ihrer menschlichen Reife und ihrer Befähigung ausgewählt, gute Zuhörer zu sein und alle Menschen ohne Vorurteile zu nehmen, wie sie sind. Sie sind geschult in Techniken verschiedener Art, wie Analyse, Leibesübungen, freiem Ausdruck in Künsten und Kunsthandwerk sowie in sinnvollen Gruppenarbeiten verschiedener Art. Manchmal erläutert der Arzt uns neue Gedanken und Auffassungen aus dem medizinischen Arbeitsfeld. Hierbei sprechen als Gäste oft bedeutende Leute mit großen Ideen. Auch nehmen wir manchmal an lustigen Veranstaltungen teil oder können Einblicke in für uns völlig neue Wissens- und Lebensgebiete gewinnen.

Was gibt es sonst noch in Meadowlark? Kurse in Zen-Meditation, T'ai Chi Chuan, Tönen und Psychosynthese; Werkstätten für verschiedene Arbeitsgebiete, eine gute Bibliothek, eine Stereoanlage, eine mehr als 240 Hektar große Ranch mit schönen Spazierwegen und Hügeln, die man besteigen kann, und noch vieles, vieles mehr.

Die folgenden Krankengeschichten sollen zeigen, was Gäste in Meadowlark so erleben:

Als *Marcia* nach Meadowlark kam, war sie erst 31 Jahre alt, hatte aber seit sechs Jahren schon vielerlei Leiden durchgemacht. Ihre Energie war so gering, daß sie häufig nicht zur Arbeit gehen konnte. In den letzten drei Jahren hatte sie an Halsentzündungen gelitten und sich ohne Erfolg einer Kur mit Autovakzin-Behandlungen unterzogen.

Ein Jahr bevor sie zu uns kam, wurde sie schwanger und hatte sich furchtbar erregt, als ihr Geburtshelfer nicht zeitig zur Entbindung ihres Kindes zur Stelle war. Danach war sie durch das Geschrei des Kindes sehr nervös geworden. Sie war mehr erschöpft als je zuvor. An manchen Tagen war sie nicht einmal imstande, ihren Pflichten als Hausfrau und Mutter nachzukommen.

Fünf Monate nach der Geburt wurde sie von tiefer Depression und Panik befallen. Drei Tage lag sie im Krankenhaus. Es wurden ihr Beruhigungsmittel verordnet, die ihr aber nur sechs Monate halfen. Nachdem sie noch zu einem anderen Arzt gegangen war, dessen Verordnungen aber keine Besserung brachten, kam sie nach Meadowlark.

Hier stellte man eine Vielzahl von Symptomen fest, darunter geringe

Energie, Kopfschmerzen, Heufieber, einen chronischen Husten, Depression, Herzklopfen, Erschöpfungsgefühle sowie Perioden allgemeinen Lebensüberdrusses. Auch war sie außergewöhnlich empfindlich gegen heißes Wetter.

Als sie ankam, war ihr fünfstündiger Glukosetoleranztest noch nicht abgeschlossen, doch sie erwies sich klar als diabetogener hypoglykämischer Typus. Dementsprechend setzte man sie auf eine von verfeinerten Kohlehydraten und Anregungsmitteln freie Diät bei häufiger Nahrungsaufnahme. Für das Symptombild eignete sich am besten homöopathisches Calcarea Karbonat, das ihr täglich gegeben wurde. Anfangs erhielt sie auch täglich Injektionen von Nebennierenrinden-Extrakt (ACE), die aber später, bei Steigerung des Energiepegels, in größeren Zeitabständen gegeben wurden.

Sie blieb nur einen Monat in Meadowlark, setzte aber danach die Einnahme von Calcarea Karbonat und die ACE-Injektionen fort. Außerdem machte sie täglich einen Spaziergang. In drei Monaten steigerte sich ihre Energie um 50 Prozent, und sie berichtete, daß sie nun in der Lage sei, Streßsituationen leichter zu überstehen. Zu diesem Zeitpunkt setzte sie sich selbst nur noch zwei ACE-Injektionen wöchentlich. Ihr Blutdruck war von 75/60 auf 90/75 gestiegen.

Zwei Monate später trat ein Rückfall mit Depression ein, den sie aber viel schneller überwand als früher. Dafür erhielt sie Pulsatilla und einige Tage später die M-Potenz. Später schrieb sie wie folgt:

»Bevor ich nach Meadowlark kam, konnte ich mir nicht einmal vorstellen, daß Gott für mich noch Lektionen haben könnte, die ich nicht schon gelernt hatte. Tatsächlich war ich mir nicht einmal sicher, ob es überhaupt einen Gott gab. Ich bin dankbar für die Geduld und Liebe, die mir in Meadowlark zuteil wurde. Als ich mich am schlechtesten benahm, brachte mich ihre Liebe dazu, mich selbst so zu lieben, daß Gott in mein Leben eintreten und einige notwendige Änderungen bewirken konnte.

Nach viel Gebet und Rebellion, und dann bei Gehorsam und Hinnahme enthüllte mir Gott seine Anwesenheit und seine Teilnahme an meinem Leben. Seitdem kann ich sagen, daß ich glücklich bin. Gottlob! Er hat mich brauchen können, um andere zu erreichen. Ich weiß, daß das Gesundheits- und Ernährungsprogramm in Meadowlark mir sehr geholfen hat, meine Körperfunktion in den schweren Streßperioden während dieser sehr wichtigen Zeit meines Lebens zu erhalten.

Meine Familie hat eine neue, glückliche, gewissenhafte, liebende Frau und Mutter, die bereit ist, sich den für sie bestimmten Anforderungen zu stellen und sie zu akzeptieren. Ich danke Ihnen für die größte aller mir gezeigten Gaben – nämlich die Liebe!«

Marian war 37 Jahre, als sie nach Meadowlark kam. In 15 Jahren hatte sie drei große Operationen überstanden, viele Krankheiten und verschiedene Allergien gehabt. Sie litt an Migränekopfschmerzen, Schwindelanfällen sowie an beträchtlichen Verdauungsstörungen. Auch hatte sie eine Überempfindlichkeit gegen Sonnenlicht. Bei selbst geringer Sonnenbestrahlung brach ihre Gesichtshaut in Ausschlägen auf. Während jeder ihrer vier Schwangerschaften hatte sie fünfzig Pfund zugenommen und war so schläfrig geworden, daß sie Mengen von Dexedrine eingenommen hatte. Sie hatte erfolglos drei Ärzte konsultiert, und in einer größeren Klinik hatte man Lupus erythematodes (Hautveränderungen des Gesichtes) diagnostiziert und Kortison verschrieben. Als sie nach Meadowlark kam, stand sie unter der Belastung eines Scheidungsverfahrens.

Es wurden Unterkünfte für sie und ihre vier Töchter geschaffen. Sie schrieb über diese Zeit wie folgt:

»Ich war erschrocken und sah mich verloren. Mit Besserung rechnete ich nicht. Die Kinder waren beunruhigt und irgendwie verstört, doch wurde ihnen auf eine nette Art geholfen, die sie nicht einmal bemerkten, die aber eine bemerkenswerte Veränderung brachte.

Man hatte mir nicht gestattet, mich von einem Arzt abhängig zu machen, sondern man leitete mich an, meine eigene Kraft zu finden und zu entwickeln. Die Lektüre, auf die man mich verwies, brachte

172

mich auf einen Weg zur inneren Selbstverwirklichung und zu spirituellem Bewußtsein.

In meinem Falle gab es einen langen, harten Weg vorsichtiger medizinischer Behandlung und spiritueller Entwicklung. Kortison wurde durch Nebennierenrindenextrakt ersetzt. Der hoch proteinhaltige »grüne Trank« und das ganze Ernährungsprogramm spielten bei meiner Wiederherstellung eine wichtige Rolle.

Langandauernder Streß jeder Art führt zu ungenügender Leistung der Nebenniere. Gleich welche Krankheit sich daraus ergibt, sie muß ohne weitere Schädigung des Körpers geheilt werden, bevor ein Wachstum des emotionalen Status stattfinden kann. Der in Meadowlark beschrittene Weg ist ganz und gar konstruktiv, indem dem Körper geholfen wird, sich selbst zu helfen, sich aufzubauen und durch Anwendung von Nebennierenrindenextrakt zu erstarken. Nachdem ich nach Hause gekommen war, lag ich noch sechs Monate lang einen großen Teil des Tages zu Bett, doch injizierte ich mir täglich 5 cc Nebennierenrindenextrakt. Die mir vorgeschriebene Diät halte ich auch heute noch strikt ein. Binnen zwei Monaten besserte sich mein Sehvermögen und meine Gelenkanschwellungen ließen ebenso nach wie die damit verbundenen Schmerzen. Nach sechs Monaten schlief ich wesentlich besser und tagsüber viel weniger als früher. Ich war weit weniger lichtempfindlich, und die Nebennierenrindenmedikation konnte ich auf wöchentlich zweimal reduzieren.

Einen Monat später verschwanden auch meine Kopfschmerzen und meine Arthritis. Und in 18 Monaten war ich imstande, eine Stellung als Kellnerin anzunehmen, und auch ohne Hilfe für meinen Haushalt und die Kinder zu sorgen. Den Nebennierenrindenextrakt nehme ich jetzt nur noch, wenn es nötig ist, nämlich zu Zeiten ungewöhnlich starken Stresses.«

Dollys Geschichte, die sich über einen dreimonatigen Aufenthalt in Meadowlark erstreckt, beginnt mit einigen zurückliegenden Aussagen. Hier ist ihre eigene Schilderung:

»In den 24 Jahren seit meiner Eheschließung habe ich 18 Jahre gearbeitet. Ich hatte eine verantwortliche Stellung, die mir eine Höchstleistung abverlangte. Ich mißbrauchte meinen Körper schrecklich, indem ich nicht rechtzeitig oder richtig aß, wie es sich gehört. Auch arbeitete ich viele Stunden lang unter schwerem Druck. Hinzu kam noch, daß mein Mann, Ted, überemotional ist. Nicht ich weinte, sondern mein Mann. Jede Diskussion oder Meinungsverschiedenheit endete bei ihm mit einem Tränenausbruch und dem Zuschlagen der Tür. Er kam dann zerknirscht zurück und bedauerte, was er gesagt oder getan hatte; er wußte nicht, warum er das getan hatte. Ich wurde gewöhnlich mit meinem Druck im Magen alleingelassen. Als unsere Tochter zur Welt kam – sie ist jetzt 20 – sagte ich mir, zwei weinende Eltern zu haben, sei für sie wohl das letzte, was sie brauche. So habe ich nahezu 20 Jahre lang keine Träne vergossen. Damals wußte ich nicht, daß ich dabei war, mich zu einem ernsten Fall von Hypoglykämie zu entwickeln.

Zwei Jahre später kam dann der Tag der Erkenntnis. Ich konsultierte meinen Arzt, den ich seit neun Jahren hatte, wegen Kopfschmerzen, einer erdrückenden Depression und körperlicher Schwäche. Er machte ein Elektroenzephalogramm, das erkennen ließ, daß etwas nicht in Ordnung war. Er schloß daraus, daß ich psychiatrische Hilfe benötigte. Da ich aber überzeugt war, daß nur mein Körper nicht in Ordnung war, ging ich zu einem anderen Arzt, der einen Toleranztest machte und Hypoglykämie sowie ein Magengeschwür diagnostizierte. Ich befolgte seine Anordnungen bis in alle Einzelheiten, doch nach zwei Jahren schien ich innerlich immer noch langsam am Absterben. Mein Leben hatte den Sinn verloren. Selbstmordgedanken plagten mich.

Mein Arzt sagte mir, Dolly, ich kann nichts für Sie tun, bevor Sie nicht die Probleme mit Ihrem Gatten bereinigt haben. Ich war verzweifelt. Dann gab mir ein Freund eine Broschüre über Meadowlark und eines der von dort herausgegebenen Bücher über Hypoglykämie.

Ich rief die mir befreundete Frau unseres Pfarrers an, eine

Psychologin und Lehrerin, die ich bisher noch nicht zu Rate gezogen hatte. Nun aber brauchte ich dringend Hilfe.

Sie sprach zuerst mit mir und dann mit Ted, und als sie die Broschüre über Meadowlark gelesen hatte, waren wir der Meinung, daß nur dort der richtige Platz für mich sein könnte. Kaum eine Woche nachdem ich den wunderbaren Namen zum ersten Male gehört hatte, war ich in Meadowlark.

Es ist fast unmöglich, Meadowlark jemandem zu beschreiben, der noch nicht dort gewesen ist. Man kann nur sagen, es ist erfüllt von Schönheit, Liebe, Frieden und Heiterkeit. Als ich mich von Menschen umgeben sah, die sich um mich kümmerten und verstanden, was mit mir vorging, dauerte es nur drei Tage, bis ich den Strom aufgestauter Tränen freigeben konnte. Die Mitarbeiter des Stabes liehen mir ihr Ohr, um alles zu erfahren, und gaben mir die spirituelle Hilfe, deren ich verzweifelt bedurfte.

Nach der körperlichen Untersuchung wurde ich auf Nebennierenrindenextrakt und die Vitamine B_{12} und B_6 gesetzt. Ich setzte die ganze mitgebrachte Medikation ab und verließ mich vertrauensvoll auf Dr. Loomis und seine Kenntnis der Homöopathie, von der ich noch nie etwas gehört hatte.

Mein Körper begann auf das nahrhafte Essen und die Medikation anzusprechen, und ich fühlte, daß sich viele wunderliche Veränderungen einstellten. Ich war aber beruhigt und imstande, sie zu akzeptieren. Meine geistige Verfassung aber hatte sich nach zwei Wochen noch nicht geändert. Ich hatte mir Besuche von meiner Familie verboten.

Nun war ich schon in der dritten Woche in Meadowlark und wußte, daß ich bald stark genug sein müsse, um mit Ted zu sprechen. Ich brachte es einfach nicht fertig. Zwei Mitarbeiter von Meadowlark sprachen mit ihm und legten die Saat, die schließlich Früchte tragen sollte. Er entschied sich nämlich, einen Psychologen aufzusuchen. Das hätte ich nie fertiggebracht, denn er glaubte immer, daß nur ich Hilfe nötig hätte.

Am Ende der dritten Woche hatte ich das Gefühl, nach Hause gehen zu können. Obgleich Dr. Loomis meine Auffassung nicht teilte, überließ er mir die Entscheidung. In diesen Tagen war Velma als neue Mitarbeiterin eingetreten. Sie überzeugte mich, daß sie etwas in mir erkannt habe, was ich selbst nicht sehen konnte. Sie widmete sich mir mehrere Stunden. Andere Gäste ließen mich an ihren Erfahrungen teilnehmen. Es gab immer jemanden, dem ich vertrauen und mit dem ich sprechen konnte. Das Resultat war, daß gute Musik, Poesie und spirituelle Werte wieder in mein Leben gebracht wurden.

Um die Zeit, als Dr. Loomis eine Vortragsreise antrat, begann sich mit mir etwas Eigenartiges zu ereignen. Nachts schlief ich nur zweieinhalb Stunden und verbrachte den Rest der Nacht mit Spaziergängen im Gebiet um Meadowlark, wo man ja im Dunkeln keine Angst zu haben braucht. Dann kam plötzlich ein Tag, an dem ich das Gefühl hatte, als ob etwas im Bauchbereich brenne. Ich bat meine Familie, mich an diesem Wochenende nicht zu besuchen.

Völlig verzweifelt ging ich am Abend hinaus und setzte mich ans Schwimmbecken. Ich hatte für mich immer noch keinen Lebenssinn gefunden. Velma kam zu mir und tat ihr Bestes, um mir zu helfen. Ich weiß, sie wollte mich in meinem gefährlichen Gemütszustand nicht gerne allein lassen. Aber ich habe darauf bestanden. Sie sagte: ›Ich lasse Sie in Gottes Händen, und ich muß glauben, daß Er für Sie sorgt.‹ Ich saß etwa drei Stunden dort, und die inneren Feuer ließen nach. Ich wurde still und gelassen. Dann sagte ich: ›Gott, ich kann damit nicht allein fertig werden. Übernimm Du die Führung.‹ Heute weiß ich, daß dieses Gebet der erste Schritt nach oben war.

Am nächsten Tag fragte mich Sue, eine aus dem Kreis besonders guter Freunde und Nachbarin von Meadowlark, ob ich in ihrem Hause wohnen wolle, während sie einen Monat Ferien mache. Ich war sprachlos vor Glück. Alles, was ich zu denken vermochte, war: ›Gott, das hast Du bestimmt bewirkt. Du gibst mir Zeit zum Atemschöpfen.‹

In dieser Nacht lag ich um ein Uhr noch wach. Ich lag mit geschlossenen Augen auf der linken Seite. Da überkam mich ein Gefühl, als ob jemand meine Lider anhebt. Ich sah etwas Weißes wie einen Schleier auf mich zuschweben. Ich erfühlte darin die Nähe eines Wesens, als der Schleier mich einhüllte.

Ich versuchte gespannt, ein Gesicht zu sehen, fand aber keines, doch aus meinen Augen flossen Tränen der Ehrfurcht. Dann fühlte ich den Drang, mein Gesicht dem Raum zuzuwenden; er schien zu vibrieren, und Wärme durchdrang ihn. Ich fühlte, daß ein Gebet mich erfüllte. Heute weiß ich, daß das die vielen Gebete waren, die zahllose Menschen für mich dargebracht haben. Meine Augen schlossen sich. Ich schlief ein.

Gegen drei Uhr dreißig riß mich ein eigentümlich kreisendes Gefühl im Körper aus dem Schlaf. Panik ergriff mich. Doch dann hörte ich eine Stimme sprechen: ›Fürchte dich nicht. Ich bin immer bei dir, bis zu deinem Tode.‹ Das beruhigte mich; ich lag noch zwei Stunden wach, und mir fielen die Worte ein: ›Sei ruhig und wisse, daß ich GOTT bin.‹ Um fünf Uhr dreißig stand ich auf, duschte und machte mich für einen Spaziergang fertig. Ich wollte eine Zeitlang allein sein, um über alles, was sich ereignet hatte, nachzudenken.

Als ich nach draußen trat, erschien mir alles in einer neuen Bedeutung. Anstatt wie sonst meine Blicke über die Berge, den Himmel und die Bäume schweifen zu lassen, sah ich alles plötzlich plastisch einprägsam. Ich kam zu einem hohen Eukalyptusbaum, legte mich an seinem Fuß auf die Erde und blickte auf den heiteren Himmel mit Gottes wunderbaren Wolken. Ich erfaßte einen herabhängenden Ast, und mir war, als ergriffe ich die Hand Gottes. Mein Innerstes öffnete sich in Ehrfurcht und Dankbarkeit. Ich hatte meinen Intellekt abgeschaltet und fragte nicht mehr ›Warum?‹, denn nun wußte ich, daß Gott mich liebte, und ich nahm Christus in mich auf. Später erfuhr ich, daß diejenigen, die für mich gebetet hatten, in dieser Nacht von mir geträumt hatten. Ich entsinne mich besonders eines Briefes, den am anderen Tage in einem anderen Land eine Freundin an mich abgesandt hat, von der ich seit Jahren nichts mehr gehört hatte. Sie schrieb mir, sie habe in der vergangenen Nacht von mir geträumt.

Kurz zuvor hatte ich einfach keinen Appetit mehr gehabt. Unabsichtlich hatte ich zu fasten begonnen. Meine Nahrungsaufnahme beschränkte sich lediglich auf ein Proteingetränk. Nachts schlief ich weniger als drei Stunden, fühlte mich aber dennoch voller Energie; ich machte viele Spaziergänge und nahm voll an meinem Meadowlark-Programm teil. Ich vergaß meine körperlichen Probleme; meine Kopfschmerzen hörten zum ersten Mal seit Jahren auf. Irgendwie fühlte ich mich getragen und gestützt. Intuitiv spürte ich, daß ich auf dem Gipfel eines Berges stand, von dem ich eines Tages wieder auf die Erde zurückkommen müsse. Einmal hörte ich die Stimme von Amy, Meadowlarks spiritueller Inspiration, sagen: ›Dolly, wenn du vom Berg heruntersteigst, bring deine Gottähnlichkeit mit.‹ Diese Warnung sollte ich binnen 24 Stunden verstehen lernen.

In der nächsten Nacht hatte man mir einige Pillen gegeben, um mich zur Schlafenszeit zu entspannen. Ich hatte aber einen schrecklichen Traum, in dem ich nicht gehen konnte, und als ich um Hilfe rief, kam keine Antwort. Als ich dann aufwachte, waren meine Beine bleischwer. Ich brachte es aber fertig, mich zur Wechselsprechanlage außerhalb des Zimmers zu schleppen. Ich rief die Angestellte, die in dieser Nacht das Gegensprechgerät bei sich hatte, doch konnte ich nicht so lange stehen, bis ich Antwort bekam. Irgendwie kam ich zurück ins Bett und fühlte, daß mein Traum Wirklichkeit zu werden begann.

Die Angerufene kam aber wenige Minuten später in mein Zimmer. Sie und eine mitgebrachte Helferin flößten mir heiße Milch ein und ließen mich die ganze Nacht nicht mehr allein. Oh, wie dankbar war ich diesen selbstlosen Menschen, die verstanden, was mit mir los war. Ich begriff es noch nicht. Mit Tagesanbruch kamen Dr. Loomis und Velma. Dann erfuhr ich, daß ich in die Selbstverwirklichung hineingeboren worden war. Es ist eine traumatische Erfahrung, und ich staune immer noch darüber, obwohl ich keine Furcht mehr empfinde.

Nun widme ich mich dem Aufbau meines Körpers, den ich brauche, um dem neugeborenen Geist zu dienen. Das Problem mit meiner Familie ist noch nicht gelöst, doch ich weiß, daß mit Gottes Hilfe alles möglich ist. Ich weiß nicht, welche Pläne Er für mich hat.

Ich weiß nicht, ob ich für alle diese Pläne, gleich welcher Art, brauchbar sein werde. Ich lerne, im ›Jetzt‹ zu leben.

Und inzwischen erinnere ich mich immer wieder an die Worte von Martin Luther King: ›Endlich frei, Dank dem Allmächtigen – endlich frei!‹ Frei, um mir vorzustellen, daß Gott mich liebt und ich IHN liebe, und daß ich andere an dieser köstlichen Gewißheit teilnehmen lassen kann.«

Bevor *Walter* nach Meadowlark kam, hatte er siebzehn Jahre lang an einer Arthritis gelitten, die zur Verkürzung eines Beines, zu einer Wirbelverschmelzung am Rückgrat und zu einer Verzerrung seiner Lebensanschauung geführt hatte.

Als Ingenieur, der dazu erzogen ist, unabänderliche Situationen zu vermeiden, war er zu einem Perfektionisten geworden. Da er insgeheim den Umgang mit Menschen fürchtete, suchte er Sicherheit, indem er sich als »Mann ohne Gefühle« aufspielte.

Als er 1969 an der Perfektionierung des Gefechtskopfes eines ferngesteuerten Raketengeschosses mitarbeitete, wurde ihm klar, daß er in der Tat mithalf, mehr Menschen für weniger Geld zu töten. Das deprimierte ihn so, daß er seine Stellung aufgab. Er wurde sechs Monate lang zum Einsiedler. 1970 besuchte er eine Versammlung, die sich mit dem Gebet für spirituelle Hilfe befaßte. Bei dieser Zusammenkunft traf er mich, und ich benutzte die Gelegenheit, ihn mit den grundlegenden Gedanken der »Medizin für den ganzen Menschen« bekanntzumachen.

Nach einigem Zögern machte er sich das Programm der homöopathischen Heilweise zu eigen. Nach drei Tagen hatte er keine arthritischen Schmerzen mehr. Als Ergebnis seiner strengen Beibehaltung der Meadowlark-Diät aus natürlicher Nahrung und ohne Anregungsmittel entwickelte er neue Vitalität und Widerstandskraft, und infolge seiner isometrischen und isotonischen Übungen erstarkte sein Körper und wurde geschmeidiger.

1972 schrieb er, er sehe sich gezwungen, seinen Plan für einen Radiovortrag über die Medizin für den ganzen Menschen aufzugeben. Er meinte, man könne zwar einiges, so zum Beispiel das Tagesprogramm, die schöne Kameradschaft, die köstlichen Mahlzeiten und die Schönheit von Meadowlark dem Verständnis des Hörers teilweise erschließen, doch wäre es wohl nicht möglich, den natürlichen Frieden, den Ablauf des Tages, das Aufkeimen der Selbsterkenntnis und die einfache liebende Umsorgung, die einen wie die Luft umgibt, lebensecht und eindringlich auf Tonband zu übertragen. In seinem Brief fuhr er wie folgt fort:

»Auf dem Rasen liegend, empfinde ich die Sonne auf geschlossenen Lidern, vernehme den Gesang der Vögel, spüre den sanft säuselnden Wind und werde eins mit der warmen Erde unter mir. Dann steigt sacht in mir das wundersame Wissen auf, daß auch ich eins bin mit allen Menschen, ... daß nur ein Leben alles durchströmt, wärmend und gut, verschmelzend, bewegend ... befreiend, seiend ...«

In einem späteren Brief sagt er ergänzend:

»Das ist die heutige Situation: Schmerzen gehören der Vergangenheit an; ein Dutzend Leiden und Unpäßlichkeiten sind im Schwinden begriffen oder bereits verschwunden; atrophierte Muskeln sind wiederhergestellt; der Glaube ist stark, und die Aussichten sind voll dramatischer Spannung ... Denn es gibt etwas, was auf die Ganzheit unseres Lebens hinwirkt, wenn wir es nur geschehen lassen. Die Medizin für den ganzen Menschen ist darauf ausgerichtet, Ganzheit – körperlich, seelisch und spirituell – zu entwickeln ... Die Medizin für den ganzen Menschen verbindet plötzliche Wunderwirkungen mit langsam stetigem Fortschritt – und all das zum Besten des Menschen.«

7. Kapitel

Heilfasten

»Und das Wort des Herrn vernahm ich im zehnten Monat der Herrschaft Oliver Cromwells, als ich im Jahre 1653 inmitten meiner Schafherde einherschritt. ›Du sollst 14 Tage lang außer Wasser nichts essen oder trinken. Doch sei ohne Furcht, denn ich werde dich mit dem Tau des Himmels und der Süße meiner Liebe nähren. Mein Wort wird für dich süßer sein als Honig, und ich will dir zu wissen geben, daß ich dich frisch und stark und fähig machen kann, meine Arbeit zu tun, ohne und mit den Kreaturen!‹«

MILES HALHEAD

Eine völlig übersehene, doch äußerst wertvolle Heilungsweise, die es in Zukunft in der modernen Medizin zu entdecken gilt, ist das Fasten, denn es wächst das Interesse vieler Menschen, nach Heilungskräften im eigenen Innern zu suchen. Und Fasten ist ein innerlicher Vorgang, den man nicht nur von außen angehen kann, wenn er auf die Dauer von Nutzen sein soll. Wer fasten will, muß dauernd in die Gesamtheit des Geschehens selbst aktiv einbezogen bleiben. Das aber steht in direktem Gegensatz zu der nicht aktiven Einbezogenheit des Patienten bei der heutigen, auf die Krankheit gerichteten und vom Arzt bestimmten medizinischen Praxis.

Nur wenige Ärzte haben das Fasten als ein Verfahren betrachtet, das einer wissenschaftlichen Untersuchung wert ist. Und die wenigen, die sich damit befaßten, konzentrierten sich vor allem auf die Behandlung von Fettleibigkeit. Als beachtliche Ausnahmen seien Allen Cott sowie Robert Meyers genannt. Der letztere arbeitete während dreier Monate mit mir in Meadowlark und legte den Grund-

181

stein für mein Interesse am Fasten. Dr. Cott studierte einige Zeit in Rußland das Programm von Professor Serge Nikoliav am Moskauer Psychiatrischen Institut, wo etwa zwischen 1972 und 1977 unter Nikoliavs Leitung 6000 Patienten mit sehr großem Erfog zur Behandlung chronischer, sehr hartnäckiger Schizophrenie gefastet haben. Dabei kam es zu keinem Todesfall. Die betreffenden Patienten hatten auf die allgemein gebräuchlichen Behandlungsarten nicht angesprochen. Sie erhielten nur Wasser, fasteten 25 bis 30 Tage und hatten in dieser Zeit viel Bewegung in Form von langdauernden täglichen Spaziergängen.

Das größte Interesse hat das Heilfasten außerhalb der Vereinigten Staaten gefunden. Die Studien von Paavo Airola über die europäischen Kliniken führen viele erfolgreiche Fastenkuren für eine Vielzahl von Leiden an. Meine eigene Bekanntschaft mit der Bircher-Benner-Klinik in Zürich hat mich veranlaßt, in Meadowlark Gemüsesäfte zu geben und der wichtigen Rolle roher Gemüse und Früchte in der Therapie Rechnung zu tragen.

Das neue Gesundheitsmodell

Nuklearphysik und das neue Gesundheitsmodell lassen das menschliche Leben mit den es tragenden Energiesystemen als Teil eines gewaltigen Kontinuums erkennen. In diesem Sinne erscheint die Gesundheit als Kennzeichen der Resonanz des Individuums mit großen und universellen Energiesystemen. Krankheit aber zeigt an, daß man diese Verbindung verloren hat. Es war für mich immer interessant festzustellen, daß je kränker ein Individuum ist, er oder sie desto mehr von der Familie, von persönlichen und Geschäftsfreunden isoliert ist. Der Arzt muß sich daher in zunehmendem Maße dieser unharmonischen Energien und ihrer Quellen bewußt werden.

Dieser neuen Herausforderung haben sich verantwortungsbewußte Ärzte gestellt. Sie erlernen alternative Heilmethoden wie Akupunktur, Homöopathie, Polaritätstherapie, Yoga und Psychosynthese.

Diese Methoden, denen ich nun als eine der wichtigsten in der Liste noch das Fasten beifüge, erfordern die Schaffung des Kontaktes mit dem Patienten; und der Arzt der Zukunft muß demgemäß seine neue Rolle als ein in diese interpersonale Beziehung Einbezogener sehen. Er muß sich bis zur Grenze seiner Fähigkeiten in die Probleme seines Patienten vertiefen, indem er der Schilderung des Patienten zuhört und zu erfassen lernt, was sich vielleicht hinter dessen Worten verbirgt und was der Patient selbst noch nicht mitteilen kann. Nur durch eine derartige Einfühlung (Empathie) kann man über die normale objektive Betrachtung der Folgeerscheinungen des Krankheitsprozesses hinauskommen und beginnen, bis zu den Wurzeln vorzudringen, von denen oft viele tief im Unterbewußtsein des Patienten eingebettet sind. Durch waches Erkennen kann der einfühlende Arzt aber schon aus dem Ton der Sprache, dem Blick der Augen, aus den Gesten der Hände und aus Tränen, die offensichtlich zurückgehalten werden, wichtige Spuren und Hinweise erhalten. Wie oft sagt nicht ein Patient in einem solchen Augenblick der Einstimmung: »Ich habe Ihnen da was erzählt, was ich noch nie einem anderen, nicht einmal meiner Frau gesagt habe.«

Um seinem Patienten wieder zum Einklang mit dem universalen System zu verhelfen, kann es für den Arzt der neuen Medizin nötig werden, auch Gebiete zu beachten, die heute oft genug unberücksichtigt bleiben, er sollte z. B. das Umfeld des Patienten erforschen. Der Verlust der körperlichen Empfindungsharmonie des Patienten kann auf so äußerlichen Ursachen wie Umweltverschmutzungen beruhen. Dabei kann es sich um Chemikalien in der Luft handeln, den Abfall von Atomexplosionsversuchen, um Überschreitung der Minimalzeiten diagnostischer Röntgenbestrahlungen oder anderer medizinischer Bestrahlungsarten, um vielstündiges Sitzen vor dem Fernseher, vor Mikrowellenöfen oder im Licht von Leuchtstofflampen. Er kann aber auch auf das Trinken gechlorten Wassers, auf die Einnahme ärztlich verschriebener sowie psychedelischer Drogen beruhen; ferner kann es durch Zusätze in synthetischen Speisen verursacht sein sowie nicht selten sogar durch Kunststoffe in der Kleidung.

Bei der Behandlung von Problemen, die auf solchen Ursachen

beruhen, kann Fasten sehr wirkungsvoll sein, bringt es doch für den Körper eine wesentliche Erleichterung, weil er nicht mehr mit diesen widerstreitenden Energiequellen fertig werden muß, und das Gemüt wird vom starken Einfluß all des Negativen befreit, das uns Tag für Tag umgibt. Der Patient, der so befreit ist, kann seine vitalen Energien weit konstruktiver einsetzen als zuvor, um seine Ausgeglichenheit wiederherzustellen.

Der Mensch braucht alle Energie, die er ohne Gesundheitsschädigung abzuzweigen vermag, denn viel Energie ist schon nötig, um die aufgenommene Nahrung in ihre Ernährungselemente aufzuschließen, die Kohlehydrate und Proteine für die Speicherung in der Leber in Glykogen umzuwandeln und die zur Heilung und zur optimalen körperlichen und geistigen Arbeit erforderliche Energie verfügbar zu machen.

All dies sollte im Erkenntnisbereich der neuen Medizin Berücksichtigung finden, sowohl für den Arzt, der die neue Herausforderung annimmt, als auch für den, der lernt, seine eigenen Heilungskräfte in seinem Inneren zu erkennen.

Wir sprechen heute vom Fasten als von einem Teil der neuen Medizin. Es ist ein wiederentdeckter Teil, denn als wesentlicher Teil des Lebens ist Fasten so alt wie das Leben selbst; und längs dem ganzen Weg der Evolution erkennt man seine Heilkraft. In der Welt der Insekten folgt auf die gefräßige Raupe der fastende Schmetterling. Dann sind da noch die Winterschlaf haltenden Reptilien und der Bär, die jedes Jahr lange Fastenzeiten verbringen. Wenn man selbst das nur betrachtet, erkennt man, daß Fasten und Verhungern nicht dasselbe ist. Viele Tiere sind klug genug, um bei Krankheiten nichts zu fressen, aber nur wenige Menschen haben sich die gesunde Einsicht erhalten, die instinktiv zur rechten Zeit zu essen oder zu fasten gebietet. William Wordworth sagt dies so treffend:

»Ach, gar zuviel gilt uns die Welt; wir leben,
Erwerbend und verschwendend, ohne Wert:
Seh'n wenig in der Flur, was uns gehört...«

Ja, wir haben die Verbindung verloren, und Fasten ist ein ideales Mittel, den überaus wichtigen Kontakt wieder zu erneuern. Erlauben Sie mir anzuführen, was ein Fastender in Meadowlark über die Wiederaufnahme dieses Kontaktes sagte:

»Ich bin am Morgen aufgewacht, voll stiller Erwartung, die durch ein Erlebnis vertieft wurde, als ich über meinem einfachen Obstfrühstück auf der Wiese saß. Eine Honigbiene ließ sich auf meinem Knie nieder und fing an, ihren kleinen Körper zu putzen. Ich war erfreut und gerührt über ihr Vertrauen zu mir, und ich erwiderte es von Herzen. Ich war beeindruckt von der liebevollen Zuwendung und der sorgfältigen Beachtung, die sie auf jedes Teil des Körperchens verwandte. Ich beobachtete interessiert und mit Freude die Körperbewußtheit dieses kleinen Insektes. (Das geht auf ein Übungsprogramm dieses Namens in Meadowlark zurück.)«

Zu allen geschichtlichen Zeiten hat man sich in allen Kulturen zeitweilig des Fastens bedient, um die Menschen wieder in Kontakt zu bringen mit der Quelle des Seins. Bedauerlicherweise aber hat sich die westliche Religion, bei der nur gelegentlich gefastet wird, vom wirklichen Leben entfernt und muß noch einmal in des Lebens innersten Erfahrungskreis eingewoben werden, wie es der Schamane in Afrika und der Medizinmann der Indianer noch immer lehren.

Betrachten wir kurz einige historische Aspekte zum Thema Fasten:

Jesus: »Diese Art (wahrscheinlich in bezug auf eine Heilung von Epilepsie) kann man nur durch Beten und Fasten austreiben.« (Markus 9,29)
Vor der Zeit seiner Versuchung fastete Jesus 40 Tage lang in der Wüste.

Pythagoras: »Er befahl seinen Schülern, sich von allem zu enthalten, was Leben hatte, und von bestimmten anderen Fleischarten, die die Auffassungsgabe hätten behindern können; sodann befahl er, keinen Wein zu trinken, wenig zu essen und wenig zu schlafen.«

Moses:	»In einer Zeit der Dürre fastete er 40 Tage auf dem Berg Horeb.«
Die äthiopische orthodoxe Kirche:	Nach ihrer Lehre wird der Magen als Sitz der Emotionen betrachtet; er wirkt sich demgemäß sehr auf die Persönlichkeit aus. Man vermutet, daß kräftige Nahrung, wie Fleisch, die Emotionen verstärkt und Einfluß auf gewaltsames Verhalten haben kann.
Gandhi:	In seiner Autobiographie beschreibt er, daß Fasten und diätetische Einschränkungen großen Einfluß auf seine Lebensarbeit gehabt haben. Er hatte beobachtet, daß sich Leidenschaften und die Sucht nach Gaumenfreuden so am besten im Zaume halten lassen. Auch sagte er an anderer Stelle, daß wenn die Sinne den Grundsätzen des Geistes untergeordnet werden, die Genußsucht verschwindet und der Mensch seiner Bestimmung gemäß funktionieren kann.

Diese Beispiele sollten den Gedanken stärken, daß zuzeiten, wenn das Leben neuer Nahrung bedarf, das Fasten mit seiner körperlichen Reinigung, seiner geistigen Klärung und seinen spirituellen Gipfelerfahrungen neue Ausblicke auf den richtigen Lebensweg zu bieten vermag.

Art und Länge des Fastens

Das echte Fasten ist zweifelsohne das Wasserfasten, doch lehrt die Erfahrung, daß das keinesfalls für alle, die gerne fasten möchten, wünschenswert ist. Es gibt viele Varianten, einige brauchbare, andere fragwürdige und sogar möglicherweise schädliche. Die Enthaltung von fester Nahrung und von Wasser kann wegen der schweren Gefahren, die dabei auftreten können, beim Fasten nicht in Betracht gezogen werden. Wie schon erwähnt, wird in der medizinischen Literatur als Anlaß zum Fasten überwiegend oder nahezu ausschließlich seine Wirkung zur Bekämpfung der Fettleibigkeit genannt. Hierbei spielt Fasten eine wichtige Rolle, besonders bei täglicher Gruppentherapie unter erfahrener Leitung. Bei Anwendung auf ambulanter Basis neigen wir aber dazu, das Fasten auf solche übergewichtigen Patienten zu beschränken, die früher bereits einmal gefastet haben und ärztlich durchuntersucht sind. Selbst unter diesen Voraussetzungen sollte der Patient auch noch über Telefonkontakt zu seinem überwachenden Arzt verfügen und sich von diesem einmal wöchentlich untersuchen lassen.

Fasten mit Wasser können auch andere Patienten, die keine Gewichtsprobleme haben, falls sie über eine ausreichende Fettreserve verfügen, d. h., wenn Haut und subkutane Gewebe am Oberarm beim Messen mit dem Greif- oder Tastzirkel bei Frauen mindestens 20 mm und bei Männern nicht weniger als 15 mm betragen. Bei niedrigeren Werten kann Fasten mit Fruchtsaft oder Rohkost erwogen werden. In allen vorgenannten Fällen sollte der Fastenprozeß von einem Arzt überwacht werden, der auf diesem Gebiet Erfahrung hat. Einige der Probleme, die sich ganz allgemein mit Fasten gut behandeln lassen, sind Bluthochdruck, Arthritis, Allergien und Kopfschmerzen. Auch kann Fasten nach Drogenmißbrauch oder übermäßigem Tabakgenuß eine Entgiftung des Körpers bewirken. Nach unserer Erfahrung ist Fasten ferner eine sehr wertvolle Methode, um mit den Problemen unerwünschter Nebenwirkungen langfristiger Kortisonbehandlung fertig zu werden. In diesem Falle aber muß die Prozedur sehr langsam erfolgen, Milligramm nach Milligramm, über eine längere Zeit, und gewöhnlich läßt sich der Erfolg im ersten Durchgang noch nicht völlig erreichen.

In der medizinischen Literatur wird angeführt, daß Fasten bei Fettleibigkeit oft über 60 Tage und zuweilen noch wesentlich länger durchgehalten wurde. In Meadowlark werden meistens Fastendauern von zwei bis drei Wochen verschrieben. Die längste Fastenzeit betrug 34 Tage. In diesem Falle litt die Patientin an einer schweren gelenkversteifenden Arthritis des Rückgrats, so daß keine Halsbewegung mehr möglich war und die Patientin ihren Körper drehen mußte, um zur Seite sehen zu können. Daneben bestand eine mäßige Korpulenz. Sie entdeckte während der Gruppentherapie der Fastenden, daß die

Steifheit ihres Körpers eine bemerkenswerte Parallele zu ihrem starren, unbeugsamen religiösen System zeigte, in das sie sich verstrickt fühlte. Gegen Ende ihrer Fastenzeit, als sie sich mehr und mehr gestattete, ihren bisher zurückgehaltenen Gefühlen Ausdruck zu verleihen, stellte sie eine beginnende Bewegung im oberen Teil der Wirbelsäule fest.

Das Teilfasten oder das Fasten mit Säften läßt sich für alle oben geschilderten Bedingungen anwenden und ist für viele weniger bedrohlich. Natürlich braucht kaum gesagt zu werden, daß zur Erzielung guter Resultate die Fastendauer länger sein kann. Demgegenüber ist aber die emotionale Einstellung des Patienten besser, besonders wenn ein Mangel an Selbstvertrauen mit den damit oft verbundenen Gefühlen von Selbstkasteiung besteht. Ich ziehe es vor, den Patienten die Art und Länge des Fastens selbst wählen zu lassen. Für manche Menschen ist nämlich selbst ein Fasten mit Säften zu hart, und in solchen Fällen bietet sich durchaus die Möglichkeit des Teilfastens an, das sich auf rohe frische Gemüse oder Früchte beschränkt, wie das in der Bircher-Benner-Klinik der Fall ist.

Fasten, wann und für wen?

In der Vergangenheit spiegelten sich der Fortschritt des Lebens und des Menschen Wissen um seine Verwandtschaft mit dem Universum im Einhalten des Fastens. Der Mensch war sich der Tatsache wohl bewußt, daß er ein Teil des Ganzen war, das weit über die Grenzen seiner Körperlichkeit hinausgeht. Intuitiv wußte er, daß er krank werden würde, wenn er die eigenen Körperrhythmen außer acht ließe und mit den Gezeiten der Welt um ihn außer Tritt kam. Es ist interessant, daß wir seit kurzem dabei sind, die Wichtigkeit dieser Rhythmen und ihrer Auswirkungen im täglichen Leben wieder zu entdecken.

In Übereinstimmung mit diesem Prinzip fielen früher die Fastenzeiten mit den Jahreszeiten und den inneren Rhythmen des Sonnensystems zusammen. Denken wir nur an die um den österlichen Vollmond erfolgende Fastenzeit der christlichen Tradition und das entsprechende, ebenfalls mit dem Vollmond des hebräischen Monats Nasar zusammenfallende Passahfasten. Einige Kulturen haben ihre Pflanz- und Erntezeiten nach ähnlichen Zeitplänen festgelegt. Moses und Jesus wußten um die richtige Jahreszeit für das Fasten, und beide wählten vierzigtägige Fastenzeiten.

Im Islam wird das Fasten viel strenger befolgt als in der jüdisch-christlichen Kultur. Ahmed Sakr berichtet, daß die gläubigen Moslems in aller Welt gehalten sind, während des ganzen Monats Ramadan, dem neunten Monat ihres Kalenders, zu fasten. Er sagt:

»Fasten wird als Übungsperiode zur Beherrschung persönlicher Bedürfnisse und Wünsche, zur Zügelung der Genußsucht sowie als eine Zeit der Vertiefung des spirituellen Lebens betrachtet. Eingeleitet wird das Fasten durch Gebet und Lesen in den heiligen Büchern.«

Überdies ist nicht nur die Jahreszeit, sondern auch die genaue Tageszeit von Bedeutung. Wenn sich der menschliche Körper einem Gleichgewichtszustand nähert, dann nimmt er diese universalen Rhythmen wieder auf. Dies erhellt im Falle der Menstruation und läßt sich auch bei vielen Blutbestimmungen, wie zum Beispiel der Hypophysenuhr mit maximalen Ausschüttungen von ACTH zwischen 4 und 8 Uhr morgens erkennen. Es geht sogar noch weiter; durch Beobachtung erkennt man die Beziehung des innersekretorischen Systems des Menschen mit diesem alles durchdringenden Zeitmesser. Die innersekretorische Uhr zusammen mit dem Beginn der Pubertät bestimmte bei den amerikanischen Indianern eine Fastenzeit. Ich möchte annehmen, daß wir eines Tages den Einfluß dieser natürlichen Rhythmen, mit ihrer Auswirkung auf die Gesundheit sowie ihren Beziehungen zu natürlichen Zeiten des Fastens wiederentdecken.

Derjenige, der um seine innere Welt, ihre Entdeckung und Reinigung weiß, zieht gewöhnlich den größten Nutzen aus dem Fasten und der begleitenden Therapie. Von dieser Einsicht ließen sich Moses, Jesus und Gandhi bei der Durchführung ihres Fastens leiten.

Während des letzten Jahrzehnts, nahe am Eintritt ins sogenannte Wassermann-Zeitalter, finden sich viele Anzeichen für einen neuen Hunger nach einer neuen Nahrung, die imstande ist, das spirituelle Vakuum auszufüllen, das in der materialistischen Welt so weit verbreitet ist. Das Herz ist krank! Durch alle Ewigkeit hat dieses im Zentrum des Menschen liegende Organ die allmächtige Rolle der Liebe symbolisiert. Ist dies vielleicht der Grund für die wachsende Zahl von Todesfällen wegen Herzversagens? Trotz der zunehmenden Vorsorge und den hochtechnisierten Intensivstationen in Krankenhäusern, trotz By-pass-Chirurgie und speziell ausgebildeten Wiederbelebungsteams haben die langfristigen Resultate nur wenig zur Verlängerung der Lebensspanne des Menschen beizutragen vermocht. Und daher sind es auch nicht nur äußere Aspekte der Gesundheit, die die Leute veranlassen, nach Meadowlark zu kommen, um dort das Fasten als Hilfe für eine neue Sinngebung in ihrem Leben zu finden. Dieser Wunsch zu fasten kommt von innen als ein Gefühl der Führung.

Es gibt aber auch einen Personenkreis, der vermeiden sollte zu fasten. Die medizinische Literatur ist keineswegs klar in der Beurteilung der möglichen Kontraindikationen zum Fasten. Ich möchte sie nachstehend nach meiner eigenen Erfahrung zusammenstellen:

1. Der hypochondrische Patient mit tiefgreifenden emotionalen Bedürfnissen
2. Schwangere Frauen und größtenteils Kinder
3. Patienten mit schwerem Bronchialasthma
4. Diabetiker
5. Epileptiker
6. Unterernährte
7. Patienten mit geschwüriger Dickdarmentzündung
8. Personen mit unheilbaren Krankheiten

Die Kontraindikationen habe ich absichtlich als relativ bezeichnet; denn bei allen diesen Zuständen gibt es auch Fälle, in denen man das Fasten in Erwägung ziehen kann.

Ein hypochondrischer, hysterischer Patient ist ein schlechter Fastenkandidat. Oft haben solche Menschen nie ein wirklich eigenes Leben gelebt, sondern neigten dazu, auf Geheiß und Weisung anderer zu leben. So haben sie sich nie ganz ausgefüllt gefühlt. Würde man von solchen Menschen verlangen, eine Zeitlang ihre Ernährung zu opfern, so könnte sich dies auf ihre innere Entwicklung und ihr Wachstum geradezu verheerend auswirken.

Während einer Schwangerschaft kann ich mir eine Fastenkur mit Säften, die täglich unter einem geschulten Diätetiker (also nicht vom normalen Krankenhausdiätisten) frisch bereitet werden, als eine Behandlungsmöglichkeit gegen Toxämie und Fettleibigkeit vorstellen. Der Gesundheitszustand solcher Patienten müßte allerdings täglich von einem Arzt überwacht werden. In ähnlicher Weise kann auch bei einem Kind ein Teilfasten zweckvoll sein.

In körperlicher Hinsicht kann jugendlicher Diabetes sowie Diabetes bei Erwachsenen, wenn zuweilen Bewußtlosigkeit, schwere Übersäuerung, schweres Asthma mit mehrfachem Krankenhausaufenthalt sowie epileptische Anfälle vorgekommen sind, dann als Kontraindikation betrachtet werden, sofern das Fasten nicht in einem geeigneten Krankenhaus erfolgen kann.

Geschwürige Dickdarmentzündung kann behandelt werden, stellt aber eine Reihe von Problemen und erfordert viel emotionale Unterstützung für einen erfolgreichen Ablauf.

Bei unheilbaren Erkrankungen ist Fasten, das zum Verhungern führen könnte, kein geeignetes Therapieverfahren. Dennoch aber glaube ich, daß auch hier Ausnahmen möglich sind, wenn der Patient ein starkes Gespür einer inneren Führung in dieser Hinsicht spürt. In einem solchen Falle sollten aber die Verwandten über die damit einhergehenden Risiken unterrichtet werden, und der Arzt sollte sich des eventuellen Risikos eines Tadels durch seine medizinischen Kollegen bewußt sein.

Die Zeit des Fastens sollte eine Zeit besonderer Sinngebung sein. Viele unserer Gäste haben uns gesagt, das Fasten sei damals das bedeutungsvollste Erlebnis ihres ganzen Lebens gewesen. In dieser Zeit erfolgt nach Niederreißen des alten die Grundlegung eines neuen Körpertempels. Es gibt kaum bessere Gedanken, den Geist zu Beginn des Fastens einzustimmen, als mit den Worten des bekannten Arztes und Dichters Oliver Wendell Holmes:

»Bau Dir, meine Seele, würdigere Stätten
Im schnellen Wechsel deiner Lebensspannen!
Verlaß das niedrige Gewölbe der Vergangenheit!
Bau jeden deiner Tempel edler als zuvor
mit höhrer Kuppel dich vom Himmel schirmend,
bis endlich du befreit die eng gewordene Hülle
dem eiligen Wellenschlag des Lebens du überläßt.«

In jedes Menschen Leben sollte eine Spanne Zeit der Neuorientierung und Selbsterkenntnis gewidmet sein. Sagt uns doch die schlichte Vernunft, daß heute – in einer Zeit, da die innere und äußere Umwelt bis zum Überfluß mit synthetischen Imitationen des Stoffes angefüllt sind, den zu schaffen die Evolution ein paar Millionen Jahre brauchte – Körper und Geist dringend gewissen Zeiten großer innerer Reinigung bedürfen.

Der Zustand des Geistes und seiner Betätigung kann für den Fastenden sehr bedeutsam sein. Für manchen kann Fasten zu einer Zeit der Selbstfindung, zu einer Zeit werden, in der er aufhört, eine Rolle zu spielen, und beginnt, das Leben seiner wahren Persönlichkeit zu führen. So kann Fasten eine Zeit der Abkehr vom Ego und der Entdeckung des Transpersonalen Selbst sein. Roberto Assagioli nannte das, das *Leben* zu beginnen, anstatt nur zu existieren. Da solche Krisen der persönlichen Entwicklung oft während des Fastens auftreten, ist es wichtig, daß die Person, die den Fastenprozeß leitet, sie in ihrer vollen Bedeutung kennt. Assagioli beschreibt die Entfaltungsstufen des Wahren Selbst:

1) Krisen, die der spirituellen Erweckung vorausgehen
2) Krisen, die durch das spirituelle Erwachen hervorgerufen werden
3) Reaktionen auf das spirituelle Erwachen
4) Phasen des Transformationsprozesses.

Werden diese Zeichen längs des Lebensweges nicht erkannt, so kann dem betreffenden Menschen großes Ungemach widerfahren. Beim Prozeß der Entfaltung können sich mitternächtliche Notsituationen einstellen, weil das sterbende Ego sich durch einen Traum oder durch Schrecknisse der sogenannten dunklen Nacht der Seele manifestiert. Dann sollte eine verständnisvolle, für das Fastengeschehen gründlich ausgebildete Pflegerin zugegen sein sowie ein speziell geschulter Psychologe oder Arzt, der sich im Bereich der transpersonalen Erfahrung auskennt.

Wenn ein dauerhafter Wert angestrebt wird und es nicht nur darauf ankommt, ein paar Pfund Körpergewicht zu verlieren, sollte sich aus obigen Gründen der spezielle Fastenvorgang nicht in der gewohnten Umgebung des eigenen Heimes oder Geschäftes abspielen. Die richtige Umgebung sollte eine Stätte natürlicher Schönheit sein, fern von Zeitschriften, Radio und Fernseher, sowie ohne Fernsprecher und Besucher (einschließlich direkter Familienmitglieder). Wenn irgendwie möglich, sollte der Ort des Fastens vom Faster selbst gewählt werden, und nicht ohne Erfahrung von einem Arzt, einem Freund oder Familienmitglied bestimmt werden. Da das Fasten zu einer Zeit echter Bereicherung des inneren Lebens werden kann, kann die Vorbereitung durchaus einige Vorstudien in Büchern erfordern, die sich mit den zu erwartenden Ereignissen befassen. Besonders wichtig können Biographien von Menschen sein, die Quellen der Inspiration erschlossen oder religiöse Schriften verfaßt haben, welche für die Gestaltung sinnerfüllten Lebens wichtig und anerkannt sind.

Der Fastenprozeß

Eine sorgfältige Anamnese und eine körperliche Untersuchung sind vor dem Fasten bei jedem erforderlich, der nicht über eine optimale Gesundheit verfügt, und selbst in diesem Falle empfiehlt sich ein Praxisbesuch beim behandelnden Arzt, um festzustellen, ob das Fasten zweckvoll und erwünscht ist. Das gilt besonders dann, wenn länger als zwei bis drei Tage gefastet werden soll. Bei der Vorbereitung sollten Blutuntersuchungen auf Harnsäure, Blutzucker, Kreatinin, Cholesterin und Gesamtprotein sowie eine Leberfunktionsprüfung erfolgen. Zu überlegen ist, ob auch ein Elektrokardiogramm am Platze ist.

Um den Fastenprozeß besser zu erklären, unterteilen wir ihn in vier Stufen:

Stufe 1: eine Zeit allgemeiner Reizung des vegetativen Nervensystems, dauert einen bis drei Tage

Stufe 2: eine Zeit der Hemmung, die vom zweiten oder dritten Tage bis zum Ende der ersten Woche und manchmal noch bis in die zweite Woche hinein andauert

Stufe 3: eine Zeit allmählicher Besserung, über die die meisten Faster bei ihrem ersten Fastenprozeß nicht hinauskommen

Stufe 4: ist die vollkommene Wiederherstellung

Bemerkenswert ist die enge Parallele zwischen diesen Fastenstufen und den Stufen des Heilungsprozesses bei Verabreichung homöopathischer Medizinen. Es kann in der Tat sehr günstig sein, diese beiden therapeutischen Modalitäten zusammen anzuwenden.

Vom physiologischen Standpunkt aus offenbart sich während *Stufe 1* die allgemeine Reizung durch eine im Elektroenzephalogramm beobachtbare Verstärkung der elektrischen Aktivität, während das Blutbild durch erhöhten Ausstoß weißer Blutkörperchen in den allgemeinen Kreislauf eine Mobilisierung der Heilungskräfte anzeigt, *Stufe 2* wird durch den verstärkten Nachweis von Azidose, das Vorhandensein von Hypoglykämie und eine psychomotorische Depression angekündigt. Im allgemeinen zeigt sich Appetitverlust, und die Zunge ist wahrscheinlich belegt. Nach und nach hört die Reizung auf und wird durch Inhibition verdrängt.

Während der ersten paar Tage, gewöhnlich während der ganzen *Stufe 1* und des Anfangs von *Stufe 2*, ist der Patient ziemlich beschäftigt mit der Reinigung des Magen-Darm-Traktes. Das schließt auch die Leber ein, die nun von der Verantwortung befreit ist, mit der gewohnten täglichen Belastung durch imitierte Nahrungsmittel fertig zu werden, die so viel mit chronischen degenerativen Krankheiten zu tun haben. Gleichzeitig setzt die Reinigung viele der körpereigenen Energien frei, die vorher dessen Stoffwechsellast zu bewältigen hatten, nun aber dem Körper eine Chance zur Wiederherstellung seiner natürlichen Gesundheit verschaffen und einen Homöostasezustand herbeiführen können. Während dieser Periode zeigt sich der Reinigungsprozeß deutlich erkennbar an durch klare Anzeichen von Toxizität, das Wiederauftreten früherer Symptome, eine beachtliche Dämpfung der geistigen Prozesse sowie nicht selten durch überwältigende Müdigkeit und die Notwendigkeit, sich auszuruhen.

Stufe 3 bringt dann eine Normalisierung und ein Gefühl des Wohlbefindens, das gewöhnlich weit über den Zustand vor dem Fasten hinausgeht.

Der Gewichtsverlust während der ersten Fasttage kann dramatisch sein, besonders bei Frauen, die ein Problem mit der Wasserretention haben. Manchmal kann der Gewichtsverlust an einem einzigen Tage zwei bis drei Kilo betragen, und Verluste von fünf bis zehn Kilo in einer Woche sind nicht ungewöhnlich. Gegen Ende der ersten Woche spielt sich das ein auf einen Durchschnittswert von einem halben Kilo pro Tag; dabei gibt es auch Tage ohne Gewichtsverlust und vielleicht sogar Tage mit Gewichtszunahme. Dies ist aber keineswegs alarmierend. Die Zurückhaltung von Flüssigkeit im Körper kann vielerlei Gründe haben, so zum Beispiel überreichliche Salzaufnahme in der Diät, die Antibabypille, Tabakgenuß, überhöhte Verwendung verfeinerter Kohlehydrate in der Diät sowie manchmal bestimmte Lebensmittel. Wenn Lebensmittel verdächtig erscheinen, können sie nach dem Fasten ermittelt werden. Pyridoxin (Vitamin B_6) und Vitamin C können auch bei der Behebung dieses Problems helfen.

(Sehr häufig steigt in dieser Zeit ein ungelöstes emotionales Problem an die Oberfläche und zwingt zur Freigabe längst getrockneter

Tränen. Wir haben diese Wechselbeziehung oft beobachtet. Vielfach stellten wir nach einer Beratungssitzung, bei der eine Flut von Tränen geflossen war, eine beträchtliche Harnausscheidung fest.)

Wie allgemein bekannt, spielen der hypothalamische Teil des Gehirns und der eng verwandte Hypophysenhinterlappen eine wichtige Rolle in der Wasserbilanz. Bei verschiedenen Patienten, bei denen sich weiterhin ein solcher Mangel erwies, war die therapeutische Anwendung des Hormons der hinteren Hypophyse in minimaler Dosierung ein echter Erfolg. Bei diesen Personen kommt es nach dem Fasten zu einer schnellen Gewichtszunahme, wenn sie schon früh verfeinerte Kohlehydrate zu sich nehmen und wenn sie Salzquellen nicht angemessen vermeiden. In enger Parallele zu den Flüssigkeitsverlusten im Frühstadium des Fastens entstehen symptomauslösende Verluste an Kalium und gelegentlich an Natrium. Der letztgenannte Verlust hat seine Spitze etwa am vierten Tag, während der erstgenannte sich während der ersten paar Tage zeigt und zwischen dem zehnten und vierzehnten Tag allmählich nachläßt. Die verbreitetsten Symptome, die von diesen Verlusten ausgelöst werden, sind u. a. Körperschwäche, Minderung der Spannung in der Körperhaltung, Diarrhöe, Übelkeit, Erbrechen und Beinkrämpfe. All dies aber bessert sich wesentlich bei Kaliumzugabe.

Es ist gut, daran zu denken, daß sich in den ersten Fastentagen ein saurer Körperzustand ausprägt, bei dem Azeton in beträchtlicher Menge im Urin ausgeschieden wird, was sich sehr leicht mit Reagenzpapier überwachen läßt, das man in der Apotheke erhält, und das auch zur Diabeteskontrolle benutzt wird.

Bei fortschreitendem Fasten ist ein zuverlässiger Indikator für die Rückkehr des Körpers zur Homöostase die Prüfung des Speichels mit pH-Testpapier. Diese Prüfung ist wegen der körperlichen Tagesrhythmen morgens und abends vorzunehmen. Als ideal wären pH-Werte zwischen 6,4 und 6,8 anzusehen.

Der sich während des Fastens einstellende Zerfall toxischer Gewebeprodukte zeigt sich häufig in Blutchemiewerten, die im Verlauf des Fastenprozesses nachgeprüft werden können. Zu erwarten ist ein früher Anstieg an Harnsäure wegen des Zerfalls von Nukleoproteinen des Gewebes. In seltenen Fällen kommt es in diesem Zusammenhang zu einem Anfall von Gicht. Doch ist dies, nach unserer Auffassung, keine Entschuldigung für die Einnahme von Gichtmitteln während des Fastens. Sollte sich Gicht zeigen, so könnte sie viel sicherer mit homöopathischen Mitteln oder Kräutern angegangen werden.

Die während des Fastens aufgetretenen Todesfälle, über die in der Literatur berichtet wird, gehen meist auf die Einnahme von Drogen, auf Untersuchungen, bei denen Chemikalien intravenös verabreicht wurden, oder auf den Genuß von Alkohol oder Tabak zurück. Patienten, die von Drogen, Alkohol, Tabak unabhängig werden möchten, sollten nur unter strenger ärztlicher Überwachung fasten. Im Verlauf des Fastenprozesses kommt es häufig zu einer Vermehrung der mit der Leberfunktion verbundenen Enzyme, was die größere Beteiligung dieses Organs an der Entgiftung erkennen läßt. Das normalisiert sich allmählich, wenn das Fasten in die Stufen 2 und 3 weitergeführt wird. Vielfach zeigt sich eine erhöhte Belastung der Nieren, doch auch in solchen Fällen tritt allmählich Besserung ein, wie die Harnstoffwerte im Blut erkennen lassen. Häufiger tritt dies als Späterscheinung nach Beendigung des Fastens auf, wenn der Patient auf eine neue Diät gesetzt ist und sich des Gebrauchs von Drogen und Lebensmitteln mit Zusätzen enthält. Auch werden erhöhte Cholesterin- und Triglycerid-Gehalte auf Normalwerte zurückgehen. Diese späteren Befunde lassen sich noch verbessern, wenn man nebenher ein gutes Programm aerobischer Übungen durchhält.

Fasten in Meadowlark

Betrachten wir nun einmal das im Rehabilitationszentrum von Meadowlark durchgeführte Programm der Fastengruppen. In einer solchen Fastengruppe gibt es im Durchschnitt vielleicht einen Arthritiker, der die Menge seiner Medikamente verringern möchte; zwei Personen mit Korpulenzproblemen, die bisher nicht imstande

197

waren, ihr Gewicht niedrig zu halten; einen anderen Gast mit Migränekopfweh; einen mit Lupus erythematodes (Erkrankung des Gefäßbindegewebe-Systems), der vom Kortison abkommen will, sowie andere Gäste, denen es auf die spirituellen Wohltaten eines Fastenerlebnisses ankommt. Beim ersten Treffen werden die Gäste gebeten, individuell ihre Fastenwünsche zu begründen; ferner weist man sie auf die Wichtigkeit der persönlichen Disziplin sowie auf die Notwendigkeit hin, sich uneingeschränkt, mit der ganzen Person, dem Fastenprozeß zu widmen. Auch werden sie darüber belehrt, daß die Disziplin strikt zu befolgen ist.

Jeder Faster wird sodann von seiner Pflegerin über die Messungen unterrichtet, die täglich gemacht und registriert werden müssen; die meisten davon nimmt der Faster selbst vor und verzeichnet das Ergebnis auf besonderen Formblättern. Diese Aufzeichnungen enthalten Angaben über die Morgentemperatur, zwei Pulswerte pro Tag zum Nachweis ökologischer, mit der Krankheit verknüpfter Faktoren, den Blutdruck, die Wasseraufnahme und Urinabgabe während der Stufen 1 und 2 zur Feststellung von Wassereinlagerungen, die Urinprüfung auf Ketone und den Vitamin-C-Spiegel, und zweimal täglich die pH-Werte des Speichels.

Während der ganzen Fastenzeit wird routinemäßig ein Vitamin-C-Zusatz zur Unterstützung des Entgiftungsprogramms verabreicht. Wird länger als eine Woche mit Wasser gefastet, so wird das Programm durch einen allgemeinen Vitaminzusatz ergänzt. Scheint die Harnausscheidung unvollständig zu sein, so schlägt man häufig Pflanzentees vor, so zum Beispiel Goldrute, Kamille, Wasserkresse, Petersilie oder Hagebutte.

In bezug auf die Körperbewegung gehen die Auffassungen weit auseinander. Die einen fordern Bettruhe, andere legen großen Wert darauf, daß täglich lange gewandert, geradelt oder geschwommen wird. Nach meiner Auffassung sollte man den Mittelweg einhalten und dem einen oder anderen Fastenden individuelle Abweichungen einräumen. Bei solchen Menschen mit viel Giftstoffen, aber ohne Übergewichtsprobleme ist anfangs viel Ruhe für ihre Konstitution am besten; später folgt dann ein Programm mit allmählich im Rahmen des

Erträglichen sich steigernder Körperbewegung. Im allgemeinen ist es wahrscheinlich klüger, auf Joggen und andere Arten anstrengender Körperbetätigung, vor allem aber auf wettkampfartige Übungen zu verzichten, wenn auch Fastende häufig beim Eintritt in Stufe 2 über ihre physische Kraft und die Leichtigkeit überrascht sind, mit der sie langandauernde Übungen durchzustehen vermögen. Über die Anwendung oder Vermeidung von Klistieren gehen die Auffassungen weit auseinander. Auch hier haben wir uns für einen Mittelweg entschieden. Wir beginnen das Fasten mit einer anfänglichen Darmreinigung mit Glaubersalz; in den drei nächsten Tagen folgen, falls keine Diarrhöe auftritt oder der Stuhl hell wird, selbstgesetzte Klistiere. Weitere Klistiere werden nicht regelmäßig gesetzt, sofern Beschwerden durch Fäkalienansammlung nicht zu befürchten sind.

Die Hygiene ist während des Fastens besonders wichtig, denn durch die erfolgreiche Entgiftung – auch durch die Poren – kann es zu starkem Körpergeruch kommen. Es empfiehlt sich, jeden Morgen zu duschen. Die Wassertemperatur sollte dabei nicht zu heiß sein, denn zu langes Verweilen in heißem Wasser kann entkräftigend wirken. Eine gute Bürstenmassage nach dem Duschen ist zu empfehlen. Kosmetika oder Deodorant sollten während des Fastens nicht benutzt werden, denn sie neigen dazu, die Unreinheiten, die es auszuscheiden gilt, wieder in den Körper zurückzutreiben. Eine belegte Zunge kann abgebürstet und so gereinigt werden; dadurch läßt sich auch häufig schlechter Geschmack im Mund beseitigen.

Beim Wasserfasten ist Quellwasser aus einer als gut bekannten Quelle zu bevorzugen; ist das nicht möglich, gilt als zweite Wahl destilliertes Wasser mit entsprechenden Mineralzusätzen, um der Beschaffenheit natürlichen Wassers möglichst nahe zu kommen. An Wasser oder anderen Flüssigkeiten sollte der Fastende täglich 70 ml je kg Körpergewicht trinken, bei gelegentlichem Ersatz durch Kräutertee, falls gewünscht.

Weil wir wünschen, daß unsere Fastenden mit dem Lebensstrom zu schwimmen lernen, sagen wir ihnen nie im vorhinein, wie lange sie fasten sollen. Statt dessen ermutigen wir sie, mit ihrem *Inneren* Verbindung aufzunehmen und die innere Führung zuzulassen.

Beim Fasten mit Säften sollten die Säfte täglich – so kurz wie möglich vor der Zeit des Verbrauchs, keinesfalls aber länger als einen Tag vorher – bereitet werden. Für die Herstellung ist ein mit Druck arbeitender Entsafter einer Zentrifuge vorzuziehen. Grapefruit- oder Apfelsaft sind die Säfte, die wir zum Tagesbeginn geben; nachher wechseln wir für den Rest des Tages zu Gemüsesäften. Orangensaft wird wegen seines hohen Zuckergehaltes und der Tatsache vermieden, daß Hypoglykämie bei vielen Fastern das Problem ist. Das gewöhnliche tägliche Saftvolumen beträgt einen Liter; es wird – häufig verdünnt – auf vier Gläser verteilt und während des Tages schlückchenweise geschlürft. Anregungen in bezug auf verschiedene Säfte finden sich in Büchern von Paavo Airola und aus der Bircher-Benner-Klinik; diese sind in Reformhäusern erhältlich. Bei unserer Gruppe bevorzugte man eine Mischung von Möhren- und Selleriesaft sowie Bieler Kraftbrühe. Letztere ist besonders vorteilhaft für Leute, die multiple Allergien oder Reaktionen schlechter Adaption gegenüber gewissen Nahrungsmitteln haben, denn mit Zucchini gibt es selten Anlaß zu Störungen. Man sollte auch nicht vergessen, daß grüne Gemüseblätter nach der Verbrennung der Nahrung schneller als alles andere ein günstiges Säure-Alkali-Gleichgewicht herstellen, so daß ein einfacher Saft aus grünen Blättern beim Reinigungsprozeß im Fastenverlauf einen einzigartigen Platz einnimmt. Gemüse aus Supermärkten sollten, wenn man sie benutzen muß, gründlich gewaschen werden, um restliche Spuren von Schädlingsbekämpfungsmitteln zu beseitigen. Organisch gezogene Gemüse sind vorzuziehen.

Die erste Fastenwoche ist in jeder Hinsicht die schwerste, denn in ihr treten nach und nach die Symptome der Entgiftung auf. Diese stehen im allgemeinen mit Gesundheitsproblemen der Vergangenheit in Beziehung und treten lebenszeitlich gesehen in umgekehrter Reihenfolge als bei ihrem ersten Erscheinen auf. Hier kommt dasselbe Gesetz zum Tragen, das man bei der Anwendung homöopathischer Medikationen beobachten kann. Eines der am häufigsten wiederkehrenden Symptome ist der Entziehungskopfschmerz Kaffeesüchtiger. Andere gemeinhin anzutreffende Symptome sind extreme Müdigkeit, Schwindelanfälle, Übelkeit, Erbrechen, Herzklopfen, Nasenschleim,

Sehstörungen, Muskelschmerzen und -krämpfe, Diarrhöen, Blähungen, Unregelmäßigkeiten der Herztätigkeit und stärkerer Körpergeruch. Die Symptomwirkungen können durch die oben erwähnte Kaliumergänzungsgabe wesentlich gebessert werden. Übelkeit kann oft durch einen Zusatz von Zitronensaft zum Wasser des Fastenden oder durch Eingabe von homöopathischer Nux vomica beseitigt werden. Wenn Erbrechen länger als einen Tag anhält, kann es in seltenen Fällen nötig sein, intravenös Flüssigkeiten einzugeben. Besteht Empfindlichkeit gegenüber Askorbinsäure (Vitamin C), so kann sie mit Magnesiumoxid oder doppeltkohlensaurem Natron verabreicht werden. In Anbetracht der Tatsache, daß zuweilen Magnesiummangel angegeben wird, haben wir es uns zur Gewohnheit gemacht, Magnesiumoxid in gleichen Teilen mit doppeltkohlensaurem Natron und Askorbinsäure zu geben. Erfolgt das aber nach einer Diarrhöe, so sollte man die Menge an Magnesiumoxid verringern. Liegen Anzeichen für eine beträchtliche Vergiftung vor, so daß die Leber eine große Arbeitslast zu bewältigen hat, um das Individuum wieder zur Gesundheit zurückzuführen, so empfiehlt sich nach Harold Stone, dem Vater der Polaritäts-Therapie, eine Leberspülung. Sie besteht aus einem Gemisch von Olivenöl, Zitrone, Grapefruitsaft und Knoblauch.

Obgleich wir in Meadowlark reichlich Beweise dafür haben, daß die psychologischen Vorteile des Fastens – die Einstellung auf das innere Leben – den durch die Besserung der äußeren Gesundheit erwachsenen enormen Vorteilen nicht nachstehen, habe ich in der von mir durchgearbeiteten Literatur nur spärliche Hinweise auf die Anwendung von Psychotherapie im Zusammenhang mit Fasten gefunden. Auch gibt es kaum einen Hinweis auf die wertvollen transpersonalen Erfahrungen, die so oft Begleiterscheinungen bei Gruppenprozessen sind, über die ich nun berichten möchte. Eine von Wine und Crumpton durchgeführte Studie bringt einige besonders gute Aspekte. Für ihre Arbeit verteilten sie 37 Männer auf drei Gruppen. Die erste Gruppe bestand aus Männern, die in der Umwelt des Krankenhausbetriebes ein negatives Verhalten zeigten, reizbar wurden, anspruchsvoll waren und viel Zeit auf Beschwerden verwandten. Die zweite Gruppe bestand aus Männern, die man als nicht erfolgreich im Leben erachtete und die auch nicht besonders erfolgreich beim Fasten waren. Die dritte Gruppe wirkte als eine Einheit zusammen, wobei einer sich der Probleme des anderen annahm. Dies war die einzige Gruppe, die aus ihrer Erfahrung profitierte, die Einblick in die Ursachen der Eßsucht gewann, und die erkannte, wie oberflächlich ihre bisherige Lebensweise gewesen war und wie notwendig es sei, einen neuen Lebensweg zu finden.

Meadowlark hat den großen Vorteil, in einer sehr schönen natürlichen Umgebung, in dem von Bergen umgebenen Tal von Hemet zu liegen. Es ist in der Tat eine Stätte abseits vom lauten Getriebe einer großen Stadt und ohne den Charakter eines Krankenhauses.

Das ist zweifellos ein Faktor, der sich bei unserer Gruppentherapie sehr günstig auswirkt. Ein weiterer Vorteil der Gruppen ist es, daß zwischen den Beteiligten kein Unterschied gemacht wird; diejenigen mit schwächerem Selbstwertgefühl finden daher in den anderen eine Stütze. Die zusätzliche Traumanalyse hilft einem nicht nur, den wahren Menschen zu erkennen, sondern führt auch häufig ein Individuum, das noch nie diese Sphäre besucht hat, hinein in das schlafende Reich der transpersonalen Wirklichkeit. Unser Programm bietet dem Faster ferner Kurse in Leibesübungen, Biofeedback, Psychosynthese sowie verschiedene Arten von Gruppen- und Kunsttherapie, oft in Verbindung mit Traumerlebnissen.

Schließlich wird noch besonderer Wert auf die Führung eines Tagebuches gelegt.

Einer der größten Vorteile des Fastens ist sicher die sie begleitende geistige Klarheit; günstig ist ferner die Gelegenheit, den Wert der täglichen Meditation kennenzulernen. Die Gruppenerfahrung gibt jedem Aspekt einen zusätzlichen Wert, denn sie bietet eine Stütze und Hilfe für jedes Mitglied; und das teilnehmende, liebende Interesse der anderen Gäste und die Mitarbeit untereinander stärken des Fasters persönliches Image.

Die Zugehörigkeit zu einer Fastergruppe in Meadowlark ist etwas, das sehr ernst genommen wird, und das ist sicherlich einer der Erfolgsfaktoren. Ob ein Gast der Gruppe beitreten soll, entscheidet vor allem er selbst und nicht der Arzt. Es wird niemand zugelassen, der weniger als zwei Wochen im Hause wohnt, und es wird zu Beginn des Fastens sehr deutlich herausgestellt, daß das Fasten eine Disziplin ist, bei der gewisse Regeln strikt eingehalten werden müssen. So ist zum Beispiel die Anwesenheit bei den täglichen Gruppenzusammenkünften um 7 Uhr morgens Pflicht; und es ist strengstens verboten, Lebensmittel aus dem Kühlschrank zu entnehmen. Verstöße gegen eine der Regeln führt dazu, daß dem Gast nahegelegt wird, aus der Gruppe auszutreten. Es gibt aber auch andere, weniger strenge Anordnungen. Gästen, die nicht imstande sind, die Anforderungen zu erfüllen – so kommt es zum Beispiel vor, daß Gäste nach ein paar Probetagen um ein weniger strenges Verfahren bitten –, gibt man zu bedenken, daß sicher eine andere, passendere Zeit kommen wird, in der sie bei besserer emotionaler Verfassung imstande sein werden, die notwendige Disziplin aufzubringen. Die Strenge wirkt sich für die Erfolgreichen günstig aus, weil das Vollbrachte größer erscheint.

Die Zeit nach dem Fasten

Über die Länge des Fastens wurde gesprochen. Jetzt wenden wir uns der Planung der Übergangszeit nach dem Fasten zu. Als Faustregel gilt, daß die Übergangszeit etwa so lang sein soll wie das Fasten selbst. Es ist ja zu bedenken, daß gegen Ende des Fastens weniger Verdauungssäfte verfügbar sind und der Magen beträchtlich geschrumpft sein kann. Daher sollte man anfangs nur kleine Mahlzeiten in kürzeren Zeitabständen zu sich nehmen. Wird diese Regel verletzt und stopft sich jemand nach dem Fasten den Bauch voll oder ißt er, wie das manchmal geschieht, hochgradig verfeinerte oder besonders gewürzte Speisen, so kann das ernste Folgen haben. Es kann dann zu schweren Bauchschmerzen, zu Diarrhöen und Erbrechen kommen. Bei so unvernünftigem Tun ist es, Berichten zufolge, sogar schon zu Todesfällen gekommen.

Je länger der Fastenprozeß dauert, desto mehr Sorgfalt ist hinsichtlich solcher Beschränkungen angebracht. In Meadowlark werden gewöhnlich ein Glas Fruchtsaft als Frühstück und zwei bis drei Glas

203

Gemüsesaft während des übrigen Tages gegeben. Wenn länger als eine Woche gefastet wird, sollten die Säfte anfangs sogar verdünnt werden. Sie werden dann in zeitlich über den Tag verteilten Zwischenräumen schlückchenweise geschlürft und nicht als Ersatz für eine Mahlzeit hinuntergegossen. Die Wasseraufnahme sollte ebenfalls überwacht werden, so daß die tägliche Flüssigkeitsaufnahme im Durchschnitt 30 Milliliter je Kilogramm Körpergewicht beträgt. Nach einwöchigem Fasten empfehle ich gewöhnlich zwei oder drei Safttage; nach zwei Wochen Fasten die doppelte Länge. Jedoch bei Fällen von Fettleibigkeit kann man, wenn man will, wesentlich länger bei Säften bleiben. Nach den Safttagen ist der nächste Schritt die Einführung eines Frühstücks aus Früchten oder Müsli; die anderen beiden Mahlzeiten bestehen dann großenteils aus rohem oder sehr leicht gekochtem Gemüse. Besteht Reaktionsverdacht auf bestimmte Lebensmittel, so ist jetzt der Zeitpunkt für einen Lebensmitteltest. Zum Schluß geben wir gewöhnlich Molkereierzeugnisse und Weizen; dabei wird sorgfältig auf jede mögliche Änderung der Pulsfrequenz oder andere Symptome geachtet, die auf eine Reaktion schließen lassen.

Liegen chronische Erkrankungen vor, wie Arthritis, bösartige Erkrankungen, geschwürige Dickdarmentzündung, Asthma oder Erkrankungen der Herzkranzgefäße, so ist es ratsam, sich auf immer roter Fleischarten, wie Schweine-, Rind- und Lammfleisch, zu enthalten und am besten den vegetarischen Weg einzuschlagen. Wem dies selbst nach guten Fortschritten in der Beseitigung der Zeichen früherer Krankheiten noch zu schwer fällt, mag sich Fisch, Schalentiere und Hühnerfleisch erlauben. Über die Bevorzugung pflanzlicher Proteine gegenüber tierischen wurde bereits im Kapitel über die Ernährung ausführlich gesprochen. Interessant ist die Feststellung, daß viele Leute nach einer Fastenkur den Appetit auf Fleisch verloren haben. Ein weiterer Vorteil ist, daß der Appetit wieder zwischen gesundheitsfördernden und körperschädigenden Nahrungsmitteln zu unterscheiden vermag. Letztere hinterlassen höchstwahrscheinlich im Munde einen schlechten Nachgeschmack, der mehrere Tage anhalten kann. Minderwertige Nahrungsmittel oder Getränke zerstören diesen feinen Unterscheidungssinn und führen zur Sucht nach Zucker, Salz oder anderen schädlichen Stoffen.

Die meisten unserer Fastengäste schrieben uns später, sie hätten von da an ihre Nährstoffzufuhr verbessert, was zu einer stabileren Gesundheit und größerem Wohlbefinden geführt habe. Das bedeutete gewöhnlich wesentlich weniger Fleischgenuß und den Verzehr von mehr Gemüse. Die meisten haben in verstärktem Maße Leibesübungen zu einem regulären Teil ihrer Lebensführung gemacht. Verschiedene haben es fertiggebracht, täglich Zeit für Meditation zu finden.

Abschließend möchte ich Sie mit dem Bericht einer Hausfrau und Psychologin bekannt machen, die ihre Meinung über das Fasten ihrem Tagebuch wie folgt anvertraute:

»Mein einmal 14tägiges, bei anderer Gelegenheit 21tägiges Fasten, bei dem ich nur Wasser und Kräutertee trank, hat mir geholfen, 25 Pfund abzunehmen. Seitdem habe ich mich bei einer Gewichtsabnahme von 10 bis 15 Pfund halten können. Es ist, als ob man von einem Lande in ein anderes kommt. Ich lege immer noch jede Woche einen Fastentag ein. Mein Blutdruck ist nun normal, der Blutzuckerwert ist ausgeglichen; der Erschöpfungszustand ist verschwunden, und ich habe keine Depressionen mehr. Als ich zum Fasten kam, war ich infolge zu starker Ausrichtung auf meine berufliche Arbeit, mein Heim, auf Freunde, Kinder und andere Verpflichtungen völlig erschöpft... Fasten ist etwas, das einen der alltäglichen Plackerei entrückt macht, und das es mir ermöglicht hat, meine innere Leere zu erkennen... Ich habe sehr viel geweint. Ich empfinde keine Reue und wünsche, tief in mein Inneres einzutauchen, damit meine zukünftigen Schritte auf dem Pfade wandeln, den mein wirkliches Selbst beschreiben möchte. Ich will mich nicht länger in das konventionelle Schema einfügen, das nicht Ausdruck meines Lebens sein kann. Ich habe meine inneren Quellen gefunden; sie haben mich gestärkt und neu belebt. Auch habe ich gute Ziele und Träume. Nach 11tägigem Fasten in Meadowlark hatte ich zu Hause zwei Wochen des Nachdenkens, in denen ich wieder aß. Und nun mein zweites Fasten in Meadowlark... Ich stille meinen so lange verspürten Hunger. Wenn ich in wenigen Tagen Abschied nehme, werde ich viel mehr im Einklang sein mit den Schönheiten der Natur, den Freuden meines eigenen Lebens, und ich werde mit Kraft, Mut und Entschlossenheit darangehen, die Dinge zu ändern, die geändert werden müssen. Und indem ich die notwendigen Änderungen vornehme, weiß ich, daß die leeren Plätze sich mit Freude füllen. Denn in meinem ersten Traume sah ich ein Zeichen, das mir sagte: ›Der freudige Geist Gottes ist in dir.‹«

206

8. Kapitel

Der Fastende und seine Träume

>»Denn Gott spricht auf die eine
und die andere Weise;
man faßt es nur nicht auf.
Im Traume und im Nachtgesichte,
wenn Tiefschlaf auf die Menschen fällt
im Schlummer auf der Lagerstätte,
dann öffnet er des Menschen Ohr
und gibt so ihnen Zeichen ...«
HIOB 33,14–16

Wie es so oft geschieht, kommen dem Fastenden Träume mit überraschender Klarheit. »Ich wußte nicht, wie klar Träume sein können«, hört man oft neue Fastende sagen. Und diejenigen, die in
Meadowlark ein paar Tage lang zu einer Fastengruppe gehört haben,
nicken verständnisvoll mit den Köpfen. In der Fastengruppe werden
jeden Tag Träume durchgesprochen und die Teilnehmer angeleitet,
ihre Träume nach dem Erwachen aufzuschreiben. Für alle, die daran
teilnehmen wollen, führt man in Meadowlark Traumberatungen
durch. Nichtfastende, die zugehört haben, wie die Fastenden ihre
Träume enthusiastisch diskutierten, bitten uns sehr oft um Traum-
therapie.

Bei der Führung von Fastengruppen faszinierte mich immer besonders die Zeit, die ich mit den Fastenden in rückschauender
Besprechung der Offenbarungen verbringen konnte, die ihnen durch
ihre Träume enthüllt worden waren.

Immer zu Beginn des Fastens sagt eine Reihe neuer Fastender, daß sie nie träumen oder daß ihre Träume belanglos und unzusammenhängend sind. Wenn sie dann aber, unserem Rate folgend, im Gebet oder in der Meditation um allnächtliche Anweisung in Träumen gebeten haben, sind sie ganz erstaunt, wenn in der zweiten oder dritten Nacht Träume beginnen, ihnen einen Leitpfad für ihre Entwicklung zu offenbaren. Sind die Träume nachher nicht mehr erinnerlich, so bewirkt die Ennahme von Vitamin B_6 fast immer eine erinnerbare Ausprägung, so daß sie aufgezeichnet werden können. Während manche von uns tagtraumartige Visionen haben, finden andere in einer Kunstform eine für sie sinnvollere Erfahrung, und wieder andere stellen fest, daß sich in ihnen Gedichte gestalten. Ein solches Gedicht von einem Automobil-Verkäufer möchte ich hier anführen:

»Ich sattelte mein Schlachtroß gestern nacht,
zu treffen meinen Feind in grimmem Kampf.
Den Hügel stürmt' hinauf ich, wutentbrannt,
Die Glut zu löschen, die mein ganzes Sein bedroht,
zu finden endlich meinen Feind mit leeren Augen.
Oh, ihn vernichten hatte Jahre ich gewollt,
Den Feind, der mich gepeinigt und verdammt ... und stets
gewann.

Doch nie kam, flüchtig selbst, er mir vor Augen,
Er kam mit Weh, und war so hurtig fort.
Zu lächeln schien er, doch nie war ich sicher,
Wieso das sei, da er mein ärgster Feind.

Als endlich ich die Kampfstatt dann erreichte,
Strahlt Himmelslicht bis in den Grund hernieder.
In tiefes Schweigen, ohne Rest, war ich gestellt.
Die Welt stand still und ich fühlt überwältigt,
Wie Liebesströme mich verzaubern,
Wie Frieden, Liebe, Harmonie mich dankbar füllen.

Verwundert frag ich, ohne Wort, was hier geschehe.
Da tönte Antwort klar mir aus der Nähe:
›Geplündert wardst aus Liebe Du von Deinem Feind, von MIR!‹«

F. D.

Das Fasten und die vielen neuen Einsichten, die sich aus den Träumen und den auf neuer Ebene mit neu gewonnenen Freunden geführten Gesprächen ergeben, eröffnen kaum vorstellbare Erfahrungsausblicke. Die Sinne werden geschärft, so daß Farben intensiver, Klänge ausdrucksvoller empfunden werden und der Geschmackssinn differenzierter wird.

Hier mag ein Wort über Traumkundgaben am Platze sein, denn sie sind ja die Pforten zu neuen Bewußtseinsbereichen. Für alle, denen der Umgang mit Träumen ungewohnt ist, sind nachstehend einige allgemeine Traumsymbole als Leitgedanken zusammengestellt. Man beachte jedoch, daß die beste Deutung immer die des Träumers selbst ist und daß solche Richtlinien, wie gesagt, nur Anregungen zum gefühlsorientierten Aufspüren passender Deutungen sein können. Wiederholungen von Traumkomplexen sind besonders signifikant und sollten eingehend studiert werden. Ist die Aussage von Träumen manchmal unklar, so kann am folgenden Abend ein Gebet zur Erlangung weiterer Einsichten durch einen neuen Traum hilfreich sein.

Häufig vorkommende Traumsymbole und Anregungen
für mögliche Deutungen

Eine Straße oder ein Pfad – die Straße des Lebens, der Lebensweg
ein Gebäude – das Bewußtsein des Träumers
Räume – verschiedene Bereiche bewußter Erfahrung
Wasser – Reinigung
Flugerfahrung – Aufstieg zu transpersonalen Erfahrungen
weiße Farbe – eine spirituelle Farbe
die schwarze Person – die dunkle, unbekannte Seite der Persönlichkeit (gilt nur für Menschen weißer Hautfarbe)

Feuer – Reinigung, Läuterung; Zerstörung des Alten

Leichnam, Begräbnisse – Tod der alten Persönlichkeit; macht die Bahn frei für die Geburt des neuen Bewußtseinszustandes

Große Stuhlmengen, unordentliche Räume – das alte Bewußtsein

Hausputz – Beseitigung des Alten

Männer – die denkende, schlußfolgernde Seite der Person

Frauen – die intuitive Seite

Tiere – die animalische oder emotionale Natur, entweder drohend oder unter Kontrolle

Kind oder Jugendlicher, wie der Erwachsene sie sieht – Bewegung in Richtung auf die eingeborene Weisheit des Kindes

»Wahrlich, ich sage Euch: Wer das Reich Gottes nicht empfängt wie ein Kinde, der wird nicht hineinkommen.«

MARKUS 10,15

Mary träumte, sie säße im Kontrollraum; sie sah ein Flugzeug auf Kollisionskurs hereinkommen. Sie war imstande, das Flugzeug richtig einzuweisen. »So war es«, sagte sie, »doch nun liegen die Dinge anders.«

Susan sah im Traum, wie sie an einem Polizeiauto vorbei in einen unterirdischen Raum ging, wo zwei große Tische standen, die mit toten Vögeln bedeckt waren; auf dem einen lagen wilde Puten, auf dem anderen tote Fasanen; zwei waren noch nicht ganz tot, denn ihre Schwanzfedern bewegten sich noch etwas. Nicht weit davon stand ein Jäger mit seinem Gewehr. Sie meinte, das müsse sie dem Polizisten melden. Als sie diesen Traum beschrieb und mit der Gruppe diskutierte, hielt sie den Polizisten für ihren inneren Führer und Beschützer. Die Vögel symbolisierten ihre eigene Vergangenheit, da sie sich selbst ihres eigenen intuitiven Wissens (höheren Bewußtseins) bewußt geworden war. Der Jäger war ihre Vernunft, die sie in den letzten Jahren gegenüber der früheren intuitiven Erfahrung dieser Art mißtrauisch gemacht hatte. Sie bemerkte aber: »Es waren aber, wie ich sagte, zwei Fasanen nicht ganz tot!«

Earl glaubte nicht an Träume, hielt sie vielmehr für eine belustigende

Kurzweil. Das sagte er auch den Gruppenteilnehmern bei der ersten Sitzung. Er bekam aber einen lebhaften Traum, den er erzählte. Einige der erfahrenen Fastenden meinten, die Bedeutung einiger der Figuren sei vielleicht... Earl blieb still. Später gestand er: »Das hatte mich allzu persönlich betroffen. Solche Dinge wollte ich mir selbst nicht eingestehen, geschweige denn den anderen.« Er nahm dann an einer Traumberatung und an einer Psychosynthese teil. Er hatte vier wiederkehrende Träume, den ersten in der Nacht nach der Sitzung mit den Fastenden und die übrigen nach Beginn der Traumberatung. Zuerst fühlte er sich durch die zutreffende Genauigkeit seiner Träume so überwältigt, daß er sie der Fastengruppe nicht mitteilen wollte, dann, in seiner zweiten Fastenwoche, hatte er sich soweit überwunden, daß er darüber berichten konnte. Seine vier Träume hatten mit verschiedenen Autoritätspersonen zu tun, die immer uniformiert waren, sowie mit einer Katze und verschiedenen männlichen Figuren. Im vierten Traum hatte er aufgehört, die uniformierten Figuren buchstäblich zu bekämpfen, und befand sich mit ihnen auf gleicher Ebene. Er hatte nur einen verwandten Traum mit größerer Bedeutung. Die Autoritätspersonen waren weggegangen, und in diesem Traum verschmolzen die Katze und die weiblichen Gestalten ineinander in einem aufblitzenden Licht. Die Katze und die weiblichen Gestalten waren seine Intuition, seine kreative Seite, und die Probleme seines Unbewußten lösten sich, sobald die Katze, Earls ungezügelte Leidenschaften, von den weiblichen Figuren übernommen wurde. Earl war als Schriftsteller in so viele Hindernisse geraten, daß er schließlich krank wurde, körperlich und emotional. Später ging er wieder an seine Arbeit, doch hatte er nie mehr solche Träume. Er sagte schließlich: »Anfangs habe ich es nicht für möglich halten können, daß ich so schnell lernen würde, Träume für bedeutungsvoll zu halten. Diese Einsicht hat sich mir als große Wende zu einem besseren Leben erwiesen.«

Phillip suchte in Meadowlark Besserung von einer schwer zu behandelnden Angina. Er träumte mehrfach von einem Leichnam, der aber nicht ganz tot war. Im bewußten Zustand entdeckte er wieder sein Bedürfnis nach Liebe. Er erkannte den Leichnam als sein altes, unpersönliches, ihn bestimmendes Vorstellungsbild, an dem er während seines Kampfes um die Wiederentdeckung seiner wahren Identität immer noch festhielt.

In der Literatur, die sich mit der Lebensreise in das Reich des Geistes befaßt, ist allgemein bekannt, daß es längs dieses Weges eine Reihe signifikanter Symbolpfade oder sogenannter Einweihungen gibt. Vielleicht könnte man sie so verstehen, wie sie regelmäßig in Träumen aufzutreten pflegen: als der Tod des alten Selbst, die Zeit der Reinigung oder Läuterung oder schließlich als kosmische Wiedergeburt. Dies hat oft beim Fasten eine körperliche Parallele.

Auf dieser Reise kann die erste Stufe, die sich vielleicht mit einer Art »dunkler Nacht der Seele« verbindet, mit ihren lebhaften Träumen vom Sterben oder vom Tode eines engen Freundes, den man gerade in die Gruft absenkt, zu einem erschütternden Erlebnis werden. Das Individuum mag empfinden, daß er oder sie tatsächlich im Sterben liegt und laut um Hilfe rufen. Es ist äußerst wichtig, daß dann ein erfahrener Arzt oder eine Pflegerin zur Stelle ist oder rasch gerufen werden kann.

Das zweite Erlebnis, das der Reinigung, kann auf verschiedene Weise symbolisiert sein, so unter anderem durch Hausputz-, Badezimmer- und Waschszenen. Die dritte Phase weckt, besonders bei Frauen, die Vorstellung, daß ein schönes Baby ins Leben der Träumerin eintritt. Nicht selten kündigt sie sich aber auch durch intensive Lichterscheinungen an.

Die Hausfrau und Psychologin, die uns Teile ihrer persönlichen Tagebuchaufzeichnungen über ihre Erfahrungen beim Fasten zur Verfügung gestellt hat, schrieb über ihre Träume wie folgt:

»Bevor ich nach Meadowlark kam, hätte ich, wenn mich jemand gefragt hätte, gesagt, daß ich nur sehr selten träume und den Inhalt der Träume nicht behalten kann. Hier aber habe ich in allen 21 Nächten geträumt, und alle Träume aufgezeichnet. Ich bin erstaunt, daß die Träume mit meinen persönlichen Lebensproblemen zu tun hatten...
mit meiner Unentschlossenheit, meiner Furcht und der mich

schier erdrückenden Einsamkeit. Ich bin extrovertiert; ich wußte, daß Verdrängung ein Wort ist, das auf mich zutraf. Nun aber sehe ich, wie meine Träume in meine Seelenqual eintreten. Ich nahm an zwei Traum-Workshops teil. Ich stand nackt in meiner eigenen Pein... Ich weiß, ich muß aufhören, mich zum Narren zu machen; ich muß mein Leben ändern. Mehr meiner persönlichen Wünsche müssen erfüllt werden. Zwanzig Jahre in einer Zwangsjacke, nur um ein nettes Heim zu haben, das macht krank. Ich will aus dieser Tretmühle hinaus, will das verlorene Kind und seine echten Lebenserwartungen wiederfinden.«

9. Kapitel

Durch Krankheit zur Selbstverwirklichung

»Aus Einheit kommt der Mensch zur Vielheit,
Das Ego erscheint und will beachtet sein,
Dann transzendierend kehrt er zur Einheit zurück
in eine höhere Oktave der Bewußtheit.«
KARLFRIED GRAF VON DÜRCKHEIM

Krankheit kann für uns eine goldene Chance sein. Auf ein paar Tage, Wochen oder Monate werden wir gezwungen, das unsinnige Gerenne aufzugeben und den Trubel des Lebens an uns vorüberziehen zu lassen. Dann ist es an der Zeit, uns um das Befinden des Instruments, das wir Körper nennen, und dem des Gehirns zu kümmern, das jede unserer Bewegungen und Handlungen steuert; auch sollten wir uns dann mit den größeren Belangen unseres Geistes und unserer Emotionen befassen. Bevor wir wieder bereit sind, unseren Part in der Symphonie des Lebens zu spielen, muß erst das Instrument gestimmt werden.

Seit einigen Jahren habe ich vielen meiner Patienten zwei Fragen gestellt. Warum glauben Sie, hat Sie gerade zu diesem Zeitpunkt Ihres Lebens diese Krankheit befallen? Können Sie sich vorstellen, daß diese Krankheit Ihnen eine Lehre erteilen soll? Man hat mir viele unterschiedliche Antworten darauf gegeben. Zuerst wußte man gewöhnlich keine Antwort. Aber immer, wenn ein Patient die Herausforderung zur Antwort annimmt, die Fragen ernsthaft durchdenkt und sie ehrlich und aufrichtig beantwortet, wird von diesem Augenblick an sein Leben nicht mehr so sein wie zuvor.

Martha kam gerade aus dem Krankenhaus, wo man sie wegen einer Verspannung der unteren Rückenpartie behandelt hatte. Über diese Behandlung war sie sehr aufgebracht. Eine Schwierigkeit schien auf die andere zu folgen. In dieser Zeit litt sie auch an brennenden Schmerzen infolge einer Überempfindlichkeit gegen Leukoplast.

Seit fünfzehn Jahren hatte ich ihr immer wieder geraten, sich zu beobachten und sie auf einige psychosomatische Aspekte ihrer verschiedenen Probleme aufmerksam gemacht, doch sie hatte alles unbeachtet gelassen. An allem, was sie betraf, war immer, wie sie sagte, ein anderer oder etwas schuld, auf das sie keinen Einfluß hatte. Eines Morgens, während der Meditationszeit, überkam mich das sichere Gefühl, daß sie jetzt zu einem Gespräch bereit war. Als ich sie kurz darauf traf, schüttete sie mir ihr Herz aus und sprach über ihre sexuellen Bedürfnisse, ihr Gefühl des Unerfülltseins und ihre Unfähigkeit – abgesehen von sehr oberflächlichen Beziehungen –, mit ihrem Mann geschlechtlich zu verkehren.

»Ich frage mich«, sagte sie dann, »ob ich nicht in meiner Not diese Krankheit selbst auf mich gezogen habe.«

Die wirkliche Therapie beginnt erst, wenn wir erkennen, daß wir auf dem großen Weg des Lebens gehen und daß alles, was geschieht, eine Bedeutung hat.

Clifford lag zehn Wochen im Krankenhaus im Streckverband wegen eines komplizierten Trümmerbruchs am Bein. Er hatte reichlich Zeit, über die Fragen nachzudenken, und äußerte sich eines Tages wie folgt: »Ich bin zu der Überzeugung gekommen, daß ich mich total überschätzt habe. Ich gehöre viel zu vielen Organisationen an. Ich habe mich zu sehr verzettelt. Ich muß von meinem Leben mehr für die Belange anderer einsetzen. Daß so viele Menschen, denen ich nie zuvor begegnet bin, mich hier besuchten und mir Güte und Freundlichkeit entgegenbrachten, ist mir sehr zu Herzen gegangen. Mein Bestreben wird es von nun an sein, mich mehr mit Dingen und Angelegenheiten zu befassen, die anderen dienen und nicht mir selbst. Ich habe erkannt, wie glücklich ich sein kann. Ich habe so viele gesehen, die weit schlimmer dran sind als ich. Wie es mit meinem Bein ausgehen wird, ist nicht so wichtig. Schließlich kann jeder Mensch ein Handicap überwinden.«

Mary, eine 35jährige Frau, kam zur Erholung nach einer wegen Krebs erfolgten Gebärmutterentfernung. Auch ihr waren die Fragen gestellt worden, und nach einigen Tagen tiefen Nachdenkens stieß sie eines Morgens hervor: »Als ich sechzehn war, heiratete ich zum ersten Mal und bekam ein Baby. Als das Mädchen 18 Monate alt war, überließ ich es der Fürsorge meiner Eltern. Wahrscheinlich war ich den echten Mutterpflichten noch nicht gewachsen. Ich kann mir das heute nicht verzeihen.«

Unter den jungen Frauen gibt es heute viele solcher Fälle. Sie werden schwanger, bevor sie zur Verantwortung der Mutterschaft fähig sind; dann kommt es zur Abtreibung, oder das Kind wird zur Adoption weggegeben. Schließlich aber, nach Jahren, entwickelt sich Krebs. Es ist so, als ob der unheilvolle Prozeß mit seinem tiefsitzenden Schuldkomplex in der Seele Wurzeln schlägt und allmählich im Körper Gestalt annimmt. Eine eindrucksvolle Studie über solche tiefwurzelnden psychophysiologischen Aspekte des Krebses erschien vor Jahren in den Annalen der New Yorker Akademie der Wissenschaften.

Solche Beispiele weisen darauf hin, daß die Lebensorientierung eines Menschen eine signifikante Beziehung zu seinem Gesundheitszustand hat. Diese Einsichten sollten den Patienten sowohl vom Arzt wie vom Psychologen vermittelt werden.

Der deutsche Arzt Dr. Artur Jores berichtete über eine Grippeepidemie in Hamburg, die im Dezember und über die Weihnachtsfeiertage ihren Höhepunkt, und einen Monat später einen tieferen Gipfelpunkt erreichte. Bei Durchsicht der aufgetretenen Fälle entdeckte man, daß sämtliche Patienten der letzteren Gruppe Postbedienstete waren, die gerade im Dezember besonders angestrengt arbeiten mußten, weil die Öffentlichkeit zu dieser Zeit besonders viel von ihnen erwartete. Vielleicht waren sie bis zum Jahresende zu sehr beschäftigt, um krank werden zu können.

Dieser Ansicht ist auch ein medizinischer Schriftsteller, der über die Dauer von Grippeerkrankungen innerhalb einer Gruppe von 1000 Patienten berichtet. 500 von ihnen waren bei einem psychologischen Test als normal, die übrigen 500 aber als in hohem Grade psychoneurotisch eingestuft worden. Bei der ersten Gruppe trat die Wiederherstellung binnen einer Woche ein, während die Krankheit in der zweiten Gruppe durchschnittlich drei Wochen dauerte. Warum entstand dieser Unterschied bei den Angehörigen der beiden Gruppen? Was ist ein Psychoneurotizismus? Das Wörterbuch definiert den Psychoneurotischen als eine Person mit einer emotionalen Störung, die geringer ist als bei einer Psychose; der Betreffende leidet an einer mentalen Störung auf Grund ungelöster, unbewußter Konflikte, bei denen Angst, Depression und somatische Störungen typisch sind.

Angst

Wenn wir ganze Persönlichkeiten werden wollen, so ist es nötig, die wahren Ursachen von Ängsten, periodischen Depressionen und Krankheiten psychosomatischer Art zu entdecken. Wir können ja mit uns selbst nicht ehrlich sein, solange wir glauben, daß uns die riesig große Gruppe von Krankheiten dieser Katagorie von außen anfällt.

Angst ist wahrscheinlich stärker mit Krankheit assoziiert als irgend ein anderer Gemütszustand. Es wäre unrealistisch, dies zu ignorieren. Das Wort kommt vom lateinischen *angere*, was ersticken bedeutet. Mit anderen Worten, wir werden von Emotionen bedrückt, gehemmt, bezwungen. Ginge ein Erstickender zum Notarzt, so würde dieser doch zuerst den Rachen des Patienten untersuchen und das, was die Symptome hervorruft, entfernen. Ähnliches tut der Psychiater und der Psychologe; sie entfernen die Ursache der unbewußten Emotion, die den Patienten im stillen würgt und mit Angst erfüllt.

Die meisten Krankheitszustände gehen Hand in Hand mit Ängsten verschiedenen Grades. Sie gilt es zu erkennen und auszurotten, bevor sie die Blutchemie verändern und das hormonale Gleichgewicht so zu stören vermögen, daß daraus eine Krankheit resultiert.

Daraus erwachsende Änderungen der Körperchemie, die von Patient zu Patient verschieden sind, erzeugen eine Vielzahl klinischer Bilder. Im Zuge dieser Ereignisse kann es schon früh zu Veränderungen des Zuckerstoffwechsels mit seinem häufigen Auftreten von Angst und Depression kommen. Werden diese störenden Emotionen nicht

218

als das erkannt, was sie sind, dann können die sich zunächst nur zeitweise einstellenden funktionellen Erkrankungen zum Dauerzustand werden und zu organischen Krankheiten führen. Mit anderen Worten, ein gesunder Gemütszustand ist die wichtigste Vorbedingung für die Ganzheit des Menschen. Was das Gemüt vergiftet, muß schließlich zur Vergiftung des ganzen Körpers führen. In der Vergangenheit wurde leider allzuoft nur eine medizinische Diagnose gestellt, als ob die körperliche Erkrankung ein eigenständiger Zustand sei, der mit dem seelischen Zustand nichts zu tun hat. Doch jede Zelle im Körper hat ihre nervliche Verbindung zum Gehirn und wird von diesem größten aller Computer beeinflußt. Um es mit den Worten von Dr. Paul Tournier auszudrücken: »Jede Krankheit erfordert immer zwei Diagnosen, die der Krankheit und die der Person.«

Medizin für den ganzen Menschen

Für die Heilung des ganzen Menschen ist es von primärer Wichtigkeit, die Botschaft der Krankheit, ihren Sinn, zu erkennen und Fragen wie die folgenden zu stellen:»Warum bin ich ängstlich? Warum diese Depression? Warum bekam ich Rückenschmerzen? Warum ist meine Widerstandsfähigkeit so gering, daß ich jeden Virus aufschnappe?«

Oft läßt eine volle Beantwortung dieser Fragen auf sich warten, bis der Patient sich etwas besser fühlt und zu dieser Selbstbetrachtung bereit ist. Das kann vielleicht Monate oder Jahre dauern. Vielen Menschen gelingt diese innere Bestandsaufnahme zeitlebens nicht. Zuerst muß eine Art Symptomentlastung stattfinden und versucht werden, sich dem Zustand körperlichen Gleichgewichts zu nähern.

Auf dieser Stufe sind Liebe, Geduld und das Gefühl des Angenommenseins für den Patienten die wesentlichsten Faktoren. In einer unpersönlichen Krankenhausatmosphäre ist diese Einstellung gegenüber dem Patienten aber vielfach nicht zu erreichen. Sie würde nämlich eine neue Ausbildung der Ärzte, des Pflegepersonals und der medizinisch-technischen Assistenten erfordern. Von jemandem, der sich selbst kaum kennt, kann nicht erwartet werden, daß er andere kennt. Diejenigen, die heute im zentralen Teil des Heilungsteams tätig sind, hätten wenigstens eine minimale Schulung in der Heilkunde für den ganzen Menschen haben sollen. In Zukunft muß das in unseren medizinischen Fakultäten und in Krankenhäusern auf der Grundlage von Erfahrungen gelehrt werden. Wenn mir früher ein Patient gesagt hat: »Herr Doktor, Sie wissen ja nicht, wie schrecklich ich mich fühle«, bin ich selbst allzuoft zur Türe hinaus und zum nächsten Patienten gegangen.

1964 besuchte ich zum ersten Mal mit 80 anderen Ärzten und deren Frauen eine Tagung über die »Medizin der Person« im holländischen Ort Woudschoten. Bei der Erarbeitung des Themas »Erkenntnisvermögen und Urteilskraft des Menschen« betrachteten wir uns eine Woche lang in unserer Patient-Arzt-Beziehung. Während dieser Woche gab uns Dr. Paul Tournier vier der bedeutungsvollsten medizinischen Vorlesungen, die ich je gehört habe. Sie waren Wendepunkte meiner medizinischen Praxis. Sie behandelten die »Bedeutung des wahren Verstehens«, »Unsere persönlichen Hindernisse gegen dieses wahre Verstehen«, »Das Leiden der Person, die falsch verstanden wird«, und »Gott kennen und seinen Nächsten«.

Einige der Besinnung werte Äußerungen aus diesen Vorlesungen sind mir bis heute noch im Sinn:

Das gleiche Herz birgt Edelstes und Schlechtestes.
Der Mensch kann nicht von außen her begriffen werden.
Das Verbum »sündigen« sollte nur in der ersten Person konjugiert werden.
Es ist gefährlich, eine hohe Berufung zu haben, denn sie erlaubt mir, der Erkenntnis meiner eigenen Sünde zu entfliehen. Wegen meines Stolzes und meiner Machtliebe bin ich vielleicht außerstande, den Patienten zu erreichen.
Liebe ist nicht natürlich. Ich gebe mir den Anschein von Liebe und Nichtrichtenwollen, anstatt wirklich zu lieben.
Mitten in einem Leiden fühlt der Mensch sich am wenigsten verstanden. Die Bemühungen zu verstehen, die sich Menschen geben, kann das Leiden noch vergrößern, kann das Gefühl ver-

tiefen, nicht nur nicht verstanden, sondern sogar mißverstanden zu werden.

Wer den Stellenwert der Krankheit im Leben versteht, der versteht Gottes Wirken in dieser Krankheit. Der Heilige Geist ist die Fähigkeit, diese Kräfte zu sehen, zu verstehen und zu mobilisieren.

Seit 25 Jahren finden diese Jahrestagungen statt. Ärzte aus vielen Ländern finden sich dabei zusammen, um sich zu prüfen und zu sehen, in welchem Grade sie berufen sind, Lehrer ihrer Patienten zu sein.

Die Entdeckung des Selbst

Der Prozeß der Selbstentdeckung umfaßt zwei wesentliche Stufen: die Erkenntnis des personalen Selbst und, später, die Entdeckung der spirituellen Identität oder des wahren Selbst. Beide Schritte sind fundamental und müssen in der vorstehenden Reihenfolge getan werden. Das spirituelle Selbst kann nicht erkennen, wer nicht bereits ein echtes Selbstwertgefühl entwickelt hat. Jesus wählte für seine eigene vertraute Jüngerschar Männer, die sich in der Gestaltung ihres eigenen Lebens als erfolgreich erwiesen hatten. Sie hatten in der Welt der Männer ihre Identität gefunden. Sie waren für den nächsten Schritt bereit – für den Aufbruch in die Welt des Geistes –, und Er verlangte von ihnen, alles aufzugeben und Ihm nachzufolgen.

Man kann nicht aufgeben, was man nicht hat. Der Junge, der immer davon träumte, ein großer Fußballstar zu werden, der Mann, der den Ehrgeiz hatte, ein Millionär zu werden, die Frau, deren größtes Lebensziel es war, fünf Kinder großzuziehen, ihnen allen müssen diese Träume in Erfüllung gehen können; sie alle müssen die Befriedigung der Traumerfüllung erleben. Man kann nicht von ihnen verlangen, ihre Träume aufzugeben und eine spirituelle Reise anzutreten. Einer, der nicht Herr seines Körpers und seiner Emotionen ist, kann kaum in die Welt des Geistes mit ihren zugehörigen Disziplinen eindringen.

In der Schule des Lebens kommt man nicht direkt vom Kindergarten in die Hochschule. Immer folgt in zeitlichen Stufen ein Schritt auf den anderen, und jedes einzelne Leben hat sein eigenes natürliches Schrittmaß. Das menschliche Wachstum muß seinem eigenen Rhythmus folgen und sich den Lebensepochen anpassen. Wird ein natürlicher Rhythmus unterbrochen, so kommt es möglicherweise zu Krankheit.

Der Satz: »Der Mensch kommt... in die Vielheit, das Ego erscheint, und muß beachtet werden...«, ist ein außerordentlich wichtiger Schritt, der auf der Straße zur persönlichen Erfüllung nicht ausgelassen werden kann. Ich muß mich selbst lieben und an mich glauben, bevor ich andere lieben und an andere glauben kann, ganz zu schweigen von der Liebe zu Gott und dem Glauben an Ihn. Von jemandem, der nie in seinem Leben bewußt von anderen Liebe erfahren hat, kann man Liebe ebensowenig verlangen, wie man von einem Nichtschwimmer erwarten kann, daß er auf Kommando plötzlich zum Schwimmer wird.

Heutzutage sind viele Menschen in Situationen aufgewachsen, in denen sie sich als unerwünscht und ungeliebt betrachteten. Dr. Maxwell Maltz, ein Facharzt für plastische Chirurgie, berichtete, daß manche seiner Patienten trotz erfolgreicher Operation, durch die ihre äußere Erscheinung entscheidend verbessert worden war, ihr Selbstvertrauen und ihren Glauben an sich selbst nicht wiederzuerlangen vermochten.

Caroline, an Multipler Sklerose erkrankt, war jahrelang an den Rollstuhl gefesselt und erfreut sich seit mehr als anderthalb Jahren einer ständigen Besserung, seit ihr Dr. Joseph Evers aus Deutschland eine strikte Ernährung mit Vitamin- und Mineralergänzungen verordnet hat. Es wurden ihr auch homöopathische Arzneien verschrieben, so Lathyrus (Kichererbse), was ihr half, die Blasenkontrolle wiederzuerlangen und die Beinbewegung anzuregen. Um ihre Steifheit zu überwinden, erhielt sie ferner Nux vomica. Andere Rezepte erhielt sie, wenn nötig, in monatlichen Abständen.

In Meadowlark nahm sie, soweit es ihr möglich war, an den Programmen für Körperübungen und künstlerische Betätigung teil. Jeden Tag trainierte sie zäh und geduldig auf dem stationären Ergometer, um ihre dünn gewordenen Beinmuskeln wieder zu kräftigen. Heute ist sie imstande, allein zu leben. Am Geländer als Stütze geht sie treppauf, treppab, ohne fremde Hilfe. An Stöcken geht sie zu ihrem Briefkasten. Und um ihren Lebensunterhalt aufzubessern, hat sie zu schneidern begonnen. Eines aber war mitentscheidend für die Motivation und den Mut, ihr Programm durchzustehen: ein Wachtraum, in dem sie sich erblickte, wie sie hoch auf einem Berge wieder unbeschwert gehen und laufen konnte.

Trudy befand sich in einem chronischen Krankheitszustand. Sie war nie imstande, sich die Ausflüge und Reisen vorzustellen, die sie mit ihrem Manne zu machen erhofft hatte; auch konnte sie nicht mehr wie früher Klavier spielen. Sie verbrachte drei Monate in Meadowlark und erwartete einfach, daß das Ärzte- und Pflegepersonal alles für sie tun würde. Ihr Zustand besserte sich nicht.

Wie betrachten wir unseren Körper? Wie sehen wir uns als Darsteller in der Rolle unseres Lebens? Keine große Wandlung erfolgt ohne kraftvollen Einsatz des Vorstellungsvermögens und die unerschütterliche Erwartung des Erfolges. Was wir in unserem Geiste festhalten, ist weitgehend das, was wir werden. Jeder gefühlsbetonte Gedanke, dem wir Ausdruck geben oder den wir auf unsere eigene Person oder ein Organ unseres Körpers richten, ist ein direkter Befehl an unser Unterbewußtsein und wird dazu beitragen, Wandlungen zu bewirken und den Mechanismus der körperlichen Homöostase zum Besseren oder Schlechteren arbeiten zu lassen.

Hier kann uns die Vorstellung helfen, daß unser Bewußtsein als Kapitän auf der Brücke unseres Schiffes steht und unseren Körper dirigiert. Er überträgt seine Befehle aufs Unterbewußtsein, dem im Unterdeck arbeitenden Schiffsingenieur, dem keine andere Wahl bleibt, als die Befehle auszuführen.

Ohne Mitarbeit und eigenes Bemühen des Patienten kann es keine dauerhafte Heilung geben. Jeder, der denkt, daß der Arzt alles für ihn tut, hat eine traurige Enttäuschung zu erwarten. Der Arzt kann bestenfalls störende und beschwerliche Symptome beseitigen. Er kann aber nicht die inneren, tief wurzelnden Ursachen der Krankheiten verändern. Er ist der Leiter oder sollte es sein; er sowie der Psychologe und Geistliche können nur die Richtung für den einzuschlagenden Weg weisen. Der Patient muß den Weg selbst gehen.

Jede Zelle des menschlichen Körpers hat ihren eigenen Bewußtseinsgrad; doch bleibt sie, was sie immer war, ein Mitglied des körperlichen Orchesters, und als solches hat sie der Anweisung zu folgen, die sie vom Geist der Person erhält. Der Dirigent, der den Mitgliedern seines Orchesters liebevoll zugetan ist, hat weit bessere Möglichkeiten, große Musik darzubieten, als einer, der Abstand hält oder sogar in Unfrieden mit seinen Mitgliedern arbeitet.

Die folgenden kritischen Bemerkungen, die man häufig von Patienten zu hören bekommt, zeigen so recht deren Einstellung gegenüber ihren Körpern: »Ich weiß gar nicht, warum mein Magen alles, was ich esse, ohne eine Menge Gas anscheinend nicht verdauen kann.« »Mein Rücken läßt mich einfach nicht zur Ruhe kommen.« »Wenn es nicht wegen der verflixten Knie wäre...« Solche Äußerungen sind geradezu Öl, das die Krankheitsherde lichterloh am Brennen hält.

Wenn man ein Heilungszentrum schaffen will, dann ist das Wichtigste nicht, wie ich früher dachte, ein Geldbetrag von einigen hunderttausend Dollar, sondern eine kleine Gruppe hingebungsvoller Menschen, die auf dem Pfade der Selbstentdeckung schon weit fortgeschritten und bereit sind, anderen zu dienen und eine Atmosphäre von Liebe um sich zu verbreiten. Der Gast, der bei der Ankunft wenig oder kein Selbstwertgefühl besitzt, der ganz und gar entmutigt ist, braucht die Überzeugung, daß man sich um ihn bemüht, daß er geschätzt und geliebt wird, damit er sich aufgenommen und geborgen fühlen kann. Krankheit jeder Art ist von starken Gefühlen der Isolation seitens des Patienten begleitet; es kränkt ihn, und er sehnt sich nach Verstandenwerden. Oft ist er still und hört nicht einmal die Worte, die man an ihn richtet, denn die Mauern seiner Isolation sind zu hoch.

Zur Erschließung und Erkenntnis des Selbst führen vier Stufen. Die erste ist das *Wagnis*, die zweite *das Öffnen der Tür zum Selbst*. Dann kommt die *Kommunikation* und schließlich das *Vertrauen* und der Eintritt in den Zustand der Aufrichtigkeit und wirklicher Offenheit.

Die erste bedeutsame Botschaft von wahrer Heilung wird in der

Stille vernommen, bei einem Blick, einer leichten Berührung, bei allem, aus dem die Botschaft spricht: »Ich sorge für dich.«

Einige Wochen nach ihrem Abschied von Meadowlark schrieb mir *Susan* folgende Zeilen:

»Du öffnetest Deine Arme und nahmst mich an,
Du stelltest keine Fragen,
Du erwiesest mir Liebe ohne Fesseln,
Du hörtest Dir an, was ich wirr mir gedacht und gesucht hatte,
Du vertrautest auf das Gute in mir, obwohl Du nichts davon sahst,
Du wiesest mir große neue Horizonte, damit mein Geist sie erforsche,
Du gabst mir die zweite Chance, Sinn und Zweck zu erkennen,
Du setztest wieder Sterne an meinen Himmel.
Zu Dir komme ich,
denn mit Dir weiß ich
um die Köstlichkeit
seelischen Austauschs.
Denn bei Dir
erfahre ich die Substanz des Königreichs Gottes
Denn bei Dir kann ich einfach nur dasitzen
und SEIN.«

Nachdem der Patient etwas Wertgefühl gefunden hat, gilt es seine Fähigkeit zur Kontaktaufnahme wiederherzustellen. Zuerst möchten viele Gäste für sich allein in ihren Zimmern bleiben. Vom Leben zu sehr verwundet, scheuen sie das Risiko des Kontakts mit anderen beim Essen an einer gemeinsamen Tafel.

Dabei macht es wenig aus, ob die Krankheit des Betreffenden vorwiegend geistiger, emotionaler oder körperlicher Natur ist. Das Gefühl des Alleingelassenseins kommt sehr häufig vor. In der Gruppenarbeit, bei Entspannungsübungen oder in einer Klasse für künstlerisches Schaffen ist es leichter, sich im Abseits zu halten. Schließlich aber kommt der Tag, an dem die Person zum ersten Mal wagt, etwas über sich zu sagen. Und in diesem entscheidenden Augenblick hängt jeder weitere Fortschritt davon ab, wie diese erste Äußerung aufgenommen wird.

In einer Gruppe können Gefühle nach und nach in Erscheinung treten: »Ich hätte nie gedacht, daß Mary fast die gleichen Erfahrungen gemacht hat wie ich.« Oder: »Ich würde nicht einmal im Traum gedacht haben, daß unser Gruppenleiter in seiner eigenen Therapieperiode so schreckliche Gedanken gehabt hat. Dann gibt es ja für mich noch Hoffnung.« Oder: »Nie konnte ich mir vorstellen, daß Träume uns soviel über unser eigenes persönliches Leben sagen können.« Auf solche Weise baut sich die Kontaktfähigkeit allmählich neu auf, und die selbsterrichteten Wände der Isolation beginnen abzubröckeln.

In der Schweiz, am Zuger See, etwa 50 km von Zürich, steht das Landhaus Murpfli, in dem sich eine kleine therapeutische Gemeinschaft befindet. Unter der Leitung von Max E. Bircher arbeitet man auf diesem Bereich der Heilkunst. Beim Eintritt liest man über der Tür eine Inschrift: *Porta tibi patet magis cor*; sie bedeutet: »Offen ist die Tür und mehr noch das Herz.«

Eine der wichtigen Tageszeiten ist die Teestunde im kleinen Meditationsraum. Die Gäste und Dr. Bircher sitzen in einem Kreis mit Blick auf ein flaches mit Fliesen ausgekleidetes Becken. Aus einem Kronleuchter, der über dem Becken hängt, fallen in steter Folge Wassertropfen. Jeder Tropfen stört die Ruhe der Wasserfläche und sendet kreisrunde Wellen zum Rand des Beckens aus, wo sie vergehen. An einem besonderen Tag hatte der Doktor einen Film vorgeführt, der ihn und seinen Lehrer bei geduldiger Arbeit an der Töpferscheibe zeigte. Später versuchte eine amerikanische Patientin, eine Phase ihrer Wiederherstellung in dieser kleinen, doch weltbekannten Klinik zu beschreiben.

»Ich sah Sie gerne, auch in dieser heiligen Konzentration. Wie Sie versuchten, nicht gleich Erfolg hatten, und wieder versuchten. Und dann die meisterlichen Werke, die Sie schließlich kraftvoll, mit Können und Verständnis sowie mit sorgender Liebe schufen. ... Dann kamen Sie an meine Tür. Und hatte ich auch die ganze Welt aussperren wollen, Sie ließ ich ein. Ich weiß nicht, was Sie zu

mir gebracht hat. Ich weiß nicht, wieso Sie denken konnten, daß
ich dort sei... in so großer Not. Weswegen? Antworten vielleicht – oder eher noch Fragen... – Aber Sie kamen; und noch
einmal versuchte ich, Ihr ganzes Sein durch meine Augen in mich
hineinzuziehen.

Manchmal, wenn ich zu Ihnen von den unbegreiflichen Verflech-
tungen sprach, stiegen mir Tränen in die Augen. Sie trockneten
eine Träne mit so rührender Zartheit, daß eine andere aufstieg,
ihren Platz einzunehmen. Ich versuchte zu reden, doch das einzige, an das ich denken konnte, war, wie wenig ich Ihnen je würde
sagen können; wie wenig Zeit je bleiben würde; wie spät in
unseren Leben wir uns begegnet sind; daß nun so wenig Zeit
bliebe, von Ihnen alles zu lernen, was wichtig und wertvoll ist...
Dann dachte ich nebenher, wie Sie doch müder aussähen, als ich
je jemanden gesehen habe. Mein Herz schmerzte ob der Last der
Müdigkeit, die Sie zu tragen haben, und in der Furcht, Sie könnten zu müde sein, mir etwas von den reichen Schätzen zu vermitteln, die Sie im Leben gesammelt haben. Doch durch den Schleier
der Müdigkeit antworteten Sie mir mit viel Ausgeglichenheit und
Ruhe.«

Psychosynthese

Bis noch vor kurzer Zeit haben sich Psychologie und Psychiatrie
mit der Entdeckung und Erforschung des *Ego* zufriedengegeben
und vom wahren Selbst nichts gewußt. Doch C. G. Jung und
Robert Assagioli, die hervorragenden Kenner der transzendenten
Eigenschaften des Menschen, wagten es, in die tiefsten Dimensionen des Menschen einzudringen, und haben das sich daraus erge-
bende und sich verbreitende Gedankengut sehr beeinflußt. In den
USA haben Abraham Maslow, Ira Progoff, Robert Gerard, Jack
Cooper und andere daran gearbeitet und arbeiten noch daran, den
Bereich der psychologischen Wissenschaften in dieser Richtung zu
erweitern.

Nachstehend seien im einzelnen einige Gedanken von Dr. Assagioli über die menschliche Psyche wiedergegeben:

»Die Psychosynthese sollte nicht als eine alleinige psychologische Doktrin oder Prozedur betrachtet werden. Sie ist vielmehr eine dramatische Auffassung des psychischen Lebens, das sich darstellt als dauernde, konfliktgeladene Wechselwirkung zwischen den vielen verschiedenen und kontrastierenden Kräften einerseits und einem auf Vereinheitlichung hinwirkenden Zentrum, das sie zu beherrschen, zu harmonisieren und zu schöpferischer Auswirkung zu bringen strebt. Die Psychosynthese ist eine Kombination mehrerer Methoden innerer Aktion. Sie zielt zuerst auf die Entwicklung der Persönlichkeit ab und dann auf die harmonische Koordination und Vereinigung mit dem Selbst.

Diese beiden Phasen können als personale, beziehungsweise spirituelle Psychosynthese bezeichnet werden. Das isolierte Individuum existiert nicht. Jede Person steht nämlich mit anderen Personen in enger Beziehung, so daß alle voneinander abhängen. Darüber hinaus sind alle und jeder einbezogene Teile der über-individuellen Realität.«

Der Wachtraum

Zum Thema »Träumen«, das in der Psychologie einen großen Raum einnimmt, gibt es viele Fakten und Einzelgebiete. Hier wollen wir uns nur mit der Technik des Wachtraumes, des *rêve éveillé* befassen, den zuerst der Franzose Robert Desoille beschrieben hat. Das folgende Diagramm soll die menschlichen Bewußtseinsbereiche bildlich darstellen. Im unteren Bewußtseinsbereich schlummern die primitiven Triebe des Menschen und die Vielzahl seiner Komplexe, Ängste, Befürchtungen und Besessenheiten. Der mittlere Bewußtseinsbereich umfaßt den Teil des Geistes, der im alltäglichen Leben des Menschen leicht zugänglich ist.

228

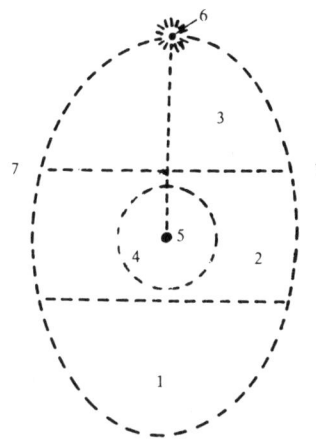

1 Unteres Unbewußtes
2 Mittleres Unbewußtes
3 Überbewußtsein
4 Bewußtseinsfeld
5 Bewußtes Selbst oder »Ich«
6 Hohes Selbst
7 Kollektives Unbewußtes

Das Überbewußtsein birgt höhere Intuitionen und Strebungen sowie künstlerische, philosophische und wissenschaftliche Elemente. Es ist die Quelle altruistischer Liebe und der Bereich des Genius. Ins Feld des Bewußtseins, den Teil der Persönlichkeit, dessen man sich unmittelbar bewußt ist, gehören die im gegenwärtigen Augenblick vorhandenen Gedanken, Sinneseindrücke, Gefühle und Wünsche. Das »Ich«, das Zentrum der reinen Ich-Bewußtheit, ist nicht identisch mit dem vorgenannten Bewußtseinsfeld.

Das Hohe Selbst, die unsterbliche Erscheinung des menschlichen Seins, schläft nie; es steht in Verbindung mit der Totalität des Lebens. Schließlich bezeichnet der von Jung benutzte Begriff des Kollektiven Unbewußten den Prozeß einer Art »osmotischer« Beziehung des Individuums zu seiner totalen psychologischen Umwelt unter Einbeziehung archetypischer Traumgebilde, übersinnlicher Erfahrungen usw.

Bei der Wachtraumtechnik werden dem Patienten nach einer gewissen Zeit der Tiefenentspannung, jedoch im Wachzustand, geistige Suggestionen angeboten, die er, wie er will, annehmen oder ablehnen kann. Fragt man ihn zum Beispiel, ob er sich einen Berg, einen Leuchtturm, einen Vogel vorstellen könne, dann hat der Patient Gelegenheit, den Berg zu besteigen, die Stufen im Leuchtturm zu erklimmen oder gar auf dem Rücken des Vogels davonzufliegen.

Ist der Patient für diese Stufe noch nicht bereit, so wird die Suggestion abgelehnt, oder sie wird zunächst angenommen, dann aber abgelehnt. Im Falle des Berges bedeutet dies, daß dann der Aufstieg nicht ganz erfolgt. Einer der Patienten, der zum Aufstieg nicht bereit war, stieg nie die Treppen im Leuchtturm empor, sondern richtete sich indessen im Untergeschoß häuslich ein.

Vielleicht dient für den spirituellen Fall der Berg als bestes Suggestionsobjekt. Hier nun einige typische Antworten, die wir dazu erhielten:

Monica: »Können Sie sich einen Berg vorstellen?«

»Ja, er ist weit entfernt und schneebedeckt.«

»Möchten Sie zu ihm hingehen?«

»Nein.«

Diese Patientin ist offensichtlich noch nicht zum Aufbruch ins Spirituelle bereit: Das Land des Geistes erscheint ihr kalt (Schnee) und ist ihr zu diesem Zeitpunkt uninteressant.

James: »Können Sie sich einen Berg vorstellen?«

»Ja«.

»Würden Sie ihn gern besteigen?«

»Ja, es gibt keinen Pfad. Ich muß mir meinen eigenen Weg suchen. Da liegen viele Felsblöcke, und der Weg ist steil. Manchmal kann man nur schwer Fuß fassen. Ich bin müde und will mich ein wenig hinsetzen.«

»Hätten Sie Lust, weiterzugehen?«

»Nein, ich glaube nicht. Ich will nun lieber wieder runtergehen.«

Hier ist der Mann, der zum Aufstieg bereit ist; bei späteren Träumen schafft er vielleicht den Aufstieg bis zur Spitze des Berges und zu spirituellen Erfahrungen, doch müssen zuvor noch gewisse Aspekte seines Lebens in Ordnung gebracht werden.

Margaret: Sie wird wegen einer Krebsgeschwulst für eine Gebärmutterentfernung vorbereitet; sie steht vor der Frage: »Was will mich das Leben durch diese Erfahrung lehren?«

»Können Sie sich einen Berg vorstellen?«

»Ja, er ist weit entfernt, und ich habe irgendwie den Eindruck, er sei aus Seidenpapier geformt.«

Bei weiterer Ausleuchtung des Hintergrundes stellten wir fest, daß ihr jeder tiefere Sinn für die spirituelle Welt fehlte. Diese Feststellung traf sie wie ein Schock und veranlaßte sie zu einer bedeutsamen Reise in ihr Inneres. Wenn jemand von Krebs oder einer anderen chronischen Erkrankung wirklich genesen will, so ist es wichtig, daß er für sein Leben eine Bedeutung findet; und diese Art der Erfahrung trägt einen solchen Bedeutungssinn in sich.

Edward: »Können Sie sich einen Berg vorstellen?«

»Ja«.

»Möchten Sie ihn erklettern?«

»Ja. Da geht ein guter Pfad auf der rechten Seite hoch und windet sich hinauf zur Spitze. Längs des Pfades wachsen viele Blumen, und ich gehe auf fettem Lehmboden. Je höher ich komme, desto weniger Pflanzen gibt es. Es ist interessant, daß ich nicht zu ermüden scheine, und die kühle, frische Luft scheint mich richtig zu erfrischen und zu beleben. Ich nähere mich dem Gipfel. Ich kann in weite Fernen blicken. Nun finde ich mich selbst in ein weißes Licht getaucht, und mehr noch: Ich selbst bin das Licht. Mein Körper scheint zu schwinden, und alles ist eins.«

Nach einer Weile erfolgte der Abstieg, zurück zum Haus, in dem der Traum stattgefunden hatte. Diese Art von Erlebnissen ist immer von realen Veränderungen im Lebensstil und von einem neuen Sinn für Werte begleitet. (Der Traum wurde natürlich gekürzt, da es hier nur darauf ankam, das Wichtigste herauszustellen.)

Auf eine höhere Stufe des Bewußtseins geboren zu werden, ist lebenserschütternd und lebenserneuernd. Wer solches erfahren hat, wird nie mehr der gleiche Mensch sein, der er früher war. Neuer Glanz läßt seine Augen strahlen, neue Leichtigkeit beschwingt seine Schritte, und sein Leben nimmt neue Dimensionen an.

Diese Art der Heilung ist weit wirkungsvoller als das, was je erreichbar ist durch chirurgische Entfernung eines erkrankten Organs, durch die mit Drogen bewirkte Wiedereinstellung des normalen Blutdrucks und durch das Verschwinden eines Magengeschwürs auf Grund eines medizinischen Programms oder der sogenannten Fünf-Jahres-Kur gegen Krebs. Die beiden letztgenannten Behandlungsverfahren unterdrücken ja nur gewisse Äußerungen des Krankheitsprozesses; doch kann der Arzt nicht ehrlich überzeugt sein, daß wirklich Wesentliches getan worden ist, um den Homöostaseprozeß, dessen Störung zur Krankheit geführt hatte, wiederherzustellen.

Die Rolle der Kunst

Ohne Kunst vermag ich mir die Praxis der Medizin für den ganzen Menschen nicht vorzustellen. Ein Mensch, dessen Denken und Handeln allein von seinem Gehirn bestimmt wird, ohne die symbolische Funktion des Herzens und ohne sein natürliches Gefühl ist kalt, isoliert und krank. Jedes Körperorgan samt der mit ihm verbundenen Drüse und dem zugeordneten Chakra hat eine tiefe symbolische Bedeutung. Wird diese im Rahmen des Arzt-Patienten-Verhältnisses erforscht, so wird das Wachstumserlebnis als Resultat der durchgemachten Krankheit viel stärker empfunden.

Das Herz wird hier in fast gleichem Sinne gewertet, wie es in den Sprüchen Salomos ausgedrückt ist: »Wie ein Mensch in seinem Herzen denkt, so ist er.« Wir denken hier natürlich an die Fähigkeit des Menschen zu lieben. Erinnern wir uns an die Besprechung der Chakras in Kapitel 2, so wissen wir, daß das Zentrum der Herzzone in der Brust das Liebeszentrum ist.

Für die totale Heilung des Menschen ist wahrscheinlich nichts wichtiger als die Erweckung der Fähigkeit zu allumfassender Liebe. Man mag etwas recht gut mit dem Verstand verstehen, der durch Vermittlung der als Großhirnrinde bekannten Gehirnschicht funktioniert. Dieses Zentrum ist jedoch ohne Einfluß auf die Gehirnpartien, die die Körperfunktionen steuern. Um diese anzusprechen muß erst eine Übertragung auf die Gefühlsebenen (den symbolischen Herzbereich) stattfinden.

Das Gehirn an sich schaltet aus seiner Welt alle anderen aus. Es braucht die Wärme des Herzens. Beim Prozeß der Selbstfindung ist die Beschäftigung mit einigen der freien, nicht strukturierten Kunstformen eine große Hilfe. So kann zum Beispiel – bei Anleitung – mit Pastellfarben gemalt oder ein Tonklumpen geformt werden;

232

man kann auch musizieren oder ein Körperübungsprogramm durchführen.

In unserem Programm in Meadowlark nennen wir die Techniken der bildenden Künste kurz »Herz-zu-Hand-Therapie«. Tief im menschlichen Herzen beschlossen, liegt ein geheimer Wissensschatz, aus dem der Mensch jederzeit Rat zu seiner Belehrung und für seine Entwicklung erhalten kann. Der Leiter des Kurses braucht nur für die richtige Atmosphäre oder den passenden Hintergrund zu sorgen; er gibt ein paar Suggestionen, um die Kreativität zu stimulieren, oder er spielt eine Platte oder ein Tonband ab, um die geeignete Stimmung zu schaffen.

Dann nimmt sich jeder Teilnehmer der Klasse die Farben, die ihm im Augenblick am besten gefallen und läßt seine Hände damit über das Zeichenpapier (gewöhnlich ca. 60 x 90 cm) gleiten, wobei sein Herz (oder sein Gefühl), nicht aber der Verstand die Führung übernimmt. Farben drücken vorherrschende Gefühle aus; in scharfen, strengen Linien zeigt sich vielleicht beizender Ärger; Ovale könnten Tränentropfen bedeuten; dunkle Ränder um Bilder weisen vielleicht auf Eingrenzungen oder Beschränkungen des Lebens hin. Menschliche Figuren haben je nach ihren relativen Positionen und Größen die Bedeutung von Beziehungen oder Verwandtschaften sowie von unterdrückten Gefühlen.

In den Kunstklassen zeigen sich gewöhnlich schon bald schöne Erfolge. Die Linienführung wird weicher; neue, leuchtendere Farben werden gewählt; beengende Umrandungen fehlen. Wir sehen frisch fließende Lebensströme, junge grüne Pflanzen und andere Zeichen des neuen Lebens, das der Gast in sich anbrechen läßt.

Zusammen mit solchen Änderungen treten immer signifikante Anzeichen der Besserung der körperlichen, psychologischen und spirituellen Gesundheit auf. Häufig entstehen Bilder von Friedhöfen, Särgen oder anderen Symbolen, die den Tod der alten Persönlichkeit andeuten, so daß nun der Pfad zur Entwicklung des neuen Menschen offen ist. Das Neue kann in Frühlingssymbolen Ausdruck finden, im weiblichen Uterus mit dem Fetus, oder in einer Madonna, die ein Baby hält.

Ähnliches zeigt sich beim Gestalten von Ton. Der Leiter der Klasse spricht vielleicht über das Leben, oder Musik bewirkt eine stimmungsvolle Atmosphäre, während der Gast einen Tonklumpen hält und seine Hände gewissermaßen mit diesem einswerden läßt. Nur seine Finger dürfen am Ton arbeiten, während er selbst kaum wahrnimmt, was sie tun. Figuren oder andere Symbole nehmen Gestalt an; und wenn der Gast sie abends in seinem Zimmer etwas nacharbeitet, beginnt sich der tiefere Sinngehalt zu enthüllen und bedeutungsvoll zu seinem Gestalter zu reden. Die Bedeutung der Jesus-Worte: »Du mußt wiedergeboren werden«, wird buchstäblich vor den eigenen Augen offenbart.

Beim therapeutischen Körperbewegungsprogramm mit Musik sind gewöhnlich einige Teilnehmer anfangs gehemmt und unbeweglich, sei es infolge ehelicher Schwierigkeiten oder Scheidung, sei es wegen eines unerträglich gewordenen Arbeitsverhältnisses, sei es aus übergroßem Schmerz über den Tod eines geliebten Menschen. So sieht denn der Betreffende keine andere Gelegenheit, als sich irgendwo an den Rand der Gruppe zurückzuziehen und dort still stehen oder sitzen zu bleiben.

Vielleicht aber fangen schon nach ein paar Tagen seine Finger oder Fußspitzen an, sich im Takt der Musik zu bewegen. Und schließlich steht er auf, geht zu einer Gruppe und macht dort als Mitglied mit. Ich erinnere mich eines Gastes, einer hochgradig schizoiden, absolut ungeselligen, überempfindlichen Frau, die aber, wenn es ans Tanzen ging, zu einem Engel aus einer anderen Welt wurde. Ein anderer Gast, der im normalen Leben nicht zurecht kam, wurde im Schwimmbassin zu einem ganz anderen Menschen. Beim Schwimmen riß er die ganze Gruppe mit. So ist der Anfang der Tiefentherapie das Ausgangsrisiko und Wagnis des eingekerkerten Selbst, aus der starren Einengung auszubrechen.

»Herz-zu-Hand«-Therapie

Lehrer (nach seiner Entspannungs- oder Yoga-Übung):
   Nachdem wir nun bereits gut entspannt sind, wollen wir in diesem
Zustand bleiben, während wir die gleich beginnende Musik innig in
uns aufnehmen und mit uns einswerden lassen. Wählen Sie nun Ihre
Lieblingsfarben und richten Sie die Aufmerksamkeit auf Ihr Herzzentrum. Lassen Sie das, was Sie dort fühlen, in Ihre Hand strömen,
die die Farben hält. Lassen Sie die Farben über den Papierbogen
gleiten, ohne einen Bildinhalt zeichnen zu wollen. Lassen Sie es einfach
geschehen. Lassen Sie Ihre tieferen Gefühle in farbigen Rhythmen auf
dem Papier zum Ausdruck kommen.

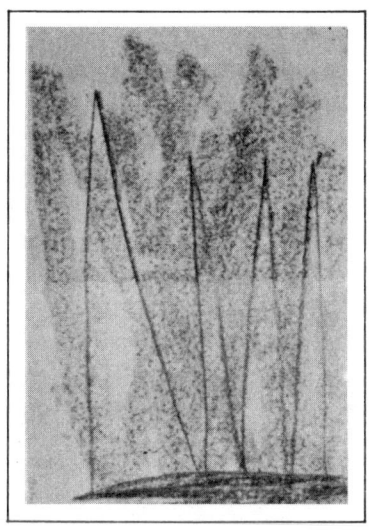

Lehrer: Was stellen diese scharfen Spitzen dar?
Gast: Ich bin verärgert.
Lehrer: Sind Sie empört, daß Ihr Leben zum Stillstand gekommen zu sein
   scheint?
Gast: Ja, das stimmt.

235

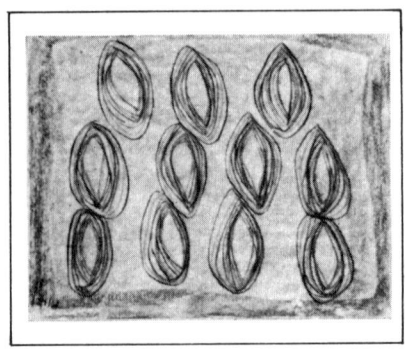

Lehrer: Ist Ihnen zum Weinen zumute?
Gast: Ja, aber ich konnte nie weinen.
Lehrer: Warum halten Sie die Tränen zurück?
Gast: Mein Vater hat uns Kindern nie erlaubt zu weinen.
Lehrer: Fühlen Sie sich durch Lebenssituationen gehemmt?
Gast: Oh, ja! (Tränen brechen aus)

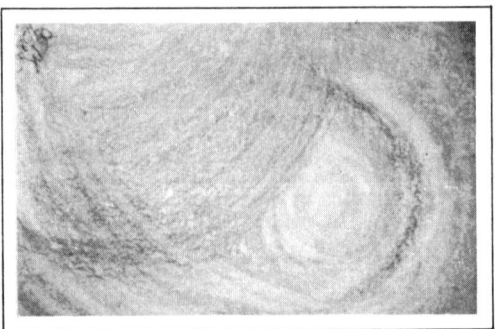

Lehrer: Wie fühlen Sie sich beim Betrachten der Bilder?
Gast: Ich fühle mich irgendwie gebunden und zurückgehalten.
Lehrer: Drehen wir das Bild einmal um und betrachten wir es von der Seite.
Gast: Ja, natürlich! Sieht aus wie eine neue Geburt!

236

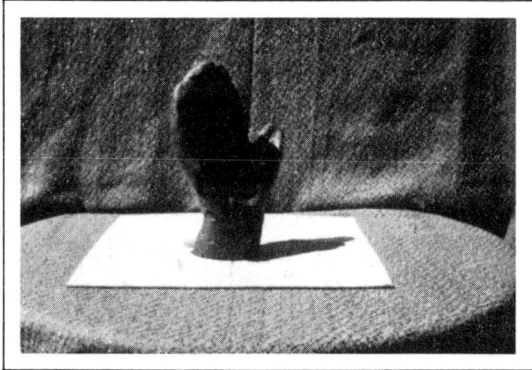

Lehrer: (Vor einer Klasse, die mit Ton arbeiten soll) Sie halten in Ihren Händen einen gestaltlosen Brokken Ton. Identifizieren Sie sich mit diesem Ton, während Sie der Musik lauschen, und lassen Sie dabei Ihre Finger mit dem Ton spielen.

Lassen Sie geschehen was will..., warum tragen Sie einen Handschuh?

Gast: Ich vermute, ich greife etwas. Ich möchte mehr vom Leben haben. Vermutlich ist der Handschuh mein Schutz.

Lehrer: Was empfinden Sie eigentlich, wenn Sie auf die behandschuhte Hand blicken.

Gast: Als ob meine Hände gebunden sind. Ich möchte den Handschuh abstreifen und die Hände kreativer benutzen. Ich möchte geben und nehmen.

Konzentration

Wenn der Suchende echter Gesundheit, der die Verwirklichung von Ganzheit anstrebt, einen flüchtigen Blick seines wahren Selbstes erhaschen möchte, ist er immer mehr auf sich selbst angewiesen. Denn das Suchen kann nicht für ihn erledigt werden. Disziplin wird immer mehr zu einem Teil seines Lebens. In den Abschnitten über richtige Ernährung und Leibesübungen wurde schon darauf hingewiesen. Nun aber wollen wir die besonders wichtige Disziplin des Geistes durch Konzentration, Meditation und Kontemplation betrachten. Bei der Konzentration werden die geistigen Vorgänge zusammengefaßt und auf einen einzigen Punkt gerichtet; in der Meditation verharrt der Geist auf diesem Punkt, es darf sich nur ein einziger Gedanke entwickeln; die Kontemplation ähnelt einer echten Vereinigung oder Verschmelzung der Person mit dem Objekt, das sie im Blickfeld ihres geistigen Auges festhält.

Anfangs ähnelt der Geist einer Herde Wildpferde, die von einem Cowboy zugeritten werden. Zu Beginn des Trainings lassen sie sich nur sehr schwer unter Kontrolle bringen. Ähnlich ist es mit dem ungeübten Geist, der von einem Subjekt zum anderen eilt und sich leicht durch Sinneseindrücke und Emotionen, Müdigkeit oder Bindungen an gewisse Lebenssituationen oder Personen ablenken läßt.

Ohne Konzentration gibt es keinen Fortschritt. Ernest Wood beschreibt einen vierfachen Pfad zur Konzentration: Für die erste Woche empfiehlt er, ein Konzentrationsobjekt zu wählen und den Geist so lange darauf festzuhalten, bis er abwandert. Die Konzentrationsdauer ist auf einer Uhr mit Sekundenanzeige festzustellen. Die täglichen Meßwerte samt Angabe des Konzentrationsobjektes und der ablenkenden Gedanken sind aufzuzeichnen.

Für die zweite, dritte und vierte Woche empfiehlt Wood, als Konzentrationsobjekt eine Reihe von Gegenständen zu wählen, die man bei kurzem Schauen in einem Raum wahrnimmt. Bei geschlossenen Augen sollte man sich diese Gegenstände dann in ihrer richtigen Anordnung wieder plastisch vorstellen. Wenn der Geist abwandert, bringt man ihn mit einem Willensakt wieder zurück. Die Anzahl der Unterbrechungen wird notiert.

Während der fünften Woche öffnet man ein Buch und merkt sich den Namen des ersten Substantivs, auf das der Blick gerade fällt. Dann tut man das gleiche auf einer anderen Seite. Die Konzentrationsspanne verwendet man darauf, eine gedankliche Verbindung vom ersten zum zweiten Objekt herzustellen. Eine solche »Wortbrücken-Übung« könnte wie folgt verlaufen. Angenommen, es wurden die Wörter »Millionär« und »Seele«, in dieser Reihenfolge, gewählt, so könnte folgende Brücke entstehen: Millionär – Geld – Klingelbeutel (in der Kirche) – Prediger – Predigt – Erlösung der Seelen.

Eine recht gute Übung für die nächsten drei Monate ist das

Durchdenken einiger gegenständlicher Hauptwörter, wie zum Beispiel Holz, Katze, Buch, Farbe oder Baum. Diese Übung von fünfzehn Minuten Dauer umfaßt die Konzentration auf das Objekt beim Durchdenken verschiedener objektgemäßer Sinngehalte in folgender Weise. Erstens, wie kann man das Wort klassifizieren und welche Dinge fallen in die gleiche Klassifikation? Zweitens, aus welchen Teilen besteht es? Drittens, welchen Zweck hat es und welches sind seine charakteristischen Eigenschaften? Ferner, welche Art familiärer Erfahrungen haben Sie damit gemacht?

Zum Beispiel *Katze*:
1. Familie der Katzen: Hauskatze, Wildkatze, Luchs, Ozelot, Tiger, Löwe, Puma usw.
2. Teile: Augen, Ohren, Nase, Maul, Fell, Schwanz, Beine, Krallen, Zähne, Magen, Leber, Nieren usw.
3. Zweck und Eigenschaften: Mäusefänger, Gefährte
4. Familiäre Erfahrungen: Gedanke an eine besondere Katze, die in einem Haushalt eine wichtige Rolle spielte.

Übungen solcher Art mit täglicher Eintragung der Erfolge sind von großem Wert und sehr förderlich für den weiteren Fortschritt auf jedem Pfad zur Selbstverwirklichung.

Die Lösung ist ein Suchen nach neuer Lebensqualität und eine Absage an die bisher so weit verbreitete Sucht zur Anhäufung materieller Güter. Überall entstehen heute Kurse in vergleichender Religionswissenschaft und Kurse für Yoga und Meditation. Das Leben muß wieder Sinn und Bedeutung haben, oder die Welt wird sich in wahnsinnigem Tun weiter zerstören. Hoffen wir, daß unsere jungen Menschen willens und imstande sein werden, die Wandlung zu bewirken.

Viele und vielerlei Pfade führen in dieses Land des Geistes, in die Domäne der Liebesenergie. Der Naturliebhaber mag sie in der freien Natur finden, der Künstler auf seiner Palette oder am Marmorblock, der Musiker in der mystischen Beziehung zu seinem Instrument, der Astronom beim Betrachten des gestirnten Himmels, der Kirchgänger in den stillen Augenblicken der Heiligen Kommunion und der Yogi in seiner Meditation.

Für einen Moment fällt der Vorhang der Zeit. Man taucht ein in Zeitlosigkeit; die körperlichen Beschränkungen entschwinden, und man ist ergriffen von der unfaßbaren Weite des Universums. Dann fühlt und weiß der Mensch, daß er als unentbehrlicher, als integrierender Teil des Ganzen dazu gehört. Mag diese Erfahrung auch im fernsten Gedächtnisgrund verblaßt sein, nie kann sie ganz verloren gehen. Immer wird sie wie eine Fackel Licht auf unseren Lebensweg streuen.

Lesen wir nun einige aus tiefer spiritueller Einsicht erwachsenen Aussprüche großer Männer.

John Muir (Naturforscher): »Alle individuellen Dinge oder Wesen, die in der Welt Ausdruck gefunden haben, sind Funken der Seele Gottes, in verschiedener Gewandung aus Fleisch, aus Blättern oder dem harten Gebilde der Felsen.«

Robert Henri (Künstler): »Ich bin sicher, daß wir außer den bekannten drei Dimensionen unbewußt noch mit einer weiteren Dimension zu tun haben. Ob es sich dabei um die vierte oder eine weitere handelt, ist mir gleich. Doch weiß ich, daß es tief in uns immer einen Bereich von Proportionen gibt, die über den und durch die drei wohlbekannten existieren. Vermittels dieser Kraft der Überproportionierung gelangen wir zur inneren Bedeutung der Dinge.«

Johannes Brahms: »Der Geist ist das Licht der Seele. Der Geist ist universal. Der Geist ist die kreative Energie des Kosmos. Die menschliche Seele ist sich ihrer Kräfte so lange nicht bewußt, bis sie vom Geiste erleuchtet ist … Daher muß der Mensch, der nach Entwicklung und Wachstum strebt, lernen, die eigenen Seelenkräfte zu entwickeln und zu nutzen. Alle schöpferischen Genies tun dies, wenn sich auch einige von ihnen dieses Prozesses nicht so bewußt zu sein scheinen wie andere.«

Gustav Stromberg (Astronom): »Dann versuchten wir, den Geist zu erforschen und fanden ihn in dauerndem Austausch mit dem Kosmos.«

Pierre Teilhard de Chardin (Geistlicher): »Ein für allemal begriff er, daß, wie das Atom so auch der Mensch außer dem Teil seines Selbst, der ins Universum eingeht, keinen Wert hat.«

Sri Rama Krishna (Yogi): »Solange man sagt ›Ich weiß‹ oder ›Ich weiß nicht‹, betrachtet man sich als Person. Meine Göttliche Mutter sagt: ›Erst wenn ich das ganze Aham (Ichheit) in dir ausgelöscht habe, kann das Homogene Absolute (mein unpersönlicher Aspekt) in Samadhi verwirklicht werden.‹ Bis dahin ist das Ich in und vor mir.«

Jesus und die Ganzheit

In Jesu Heilungswerk spielten auch Ganzheit und Homöostase eine Rolle. Untersucht man Seine Heilungen, so finden wir bewiesen, daß zwei Prinzipien für die Heilung des geistigen Zustandes nötig sind, nämlich Glauben und Liebe. Andernfalls ist es fraglich, ob eine wirkliche Heilung des ganzen Menschen möglich sein kann.

Johannes, der Jünger Jesu, berichtet über das Gespräch zwischen Jesus und einem gebrechlichen Mann am Teiche Bethesda. Es gibt keine Diagnose über dessen Krankheitszustand; es heißt nur, daß er gelähmt war. Jesus fragte ihn einfach: »Willst du ganz werden?«

Die Kraft des Glaubens

Für das Gelingen einer echten vollkommenen Heilung spielt der Glaube eine beherrschende Rolle. Zunächst muß der Kranke an sich selbst glauben und dann an seinen Arzt. Wir erinnern uns an den in drei Evangelien (Matthäus 9,20; Markus 5,25 und Lukas 8,43) geschilderten Fall der Frau, die zwölf Jahre an Blutfluß gelitten hatte, und an die Worte Jesu, als er fühlte, daß sie Sein Gewand berührte: »Mut, meine Tochter! Dein Glaube hat dir geholfen.«

Auch berichtet die Bibel von der Glaubenskraft eines Mannes, der, kraftlos an seinen Füßen in Lystra saß. Von Geburt an hatte er nicht gehen können. Erleuchtet von Paulus' Worten kam es zu einer Soforthheilung: »... (Paulus) blickte ihn an, sah, daß er Glauben hatte, um geheilt werden zu können, und sprach zu ihm mit lauter Stimme: ›Stell dich aufrecht auf deine Füße!‹ Und er sprang auf und ging umher.« (Apostelgeschichte 14,8).

Hätten wir Ärzte vor der Jahrhundertwende ebenso viel Glauben an Gott und die Heilkräfte der Natur gehabt wie an die zerstörenden Kräfte von Krankheit und Tod, dann erlebten wir weit mehr Heilungserfolge, als es heute der Fall ist.

Glauben läßt sich nicht in der Schule lehren. Es ist eine Selbstdisziplin, die nur der erreichen kann, der bereit ist, die nötigen Opfer auf sich zu nehmen. Das Einstimmen des Körpers stellt sehr hohe Anforderungen, bedingt es doch eine völlig neue Lebensweise mit Kontrolle der Sinne, mit Gebet, Fasten und Meditation. Auch das tägliche Leben muß fortgesetzt werden, und dabei gilt es, im stillen, in einem inneren Zentrum, den Kontakt mit einem Punkt ehrfurchtsvoller Stille nicht zu verlieren. Sehr schön hat dies Thomas Kelly in Worte gefaßt:

»Es gibt einen Weg, unser geistiges Leben gleichzeitig auf mehr als einer Ebene in aller Ordnung zu führen. Auf der einen Ebene, die durch das Außen führt, mögen wir denken, diskutieren, betrachten, kalkulieren und die Forderungen des Alltags erfüllen. Doch hinter den Szenen, auf einer tieferen Ebene, werden wir auch in Gebet und Verehrung verharren, singen und anbeten und empfänglich bleiben für den Atem Gottes.«

Im Glaubensakt wirft man die irdischen, vergänglichen Beschränkungen ab, und durch Verschmelzung mit einem Bewußtsein, das die eigene Persönlichkeit transzendiert, kommt man in Kontakt mit einer inneren Quelle der Weisheit. In einem solchen Augenblick legt der Vortragende seinen sorgfältig erarbeiteten Text aus der Hand und hält frei sprechend die beste Rede seines Lebens. Und sollte man ihn nachher fragen, was er gesagt, es könnte sein, daß er es nicht einmal mehr zu sagen weiß.

Liebe

Das andere für den Heilungsprozeß besonders wichtige Prinzip ist die Liebe. Pitrim Sorokin sieht in ihr die Kraft, die das Universum zusammenhält. Für Pierre Teilhard de Chardin ist sie der kosmischen Energie gleichzusetzen. Beim Berühren mit der Hand, im Blickstrahl des Auges strömt ein Quantum Energie vom einen zum anderen und bewirkt einen heilenden Impuls.

Man hat uns berichtet, daß Jesus beim Verlassen Jerichos zwei blinde Männer am Wegrand sitzen sah. Er hatte Mitleid mit ihnen und berührte ihre Augen. Von da an konnten sie wieder sehen. Liebe und Glaube solcher Größe ist heute mit Sicherheit selten, und es kommt daher auch nicht zu schnellen Heilungen dieses Ausmaßes; doch steht für mich zweifelsfrei fest, daß solche Taten der Liebe einen Anstoß zur Heilung bewirken.

Nicht nur die Bibel berichtet über die große Bedeutung von Glaube und Liebe für die Heilung. Auch der Medizinmann des Indianerstammes ist davon überzeugt, ebenso wie der buddhistische Mönch und alle, die die Macht dieser beiden großen Kräfte in vollem Umfang an sich selbst erlebt haben und im stillen Heilungen bewirken.

Bei solchen Heilungen gibt es keine Flickarbeit an Symptomen, wie sie in der heutigen Medizin so oft praktiziert wird; es sind vielmehr Heilungen des ganzen Menschen. Bei diesem lebensanregenden Prozeß kommt es nicht immer zur körperlichen Heilung, doch scheint es stets zu einer Neugestaltung des Lebens zu kommen – zur Abkehr von einem nur auf das persönliche Wohlergehen ausgerichteten Leben und zur Hinwendung zu einem viel glücklicheren und sinnvolleren Leben im Dienst an anderen.

Der Fall von Eileen Nader, einer 67jährigen Frau, die zur Behandlung einer Geschwulst in der Brust zu mir kam, illustriert gut diese Art der Wandlung. Während der Tage vor der Operation bat man sie, ihr Inneres zu erforschen. Die Krebsoperation überstand sie im tiefen, sicheren Wissen, daß sie wieder völlig gesund werde. Sie beschrieb einen Traum, den sie gehabt hatte: »Als ich nach der Operation in der Aufwachstation lag, geschah etwas mit mir. Ich sah mich selbst außerhalb meines Körpers, völlig unversehrt wie vor meiner Krankheit. Ich wandte mich um, um meinen Körper zu betrachten. Sechs große Männer, alle gleichen Alters und alle schwarz gekleidet, standen da, drei an jeder Seite. Sie sprachen nicht. Dennoch aber wußte ich, daß sie mich aufforderten, ihnen zu folgen. Dann befand ich mich in einem sehr großen Raum.

Die Männer in Schwarz waren verschwunden, und ein großer Mann in prächtigem, blendend weißem Gewand und mit einem hohen Hut erschien nun und schritt von Westen kommend nach Osten. In seiner Hand hielt er ein großes Buch, und er ging mit langen Schritten zu einem Altar, um es dort hinzulegen. Dann bedeutete er mir – ebenfalls ohne Worte –, ich solle an seine Seite treten.

Da stand eine quadratische Kiste mit weißem Sand. Der Sand war warm. Er sagte mir, ich solle mit den Füßen hineintreten. Dann verschwand alles, und ich befand mich allein inmitten des Raumes. Ein blendendes, weißes Licht wie Sonnenglanz erstrahlte, und ich hörte, wie eine laute Stimme sagte: ›Dies ist Heiligung. Du bist nun geheiligt.‹ Dann trat ich wieder in meinen Körper ein.«

Von diesem Tage an war Eileen ein anderer Mensch; ihr Leben widmete sie dem Dienst an anderen. Auch in ihrem äußeren Erscheinungsbild, und besonders aus dem Strahlen in ihren Augen erkannte man die positive Veränderung. In den nächsten fünf Jahren – bevor sie an einer Lungenentzündung starb – organisierte sie an einem Tag jeder Woche einen Wohltätigkeitsbasar für Meadowlark.

Die dominierende Rolle der Liebe im Heilungsgeschehen ist kaum zu überschätzen. Dieses Prinzip der Heilung ist fundamental, was aber leider oft völlig übersehen wird. Wir Ärzte sind allzuschnell bereit, uns selbst die Verdienste zuzuschreiben, auf die wir – des bin ich sicher – oft keinen Anspruch haben. Dabei wird dann die treue Fürsorglichkeit eines liebevollen und ermutigenden Freundes, eines Geistlichen oder einer Pflegerin wahrscheinlich übersehen.

Wenn es in der Umgebung des Patienten an Liebe fehlt, haben das beste medizinische Programm und die technisch höchst entwickelten chirurgischen Methoden nur geringen Wert; sie können dann höchstens vorübergehende Besserung bewirken.

Zuerst ist Liebe zum eigenen Selbst und die Vorstellung eines sinnvollen Lebens vonnöten; sodann kommt die Liebe zu Freunden, und schließlich, als Höchstes, die Liebe zum Schöpfer allen Lebens – zu Gott.

Die Wichtigkeit dieses Liebesfaktors für die Heilung hat mein Lehrer Dr. Smiley Blanton eindrucksvoll erklärt: »Jede Handlung, jede Tat, die ich ohne die positive, schöpferische Kraft der Liebe ausführe, ist ein Nagel am eigenen Sarg und bringt in meinem Körper degenerative Prozesse zur Wirkung.«

Warum ist der eine mit fünfzig Jahren schon ein alter Mann und der andere hoch in den Achtzigern immer noch in der Vollkraft des Lebens? Oliver Wendell Holmes und Albert Schweitzer sind Beispiele großer Männer, die nicht alterten. Beide waren Männer von großer Liebesfähigkeit. Liebe kann man nicht in Worten ausdrücken. Sie ist ein inneres Erleben oder Tun. Auch ist sie eine Frucht der Meditation. In unserer heutigen, vom Haß gespaltenen, auf Krieg und Waffen bedachten Welt ist es nicht verwunderlich, daß degenerative Krankheiten einen größeren Tribut fordern als je zuvor.

Nein, Liebe kann weder gewogen, noch gemessen, noch analysiert werden und paßt deshalb auch nicht in das empirische System der medizinischen Ausbildung. Der große Arzt und Philosoph Albert Schweitzer sagt: »Der Beginn aller Weisheit sollte vom Mysterium der Existenz und des Lebens erfüllt sein.«

Wenn wir Amerikaner überleben sollen, dann werden es unsere jungen Leute sein, die uns retten, weil es ihnen mehr auf die Erde, die Natur und die Lebensqualität ankommt, als auf die Anhäufung materieller Güter.

Zu Beginn dieses Kapitels haben wir uns mit der Sammlung des Geistes durch Konzentration befaßt. Jetzt wollen wir uns dem Prozeß zuwenden, durch den wir uns einer Weisheit nähern, für die es keine Schulprüfungen gibt, einer Weisheit, in der wir das Mysterium der Existenz und des höheren Lebens erfahren, an dem wir teilhaben.

Die Praxis der Meditation ist eine gründlich erprobte Methode zur Selbsthilfe auf dem Weg zur Selbstverwirklichung. Wenn man will, kann man sich mit dieser Praxis selbst helfen. Setzen Sie eine bestimmte Tageszeit dafür an, und wählen Sie einen möglichst bequemen, ruhigen und störungsfreien Platz. Setzen Sie sich ruhig auf einen Stuhl oder auf den Boden, mit nach oben gerichteter Wirbelsäule, und lassen Sie die Hände still im Schoß oder auf den Knien ruhen. Der Lotussitz der Yogis ist gut, falls er Ihnen kein Unbehagen bereitet. Nötig ist er aber nicht. Schließen Sie die Augen.

Richten Sie Ihre ganze Aufmerksamkeit auf Ihre Atmung. Atmen Sie langsam und tief ein und aus, um abschweifende Gedanken zur Ruhe zu bringen. Beim Ausatmen soll möglichst alle Atemluft aus der Lunge verdrängt werden; bei der folgenden, langsamen Einatmung soll möglichst viel Luft in die Lunge gesaugt werden. Der Brustraum sollte durch Heben der unteren Rippen und zusätzliche Zwerchfellatmung ausgedehnt werden. Beim Zusammenziehen senkt sich das Zwerchfell; dabei wird Luft in die unteren Lungenpartien gezogen, und der Bauch wölbt sich beim Einatmen etwas vor. Die Lungen sollen langsam und völlig gefüllt und dann ebenfalls langsam und völlig geleert werden.

Nach einer Weile solcher Atemtätigkeit ist es gut, sich einer Methode zur Beruhigung von Körper, Geist und Seele zu bedienen. Es gibt dafür mehrere Wege. Hosea sagt: »Wähle Worte, und wende dich an den Herrn.« Sie können zum Beispiel mit den Worten beginnen: »Mach dich nun mit Ihm vertraut und sei in Frieden.«

Denken Sie an Gott als Liebe; übertragen Sie den Gedanken in Gefühl. Was fühlen Sie, wenn Sie von Liebe erfüllt sind? Fahren Sie fort mit weiteren Worten, wie Leben, Frieden und Kraft; denken und fühlen Sie auch diese! Und dann geben Sie sich den Befehl:

»Sei still und wisse, daß ich Gott bin.«

Nach einer Zeit innerer Stille wiederholen Sie den Befehl und lassen dabei das Wort »Gott« weg:

»Sei still und wisse, daß ich bin.«

Nach abermaliger innerer Stille lautet der Befehl nun:

»Sei still und wisse das!«

Das letzte Wort ist ein Ausdruck, der manchmal für den Namenlosen – Gott – gebraucht wird.

Und so sind Gott, Ich bin und das Synonyme für das Erlebnis des Stilleseins.

Bei den nächsten Wiederholungen lauten die Befehle:

»Sei still und wisse!«; dann folgt: »Sei still!« und schließlich: »Sei!«

Die Zeitspannen zwischen den Befehlen kann man wählen, wie es einem paßt, oder bis störende Gedanken auftreten. Nach dem letzten Befehl folgt eine Zeitspanne mit kontrollierter Atmung, und dann wird die ganze Serie wiederholt.

Einen anderen Eintritt in die Meditation bietet das erste große Gebot; dabei sammeln Sie die ganze Aufmerksamkeit auf Gott, den Sie mit ganzem Herzen, mit ganzem Geist und mit ganzer Seele lieben. Sie bieten sich Ihm an und bitten, daß Sein Wille in und durch Sie geschehe.

Die Meditation ist eine stetige, ruhige Fixierung des Geistes auf Gott oder die Natur. Plato drückt dies mit den Worten aus: »Die glühende Hinwendung der Seele zum Göttlichen: Nicht um etwas Gutes für uns zu erbitten, sondern um des Guten willen, für das Universale und Höchste Gute.«

Die Praxis der Meditation wird uns lehren zu meditieren und uns – wenn wir bereit sind – über die Meditation hinausheben in den Zustand des Einsseins mit dem Vater.

Rückblick

Wir haben den Pfad der Heilung – im Sinne der Erreichung eines gewissen Ganzheitsgrades – nur kurz skizziert. Es war nicht unsere Absicht, den ganzen Weg aufzuzeichnen, selbst wenn wir dazu imstande gewesen wären. Der Pfad ist nämlich sehr individuell und erfordert große Beharrlichkeit. Das Aufgehen des kleinen Selbst im größeren Selbst verlangt eine völlige Wandlung der Lebensführung. Dinge, die uns früher wichtig erschienen sind, verlieren dabei ihren

Wert; ein neues Wertgefühl steigt am Horizont auf. Der Pfad, der ins neue Bewußtsein führt, verläuft durch viele Täler, wobei häufig der Blick auf den zu erreichenden Gipfel verlorengeht. Doch wenn wir zum Berg des verfeinerten Bewußtseins emporsteigen, schwinden die Täler kleiner und flacher.

Selbstverwirklichung ist sehr anspruchsvoll. Der Verlust unserer schützenden Häute dürfte uns sehr verwundbar machen. Doch die alte Person, die wir einmal gewesen sind, paßt nicht mehr in den neuen Zuschnitt. Walt Whitman beschreibt diese Reise in seinem »Gesang von der freien Straße«:

»Merk auf! Ich will zu dir aufrichtig sein.

Ich biete nicht die alten glatten Preise an, sondern herzhafte neue Preise.

Dies ist die Ordnung, die du einzuhalten hast:

Häufe nicht auf, was man Reichtümer nennt.

Mit freigebiger Hand streue aus, alles, was du verdienst und erwirbst.

Du bist kaum in der Stadt, zu der du beordert warst, angekommen, du hast dich kaum zu deiner Zufriedenheit eingerichtet, so wirst du mit unwiderstehlichem Rufe zur Abreise gerufen;

Du wirst mit dem ironischen Lächeln und den Spötteleien der Zurückbleibenden bedient werden;

Doch wenn du auch und was auch für Lockungen der Liebe du erfährst, so sollst du ihnen einzig mit leidenschaftlichen Küssen des Abschieds antworten.

Du sollst die Versuche, dich zurückzuhalten, nicht beachten, welche die machen, die dir offene Hände entgegenstrecken.«

Als Jesus von Nikodemus besucht wurde, verglich er das neue Bewußtsein, durch das er imstande war, seine Wunder zu vollbringen, mit einer neuen Geburt (Joh. 3,3). Eine solche neue Geburt bringt neue Dimensionen des Seins mit sich. Und wenn man einmal dessen Früchte gekostet hat, wird man die Suche nach dem Einssein nimmer aufgeben.

Angst und Furcht weichen dann dem Gefühl des Glaubens und der Gewißheit. Unmut, Ärger und Argwohn werden durch Liebe verdrängt. Ungeduld und Reizbarkeit lösen sich auf in einer Atmosphäre von Geduld und Beharrlichkeit. Die Liebe, so wie wir sie früher kannten, verliert ihre einengende Ausschließlichkeit und erweitert den Bereich ihrer wärmenden Strahlkraft auf die gesamte Menschenfamilie. Jeder Tag wird zu einer neuen faszinierenden Herausforderung, voll von Möglichkeiten zu wachsen und zu größerem Bewußtsein des wesentlichen Selbst zu kommen.

10. Kapitel

Sexualität und der ganze Mensch

Daß dieses Kapitel geschrieben werden muß, hielten alle für richtig. Freunde, die von unserem Projekt wußten, und Berater, die in sehr realer Weise dazu beigetragen haben, haben sich ohne Zögern dafür ausgesprochen.

Es gibt viele ausgezeichnete klinische Untersuchungen über das Geschlechtsleben. »Sexperten« erläutern uns auf vielen Gebieten der menschlichen Erfahrung ständig ihre Ansichten. Zum Sexuellen gibt es moralisierende, gesetzestreue und nur banale Einstellungen – doch, wie jeder Geistliche, Arzt, Psychiater, Anwalt oder Schankwirt zur Genüge weiß, wird Sex auch weiterhin für Menschen jeder Altersstufe, Größe und Gestalt spannend, fesselnd, aufregend, faszinierend, beunruhigend und verwirrend bleiben.

Nach den Äußerungen, die man liest und oft zu hören bekommt, teilen auch Geistliche, Ärzte und Psychiater die allgemeine Verwirrung zum Thema Sex. Uns bleibt hier nichts anderes zu tun, als einige Einsichten und Anregungen zu geben, die es unseren Lesern erleichtern sollen, sich ihrem Verstand und Herzen entsprechend zu entscheiden. Und eine ganzheitliche Person ist natürlich willens und imstande, sich in jedem Bereich des Lebens so zu verhalten. Wer Heilung oder ein umfassenderes Gefühl des Ganzseins sucht, kann oft einen Schritt in die Richtung des von ihm gewünschten Weges tun, indem er einfach einen forschenden Blick auf einige der sexuellen Elemente seines Selbst wirft. (Wir möchten darauf hinweisen, daß dieser Abschnitt nichts mit Anweisungen über sexuelle Techniken und Praktiken zu tun hat, wenn auch für den, der sich die Zeit nimmt, sich über die Wichtigkeit und den Stellenwert der Erotik im Leben des ganzen Menschen klar zu werden, dieses Erlebnis möglicherweise Wunder bewirken und zu besserer Gesundheit und größerer Lebensfreude führen kann.) Es ist gesagt worden, daß »der Körper das Lamm ist, welches die Sünden der Welt hinwegnimmt.« Wir denken jetzt hier nicht an Geschlechtskrankheiten, die bei der geschlechtlichen Vereinigung übertragen werden können, sondern an die ungesunden Verhältnisse, die sich oft im geistigen, emotionalen, physischen und sozialen Körper der Menschheit als Folge viel subtilerer Sünden, wie Furcht, Schuld, Unwissenheit und verzerrter oder befangener Einstellungen zeigen.

Wichtigkeit der richtigen Einstellung

Selbst in unserer angeblich so aufgeklärten Zeit gilt das Geschlechtliche oft noch als düster, zwielichtig, schlüpfrig und schlecht. Es ist oft Gegenstand von Zoten und allzu derben, vulgären Witzen. Und wenn die Sprache darauf kommt, fühlen sich viele Leute peinlich berührt. Wir dürfen mit Überzeugung sagen, daß es Geistlichen und Ärzten ebenso schwerfällt wie anderen Personen, sich von den konventionellen Anschauungen zu lösen.

Ebenso aber dürfen wir mit Sicherheit sagen, daß wir die Innenseite aller Aspekte menschlicher Beziehungen gut genug kennen, um zu wissen, daß die Einstellung zum Sexuellen wesentlich dazu beitragen kann, einen Menschen zur Ausformung der Ganzheit oder zur Mißbildung seines Wesens zu bringen. Wir können nicht umhin, anzunehmen, daß aufgrund verklemmter sexueller Anschauungen von Geistlichen, Ärzten, Psychiatern und anderen Personen jedes Jahr ebensoviele weibliche und männliche Organe und Organteile wegoperiert werden wie infolge irgendwelcher anderer sogenannter Krankheiten.

Die der Fortpflanzung dienenden männlichen und weiblichen Organe, Gewebe und Funktionen sind das Sensitivste im ganzen menschlichen Organismus. Schuldgefühle, Ängste, Verurteilungen und andere negative Einstellungen fordern auf diesem Gebiet menschlicher Äußerungen und Erfahrungen einen tragischen, erschütternden Tribut. Wir möchten sogar sagen, daß kein Mensch völlig ganz sein kann, bevor er oder sie die individuelle Sexualität nicht als positiv erkannt, sie akzeptiert und dankbar begrüßt hat.

Betrachten Sie sich einmal selbst und versuchen Sie festzustellen, was wohl übrigbleiben würde, falls Ihnen alle Elemente Ihrer Sexualität weggenommen wären, angefangen beim äußeren Erscheinungsbild Ihres Körpers bis weit hinein – soweit Sie es erfühlen können – in die geistigen, emotionalen und spirituellen Tiefen Ihres Seins. Oder nehmen Sie sich einen anderen Menschen vor, dem Sie im Leben nahestehen, und sinnen Sie darüber nach, was an ihm übrigbleiben würde, besäße er keinerlei Sexualität.

So etwas wie einen völlig neutralen Zustand gibt es in der menschlichen Geschlechtlichkeit nicht; und wir sollten Gott dafür danken. Würde das geschlechtliche Element den Menschen entzogen, so wäre das ganze menschliche Experiment sogleich zu Ende. Natürlich wäre es von Nutzen und ohne Schaden für den menschlichen Fortschritt, wenn wir auf einige Einstellungen, an denen wir bisher in bezug auf den Sex festgehalten haben, verzichten würden.

Viele Betrachtungsweisen des Sexuellen scheinen sich in erster Linie auf den körperlichen Geschlechtsakt zu richten, auf seine Regulierung, auf die in seinem Umfeld erwachsenden rechtlichen Fragen, auf seine Intensivierung oder seine Eliminierung; doch die geschlechtliche Umarmung, so wichtig sie auch ist, bleibt immer nur ein Teil des Geschlechtslebens eines Menschen. Das sexuelle Geschehen kann nicht isoliert werden aus dem Gesamtgefüge der Einstellung eines Individuums gegenüber sich selbst als menschlichem Wesen und gegenüber dem Geschlechtspartner – ja, in der Tat, sogar gegenüber der Menschheit als Ganzes.

Wie bei jedem anderen menschlichen Austausch ist auch beim Geschlechtsverkehr das Bewußtsein stark beteiligt, und zwar mehr noch als das körperliche Erleben; und selbst bei den intimsten menschlichen Beziehungen sind die Einstellungen der Partner, ihre Empfindungen, Ängste, ihre Gefühle von Schuld, von Freiheit und Liebe ständige Begleiter.

Bevor wir weitergehen, könnten Sie vielleicht noch etwas innere Arbeit tun, indem Sie sich folgende Fragen stellen: Bin ich in sexueller Hinsicht eine ganzheitliche Person? Akzeptiere ich meine Sexualität (meine Männlichkeit oder Weiblichkeit) ohne Angst, ohne Schuldgefühle oder Mißbilligung, ohne Entschuldigung oder Verlegenheit? Akzeptiere ich die Sexualität (die Männlichkeit oder Weiblichkeit) der Personen meines Lebensbereiches ohne Angst, ohne Schuldgefühl, ohne Mißbilligung, Entschuldigung oder Verlegenheit? Bin ich in meinen Beziehungen zu Menschen meines eigenen Geschlechtes ehrlich, unbefangen und ausgeglichen? Bin ich ehrlich, unbefangen und ausgeglichen in meinen Beziehungen zu Menschen des komplementären, des ergänzenden Geschlechtes? Bin ich willens, meine Erfahrung, mein Verständnis und meine Kenntnis über die wahre Natur der Sexualität zu vertiefen?

Die meisten Menschen sind der Auffassung, daß wie in anderen Wissensbereichen so auch in bezug auf die Sexualität veraltete Begriffe und Einstellungen aufgegeben werden müssen, bevor wirkliches Wachstum möglich sein wird. Für Geistliche, Ärzte und viele andere Personen ist es überaus erstaunlich zu sehen, was für verzerrte Begriffe, schmerzende Einstellungen und Erinnerungen über das Geschlechtliche selbst anscheinend reife Frauen und Männer als Teil ihrer jetzigen Lebenserfahrung mit sich herumschleppen. Manchmal hat ein früher geäußertes barsches Wort oder ein strenger Tadel eines Elternteiles, eines Lehrers, eines Geistlichen oder eines anderen Erwachsenen bewirkt, daß das Leben eines Menschen schwer belastet wurde und daß seine Beziehungen zu anderen empfindlich gestört wurden.

Eines Kindes unschuldiges Begehr nach Wissen und Erkundung eines Gebietes der Sexualität kann durch eine unbedachte Äußerung, durch eine strenge oder gar entsetzte Antwort eines unreifen Erwachsenen zu einem gelebten Alptraum werden. Der Schaden, der dadurch dem psychologisch-emotionalen Bereich eines Individuums sowie auch dessen Körper zugefügt wird, ist manchmal enorm und läßt sich nur sehr schwer wieder beheben. Weder durch Ängstigung, Drohungen und Mißbilligung, noch durch Sittenpredigten oder gesetzliche

Maßnahmen wird es je gelingen, einen Menschen zur Ganzheit heranzubilden. Ganzheit und Freiheit erwachsen nur aus liebender, verständnisvoller Annahme unserer wahren Natur.

Wünschen Sie, Ihre Selbstbefragung ein wenig fortzusetzen, so mögen die folgenden Gedanken Ihnen als Anregung dienen. Auf die Frage: »Was bin ich sexuell?«, lautet die Antwort eines Mannes: »Sexuell bin ich männlich«; die Antwort einer Frau: »Sexuell bin ich weiblich.« Wenn Sie sich in der Bibel auskennen, wissen Sie, daß diese Fragen und Antworten Sie nahe heranführen an die im 1. Buch Moses aufgezeichnete Geschichte der Erschaffung der Menschen. Und der Anfang aller Dinge ist sicher ein recht guter Ausgangspunkt für unser Verständnis von der sexuellen Natur von Mann und Frau.

Wir hören, daß Gott den Menschen als Sein Bild »als Mann und Weib« erschuf. Sind Sie aber in der Bibel nicht so sehr bewandert, dann lehrt Sie schon eine nachsinnende Betrachtung des natürlichen Universums die gleiche große Wahrheit.

Unsere Sexualität ist eine göttliche Gabe, das Bild Gottes in uns, unsere spirituelle oder reale Natur. Es ist daher nicht verwunderlich, daß unsere sexuellen Einstellungen, Gedanken und Praktiken unsere ganze Persönlichkeit entweder ausformen oder entstellen. Wenn wir uns mit dem Sexus befassen, so befassen wir uns mit unserer tiefen, wahren, inneren Natur. Nehmen wir diese große Wahrheit an, so kommen wir der Ganzheit einen großen Schritt näher – der Ganzheit im Denken, Fühlen und in unserer Einstellung, Persönlichkeit und Individualität. Wir stehen dann von Angesicht zu Angesicht unserem echten inneren Selbst gegenüber, was gewöhnlich ein therapeutisches und oft sogar ein überwältigendes Erlebnis ist.

Lernen Sie, die eigene Sexualität zu würdigen

Hier sollten Sie jetzt tiefe, innere Arbeit in bezug auf Ihre eigenen Einstellungen, Gedanken und Gefühle verrichten. Das ist in der Tat die einzige wirklich produktive Arbeit, die zu Heilung und Ganzheit führt. Dabei möchten Ihnen die folgenden Gedanken als Wegweiser dienen.

»Als männlicher (weiblicher) Mensch bin ich sexuell ein Mann (eine Frau) – eine ganze Person, ein vollkommenes Individuum, das Bild Gottes. Meine Männlichkeit (Weiblichkeit) ist meine Göttlichkeit, ist meine Spiritualität, mein wahres Selbst. Als meines Schöpfers Gabe nehme ich meine Sexualität an. Ich bejahe sie und erfreue mich ihrer. Ich entledige mich aller Gefühle von Angst, Schuld, Verdammung, Scham und Verlegenheit in bezug auf Geschlechtliches. Ich fühle, wie sich meine bisherige Einstellung zum Sexuellen – mir selbst wie auch anderen gegenüber – in wunderbarer Weise verändert.«

Lassen Sie diese Gedanken in Ihrem Bewußtsein wachsen und sich entfalten, so wird eine neue Art von Verständnis und Wertschätzung Ihrer eigenen Sexualität und der anderer Menschen sich mit der ihr eigenen schöpferischen, dynamischen Kraft in Ihnen entfalten. Ein Gefühl des Wunderbaren, des Entzückens und der Freude über Ihre eigene Sexualität, deren Elemente und Ausdrucksrichtungen wird sich entwickeln. Ein Gefühl von Reinheit, Heiligung und sexueller Ganzheit wird sich in Ihrem Geiste, Ihrem Herzen und Körper niederlassen und Ihre Beziehungen zu anderen veredeln.

Ein nach eigener Aussage noch nicht zur Ganzheit entwickelter, durch das Leben und seine sexuellen Beziehungen desillusionierter Mann sagte mir, nachdem er einige der vorstehenden Ideen vernommen hatte: »Mein Gott! Das ist ja das erste Mal, daß jemand über Sex sinnvoll redet. Jetzt wird mir klar, warum ich von Bett zu Bett sprang und die verschiedensten Partnerinnen hatte, aber niemals Befriedigung dabei gefunden habe. Ich habe die Reinheit und Heiligkeit meiner eigenen Sexualität verletzt – ganz zu schweigen von der meiner Partnerinnen. Nun danke ich Ihnen, daß Sie mir mit dieser Wahrheit die Augen geöffnet haben.«

Eine Frau, die ein sehr unglückliches Leben geführt und drei Scheidungen hinter sich hatte, war an einem Tiefpunkt angelangt. Der Arzt erwog, die Gebärmutter zu entfernen. Auf sein Anraten ging sie aber zunächst zu einem Geistlichen, der mit ihr die oben erläuterten Ideen besprach. Abschließend wies er sie darauf hin, daß ihr Körper

ein Tempel Gottes sei und sie einsehen müsse, daß ihre Fortpflan-
zungs- und Geschlechtsorgane sowie deren Funktionen Instrumente
göttlicher Prozesse seien. Sie müsse darüber glücklich sein und solle sie
lieben und schätzen.

Später sagte die Frau einer Freundin, sie habe, während der Geistliche mit ihr redete, ein Gefühl gehabt, als ob die unglücklichen
Erinnerungen und Krankheitserlebnisse ihres ganzen Lebens ausgelöscht worden und ein Berg schmachvoller Vorwürfe von ihr abgefal-
len sei. Und seit sie für alle Organe ihres Körpers glücklich und
dankbar geworden sei, habe sie spüren können, wie sie sich emotional
und geistig lockerte und ihre Spannung und Reizbarkeit verschwunden
seien.

Jahre später bekannte sie dann, daß sie nicht operiert worden sei und
sich nun freier, glücklicher und gesünder fühle als je zuvor.

Das innere Wunder von Freiheit und Ganzheit

Es gibt wohl kaum etwas Schöneres als das Wunder von Freiheit und
Ganzheit, das sich einstellt, wenn alte, verschrobene Ansichten und
Einstellungen durch eine gesunde, schöpferische Einstellung zu uns
selbst ersetzt werden. Kein anderer kann für uns diese Veränderung
bewirken, wenngleich wir uns auf vielerlei Weise gegenseitig inspirieren und helfen können. Mit wachsendem Verständnis für das sexuelle
Element Ihrer ganzheitlichen Person werden Sie folgende Formel als
wertvolle Hilfe schätzen lernen: »Nun schaffe und bejahe ich eine
gesunde, schöpferische Einstellung zu meiner eigenen Sexualität.«

Wenn sich diese Einstellung in Ihnen entfaltet, wird sich als
Ergebnis ein Gefühl der Ganzheit einstellen. Sie werden dann äußere
Konventionen und Ratschläge für Ihr Verhalten im Umgang mit
anderen kaum mehr nötig haben, weil Sie Respekt und hohe Achtung
vor Ihrer eigenen Sexualität haben. Sie werden weniger geneigt sein,
Beziehungen einzugehen oder beizubehalten, durch die das verfälscht,
verzerrt, abgewertet oder ausgebeutet wird. Was es bedeutet, in
sexueller Hinsicht ein ganzer Mensch zu sein, werden Sie in immer

größerer Klarheit erfahren, und mit Freuden werden Sie dieses Gefühl der Ganzheit in sich bewahren wollen.

Natürlich werden sich auch Ihre Beziehungen zu anderen Menschen wandeln, denn Sie erkennen, akzeptieren und schätzen auch die Sexualität eines jeden anderen. Sie werden seine oder ihre Ganzheit der Persönlichkeit und Geschlechtlichkeit ebenso respektieren wie Ihre eigene, und Sie werden Beziehungen zu schaffen und aufrechtzuerhalten versuchen, die Ihnen und anderen helfen, das zu sein, zu dem Sie beide geschaffen wurden – nämlich Söhne und Töchter des Allerhöchsten.

Es wird sich Ihnen das Verständnis erschließen, daß in sehr tiefem und realem Sinne alle menschlichen Beziehungen auch sexuelle Beziehungen sind. Als Mann sind für Sie Beziehungen zu anderen Männern solche zum gleichen Geschlecht und Ihre Beziehungen zu Frauen solche zum anderen oder besser gesagt, zum ergänzenden, komplementären Geschlecht. Alle diese menschlichen Beziehungen werden sich auf eine höhere Ebene verlagern, weil Sie sich der Ganzheit, der Göttlichkeit und Heiligkeit Ihrer eigenen Sexualität bewußt werden.

Führt Ihre Beziehung zu einem Menschen des komplementären Geschlechtes zum Akt der körperlichen Vereinigung, dann ist dies ein heiliges, ganzheitliches, gottbegnadetes Sakrament, denn es ist die Vereinigung zweier Tempel Gottes und ein tiefer inniger Austausch der höchsten und besten Elemente.

Eine Frau, die sich wegen schwieriger Eheverhältnisse an einen Berater gewandt hatte, sagte diesem, sie komme sich beim Geschlechtsakt fast wie eine Prostituierte vor. Ihr Mann, der materiell in jeder Hinsicht gut für sie sorgte, schien den geschlechtlichen Verkehr als einen rein animalischen oder körperlichen Akt zu empfinden und wandte ihr als ganzheitlichem, sexuellem Menschen nur wenig oder keine Beachtung zu. Wenn ihr Mann sie nur schon anrühre, sagte sie, löse das in ihr eine Menge negativer Reaktionen aus. Und diese machten es ihr unmöglich, am Geschlechtsakt Anteil zu nehmen.

Der Berater fragte sie, ob sie sich denn selbst in sexueller Hinsicht als ganzheitliche Frau betrachte. Sie war über diese Frage baß erstaunt und sagte, sie müsse das überdenken. Einige Wochen später rief sie an und sagte, in ihrer Ehe vollziehe sich ein Wunder. Seit ihr Denken über sich selbst sich gewandelt habe, habe sich die Einstellung ihres Gatten zu ihr in geradezu wunderbarer Weise geändert. Dies führe sie immer mehr zur Erkenntnis, daß ihr wirkliches Problem nie durch ihren Mann ausgelöst worden sei, sondern durch ihre eigene, größtenteils von ihrer Mutter übernommene Einstellung zu Männern und zu sich selbst. Auch sagte sie, seit der alarmierenden Frage des Beraters über ihre Einstellung zu sich selbst habe sie begonnen, ihre eigenen Ansichten zu überdenken.

Solange sie zurückzudenken vermochte, entsann sie sich, daß ihre Mutter immer wieder gesagt hatte, alle Männer seien roh und brutal und hätten nichts anderes im Kopf als Sex. Auch erinnerte sie sich, daß ihre Mutter zu sagen pflegte, so wie ihr Mann ihr zugetan sei, könne sie genausogut eine Prostituierte sein. Offenbar war dieses Gefühl ständig gewachsen, bis es bei der Tochter zu einer Zwangsidee wurde und diese ihr ganzes Leben lang eine völlig ungesunde Einstellung zum Sexuellen, zu ihrer Rolle darin sowie zur Brutalität der Männer hegte. Als sie aber über all dies gründlich nachgedacht hatte, sah sie, wie sie sagte, ein, daß sie selbst für ihre Eheschwierigkeiten die Verantwortung trug.

Daher entschloß sie sich, ihre Einstellung zu sich selbst zu ändern und sich als vollkommene Frau zu sehen, das Sexuelle zwischen ihr und ihrem Ehemann als schön und natürlich zu betrachten und ihre falschen Vorstellungen, die sie für wahr gehalten hatte, aufzugeben. Sie berichtete, daß sie und ihr Gatte nun offen über ihre sexuellen Beziehungen sprechen könnten und daß sie eingesehen habe, daß viele der rohen Charakterzüge, die sie ihrem Manne zuvor zugeschrieben hatte, in Wirklichkeit gar nicht vorhanden waren und daß er sicher sehr erstaunt und verletzt gewesen wäre, hätte er jemals geahnt, wie sie früher über ihn gedacht hatte.

Was die Einstellung zur eigenen Sexualität angeht, haben Männer ebensoviele Probleme wie Frauen. Es ist fast unglaublich, daß sogenannte reife Männer und Frauen derart verzerrte Bilder von sich und dem anderen Geschlecht sowie von ihrer Rolle in den wichtigen sexuellen Beziehungen haben können.

Zum Aufstieg auf dem Pfad zur Ganzheit der Person im sexuellen wie auch in jedem anderen Bereich bedarf es im wesentlichen der »inneren Arbeit«. Kein anderer kann uns ja ohne unser Zutun zu einer ganzen Persönlichkeit machen; denn das ist die fortdauernde, sich entfaltende, befreiende Verantwortung, die zu jedem Menschen gehört. Eines aber ist sicher: In dem Maße, wie wir unsere Sexualität (unsere Göttlichkeit) akzeptieren, werden wir in allen unseren menschlichen Beziehungen eine immer höhere Stufe der persönlichen Ganzheit sehen und erleben.

Wenn wir uns selbst betrachten und prüfen, hören wir vielleicht die Stimme des Schöpfers: »Du bist meine Tochter, behandle dich wie eine solche« oder: »Du bist mein Sohn, behandle dich wie ein solcher«, und wenn wir an die vielen anderen Menschen in unserer Welt denken, hören wir vielleicht wieder die Stimme des Schöpfers: »Ihr seid meine Söhne und meine Töchter, behandelt euch wie solche.«

11. Kapitel

Aus der Sicht des Geistlichen:
Die universale Ganzheit

Die Bühne ist frei für das Drama:

Im Sprechzimmer des Arztes sprechen ein Mann und seine Frau im Flüsterton miteinander. Der Arzt tritt ein. Man tauscht die üblichen unverbindlichen Freundlichkeiten aus. Dann fragt der Mann forsch: »Na ja! Kommen wir zur Sache, Herr Doktor. Wie lautet das Urteil?«

Es herrscht eine Atmosphäre der Spannung, als der Chirurg den beiden erklärt, daß sich die Frau einer größeren Operation unterziehen muß. Denn alle Labortests und auch die körperliche Untersuchung haben gezeigt, daß ein sofortiger chirurgischer Eingriff zwingend nötig ist, um eine Ausbreitung der Krankheit zu verhindern. Diese Worte lösen eine Flut starker Reaktionen aus: einen Schock, Unglauben, Hoffnungslosigkeit, Tränen, Zuversicht, Erleichterung, vielleicht sogar ein beklommenes Lachen.

Die Macht des Wortes

Zweifellos hat der Chirurg seine Worte lange und sorgfältig abgewogen; er hat seine Diagnose nochmals überprüft und seine Entscheidung und deren schockierende Wirkung auf seine Patientin gründlich durchdacht. Die ganze Autorität und Achtbarkeit seines beruflichen Status, sein Ruf und seine Erfahrung verleihen seinen Worten eine außergewöhnliche Wirkung. Es ist manchmal nicht übertrieben, wenn gesagt wird, das Wort des Arztes könne für seinen Patienten Leben oder Tod bedeuten. Wir erinnern uns an die Worte der Bibel: »In dem Bereich der Zunge liegen Tod und Leben« (Sprüche 18,21). Ja, man könnte hinzufügen:... auch im Bereich des Geistes, der sie zum Reden bringt!

In einer anderen dramatischen Szene sitzt eine Frau ihrem geistlichen Berater am Schreibtisch gegenüber. Sie hat ihm ihr Herz ausgeschüttet – ihre Ängste, ihre Sünden, ihre Gewissensbisse, das Urteil ihres Arztes »unheilbar«, ihre Sorge um die Familie und alles, was ihr Inneres immer enthielt und zurückgehalten hatte. Plötzlich hört sie zu sprechen auf, und in der nun folgenden, bedrückenden Stille weiß der Geistliche, daß es nun an ihm ist, zu sprechen und die Kraft seiner Worte einzusetzen.

Was soll das »Wort« bekunden? Mitgefühl, Hoffnung, Sympathie, Resignation, Verdammung; darf es gar eine Ausflucht sein? Zweifellos ist der Geistliche in seinem Beruf sehr erfahren, fest verankert in den Grundsätzen seines Glaubens, motiviert durch seinen Herzenswunsch, den Mitmenschen zu helfen, zuversichtlich und der weitreichenden Wirkung seines Wortes bewußt.

Wieder einmal erweist sich die Macht des Wortes – denn Worte vergeben oder verdammen; Worte machen uns heil oder krank, stärken oder schwächen uns.

Nicht nur Ärzte, Geistliche und Berater bedienen sich der Macht des Wortes. Große Industrieunternehmen zahlen viele Millionen Dollar für das Privileg, die Macht des Wortes in unseren Köpfen und in unserem Leben zum Tragen zu bringen, damit wir uns veranlaßt fühlen, ihre Produkte zu kaufen. Ob religiöse, politische, soziale oder kulturelle Institutionen, alle bedienen sie sich des gleichen Mittels, um uns zu Aktionen oder Reaktionen zu veranlassen.

Unsere Zivilisation ist in der Tat »wortorientiert«, und wir werden von Wortströmen überflutet, die um unsere Beachtung, unseren Widerhall und unsere Reaktionen wetteifern. Gewöhnlich sind wir uns der Macht des Wortes nicht oder nur vage bewußt, bis uns dann eine Krise zwingt, in hilfreichen oder nützlichen Worten Trost zu spenden oder Begeisterung zu wecken. In solchen Fällen erkennen wir – wenigstens für kurze Zeit – die Macht und die Bedeutung des Wortes und seines Sinngehaltes.

Warum sind unsere Worte, die Worte, die wir sprechen und denken, so wichtig? Einfach deswegen, weil sie unsere individuelle Anwendung des Einen Wortes, der schöpferischen Energie, sind, die die ganze Schöpfung hervorgebracht hat und erhält. »Im Anfang war das Wort, und das Wort war bei Gott, und Gott war das Wort. Dieses war im Anfang bei Gott; alles ist durch es geworden, und nichts von dem, was geworden ist, ward ohne dieses. In ihm war das Leben, und das Leben war das Licht des Menschen... Und das Wort ist Fleisch geworden und hat unter uns gewohnt.« (Joh. 1,1-14)

Gott, der den Menschen als sein Bild schuf, verlieh seinen Worten, Gedanken und Gefühlen schöpferische Kraft. Sein schöpferisches Wort wird Fleisch – es wird gestaltet und wohnt unter uns.

Unsere Worte werden immer Fleisch und wohnen unter uns in unserem täglichen Lebensbereich.

Wer hat nicht schon die bestürzende Erfahrung gemacht, daß sich seine eigenen Worte und Gedanken in seiner Umwelt verwirklichten? Wahrscheinlich wird in unserer Welt jedes Wort samt den es auslösenden Gedanken und Gefühlen Fleisch. Nur unsere Stumpfheit und unser Mangel an Erkenntnis hindern uns, das zu verstehen. Für jedes »unnütze« Wort tragen wir Verantwortung – es zeitigt Folgen in unserer inneren und äußeren Welt.

Einer unserer Freunde, ein bekannter Atomwissenschaftler, sagte einmal, wenn es ein geeignetes Gerät gäbe, könnte man sehen, daß immer, wenn jemand den Mund zum Sprechen öffnet, ein Energiestrom von seinen Lippen hinausstrahlt in die Welt und zu einem Teil von ihr wird.

Wir leben in einem empfindlich reagierenden Universum, und die Worte aus unserem Munde sowie die Meditationsgedanken aus der Tiefe unseres Herzens haben einen beträchtlichen und weitreichenden Einfluß. Sie schlagen Wurzeln und wachsen, manchmal phantastisch, besonders in den Seelen, Herzen und Körpern, die geschwächt oder durch Krankheit, Ängste oder Depression verwirrt sind.

Ärzte, Geistliche, Psychiater, Familien und Freunde von Menschen, die Heilung benötigen, haben eine große Verantwortung, aber auch die Möglichkeit, die Macht ihrer Gedanken und Worte – still oder hörbar – einzusetzen. Wir halten nichts von Wortdrechseleien und heuchlerischem Geschwätz, daß alles wieder gut werde, sondern wir befürworten von Glauben und Kraft durchdrungene Worte, Worte des Verständnisses, Worte, die die Zuversicht in die Heilkraft des Lebens entfachen.

Heilkraft und Güte des Lebens

In Krisenzeiten ziemen sich keine heuchlerischen Worte, die bar jeden Gefühls salbungsvoll vorgebracht werden. Die Krisis, der wir gegenüberstehen, macht Vortäuschungen zunichte. Unsere Worte, Gedanken und Gefühle sowie die Art, wie wir sie äußern, enthüllen ganz von selbst unsere wahre Einstellung und Glaubwürdigkeit.

Kann nichts Hoffnungsvolles gesagt werden, sollten wir ehrlich sein, uns dies eingestehen, und wenig oder nichts sagen. Wenn aber nur ein Körnchen Hoffnung besteht, dann ist es Zeit, die Macht des Wortes in liebevoller Weise zu nutzen. Wenn es zum Äußersten kommt, so sagt man oft, sind nur sehr wenige Menschen ganz ohne Mut und Glauben.

Wenn die Stunde der Prüfung kommt, sprechen Sie! Bezeugen Sie Ihren unerschütterlichen Glauben an die Gesundungskraft und die Güte des Lebens. Tun Sie alles, dessen Sie in Gedanken, Gefühlen und Worten fähig sind, um am Heilungsprozeß mitzuwirken. Vielleicht löst Ihre positive Reaktion auf die schwierige Situation die Heilkraft ebenso sicher aus wie ein geschriebenes Rezept oder eine durchgeführte Operation.

Einst wird, so glauben wir, die Zeit kommen, in der die Ärzte bei der Arbeit in der Praxis und in ihren Rezepten auch die Macht des Wortes zur Wirkung bringen, und zwar ebenso für sich selbst wie für ihre Patienten. Denn die Heilung des Arztes ist nicht weniger wichtig als die Heilung des Patienten.

Wenn über die Gesundheit ebenso häufig und überzeugend gesprochen würde wie über Krankheiten, dann wäre die Menschheit gesünder, als das heute der Fall ist. Gesundheit ist nämlich auch »ansteckend«, und viele erlangen sie von ihrem Arzt, vom Geistlichen, von der Familie oder von Freunden durch die Macht des Wortes.

Wir kennen einen Arzt, der mit seinem fröhlichen Pfeifen und seinen freundlichen Worten in gleich hohem Maße zur Heilung der Patienten beiträgt, wie durch sein großes medizinisches Wissen und seine geschickte Skalpellführung.

Lassen Sie keine Gelegenheit aus, Worte der Liebe, des Glaubens, der Heilung und Inspiration zu sprechen. Sie sind ein Teil der immerwährend schaffenden Heilungsaktivität des Universums und setzen Ströme schöpferischer Energie frei, die in Körper, Seele und Geist Wunder wirken.

Schon oft sind wir Zeuge geworden, wie sich beim Patienten und seiner Familie, ja sogar beim Arzt und beim Pflegepersonal des Krankenhauses auffallende Veränderungen zeigten, wenn jemand gesunden Menschenverstand bewies und den Mut besaß, das richtige Wort zu sprechen, durch das die ganze Situation auf ein höheres Niveau gehoben wurde. Man hört manchmal sagen, »Reden ist billig«. Aber Worte können auch unschätzbar wertvoll, heilend und inspirierend sein. Wenn Sie bewußt die Macht des Wortes einsetzen, werden Sie sehen, wie große Wandlungen zum Besseren in Ihrer eigenen Welt erfolgen.

Sie sind ein Partner im Heilungsteam

Sind Sie in die Rolle des Patienten geraten, so können Ihre eigenen Worte, Gedanken und Gefühle durchaus zum entscheidenden Faktor in Ihrer Heilung werden. Ihre eigene Einstellung, Überzeugung und Ihre Wünsche können von keinem Zustand, den Sie durchleben, getrennt werden; Sie unterstützen oder behindern jede ärztliche Hilfe, die Ihnen zuteil wird. Sie selbst sind ein Partner des Heilungsteams; Sie sind weder Werkzeug noch Objekt medizinischer oder chirurgischer Techniken. Es ist sehr wichtig, daß Sie bei Ihrer eigenen Wiederherstellung mitwirken. Das können Sie am besten, wenn Sie Körper, Seele und Geist im Zaume halten und dafür sorgen, daß deren Äußerungen den angestrebten Gesundungsprozeß nicht stören oder schädigen können. Der Leiter einer der größten Gebetsgruppen der Welt sagte, daß wir beim Sprechen, Denken und Fühlen stets die größte, wichtigste, aufgeschlossenste Zuhörerschaft ganz nahe haben – die Billionen Atome, Zellen und Prozesse unseres eigenen Körpers.

Unsere Körper sind keine Maschinen, sondern lebendige intelligente Organismen, mit denen wir das Leben auf der irdischen Ebene zu bewältigen haben; sie reagieren auf jedes Wort, das wir sprechen, auf jeden Gedanken, den wir denken, auf jedes Gefühl, das wir empfinden. Durch unsere Worte und das sie auslösende Gefüge von Gedanken und Gefühlen können wir unseren Körper quälen, krank machen und schwächen oder ihn stärken, verjüngen und heilen.

Einer Frau hatte man gesagt, sie sei unheilbar krank; ihr Zustand sei hoffnungslos, und sie habe nur noch ein paar Monate zu leben. Sie aber wollte sich diesem Urteilsspruch nicht beugen und ging daran, aus ihrem Inneren heraus an ihrer Heilung zu arbeiten. Nach einer Zeit intensiven Bemühens kam die Heilung schließlich zustande.

Sie berichtete, wie sie sich vorgestellt habe, daß die ihr innewohnende Lebenskraft intelligent sei und ihren Weisungen folgen werde. Dann, sagte sie, habe sie sich imaginativ an die Organe und Zellen ihres Körpers gewandt und sie um Vergebung für die frühere Vernachlässigung der Lebensenergie gebeten. Dann stellte sie sich vor, wie reine, heilende Lebenskraft ihren ganzen Körper durchflutete – und bald schon spürte sie eine beträchtliche Besserung ihres Zustandes. Sie genas von der unheilbaren Krankheit und führte lange Jahre ein schöpferisches Leben.

An vielen Stellen dieses Buches haben Sie Hinweise auf die im Heilungsprozeß äußerst wichtige Macht des Wortes gefunden. Es ist die Macht der schöpferischen Energie, die das Universum und auch Sie geschaffen hat. In Wirklichkeit ist sie die eine heilende Kraft in der Welt, ob sie sich nun der Medizin, der Chirurgie, des Gebetes oder irgendeiner anderen Behandlung bedient.

Die Macht des Wortes ist leicht anzuwenden. Während Sie dies lesen, können Sie schon damit beginnen. Sind Sie tief gläubig, so sprechen Sie einfach: »Gott heilt mich jetzt. Ich danke Ihm von Herzen.« Entspricht diese Formulierung nicht Ihrer Einstellung, so können Sie einfach sagen: »Das Leben selbst heilt mich!« Befinden Sie sich in ärztlicher Behandlung, so könnten Sie sagen, denken und fühlen: »Die Behandlung, die ich erfahre, ist erfolgreich. Ich spüre, daß ich geheilt werde.« Das ist ein Mindestmaß an Zusammenarbeit mit denen, die sich um Ihre Heilung bemühen.

Wenn Sie einmal den Anfang gemacht haben, dann werden Ihnen weitere Schritte ganz von selbst in den Sinn kommen. Wichtig ist nur, daß Sie beginnen, auf die Heilung hinzuarbeiten, und sei es zunächst auch nur durch Wortformeln. Doch wenn Sie beharrlich damit fortfahren, wird Ihr übriges Sein der Heilungsaktion folgen. Die Macht des Wortes ist schöpferisch, heilend, unwiderstehlich. Fangen Sie heute noch an, dies zu glauben und entsprechend zu handeln!

Erinnern Sie sich: Worte sind lebendige Wesenheiten. Sie verdienen, daß man sie mit Achtung und Vertrauen behandelt. Geschieht dies, dann werden sie Ihnen helfen!

Drei Worte für Gesundheit

Drei für die Gesundheit bedeutsame Worte sind Begehren, Entschlußkraft und Freude. Wer Gesundheit aus Erfahrung kennt, begehrt sie, entschließt sich, sie zu halten und erfreut sich ihrer. Unsere Gesundheit ist die gemäß unserem Begehren, unserer Entschlußkraft und unserer Freude individualisierte universale Aktivität der Ganzheit (Gott, Liebe, Leben)!

Die meisten Menschen sind so gesund, wie sie zu sein wünschen. Das mag sehr vereinfacht klingen. Nehmen wir es zunächst einmal an und gehen ein wenig weiter. Nach den Worten des Gesündesten, der je auf Erden gewandelt ist, gab uns der Himmlische Vater mit Freuden das Königreich (der Gesundheit und Ganzheit), und es ist an uns, darauf zu reagieren und uns erkenntlich zu zeigen. Ohne Zweifel ist das uns vom Schöpfer freudig angebotene Königreich der Gesundheit ein hohes Lebensvorbild, das alles übersteigt, was wir bisher zu fassen vermögen; doch bleibt uns dieses Angebot immer offen. Die Aktivität der Ganzheit wirkt dauernd eindringlich auf uns ein, und wir haben zu entscheiden, ob wir sie ernstlich wollen oder nicht. Begehren ist die Tür in unserem Bewußtsein, durch die die Aktivität der Ganzheit kommt, um ihr Wirken in uns zu entfalten.

Als ein Mann, der Heilung suchte, zu Jesus Christus kam, faßte dieser das ganze Problem der Gesundheit in die wenigen einfachen Worte zusammen: »Wünschest du, geheilt zu werden?« Er benutzte keine komplizierte Formel. Er prüfte einfach des Mannes Begehr nach Gesundheit, wohl wissend, daß ohne dieses Begehren die Heilung schwierig, wenn nicht gar unmöglich ist.

Daß es Kranke gibt, die den Wunsch, gesund zu werden, nicht haben, mag uns sonderbar anmuten; doch kommt dies sogar häufig vor, wie jeder Arzt, Psychiater oder Geistliche nur allzu gut weiß. Es gibt viele Wünsche, die Menschen geradezu peinigen und besessen machen können, und die – wenigstens zeitweise – stärker sind als deren Begehr nach Gesundheit, Ganzheit und Leben. Zu solchen Wünschen gehören unter anderen die Geltungssucht, das Streben, die Aufmerksamkeit auf sich zu lenken, sodann Genußsucht, Rachsucht, Herrschsucht, Leichtsinn, Selbstbestrafungsgedanken, Ausweichen vor Verantwortung, der Wunsch im Trott bequemer Gedanken, Gefühle und Tätigkeiten zu verharren sowie schließlich der Wunsch zu sterben.

Solche negativen Wünsche beginnen oft im Kleinen. Wird aber nichts dagegen unternommen, so können sie im Leben des Individuums zu starken, gegen die Gesundheit gerichteten Faktoren werden und die Aktivität der Ganzheit unterbinden oder blockieren.

Ich kenne eine Reihe Ärzte und Heilpraktiker, die allen, die zur Konsultation zu ihnen kommen, regelmäßig die Frage stellen, ob sie ernstlich wünschen, geheilt, ganz, stark und wieder voll des Lebens zu werden. Die Antworten sind verblüffend, manchmal voller Humor, aber in vielerlei Hinsicht für alle nützlich. Eine wahre Antwort auf diese Frage kann zu einem Grad von Selbsterkenntnis führen, der an sich schon therapeutisch ist.

Einer Frau, die schon mehrere Wochen im Krankenhausbett lag, stellte ein Geistlicher, der sie besuchte, diese Frage. Nach einem Anflug von Verstimmung über die Dreistigkeit der Frage wurde sie still und begann, sich ernstlich zu prüfen, ob sie wirklich gesund zu werden wünsche. Ihre Antwort war zustimmend, und schon bald darauf konnte sie das Krankenhaus verlassen, um in ein erfolgreiches, kreativeres Leben zurückzukehren.

Ein Mann, der eine Reihe immer schwererer Krankheiten durchgemacht hatte, wurde von seinem Arzt gefragt: »Wünschen Sie wirklich, geheilt zu werden?« Sofort kam die schroffe Entgegnung: »Zum Teufel! Nein! Abkratzen will ich, dann hab' ich es hinter mir!« Die Heftigkeit seiner Antwort bestürzte ihn selbst dermaßen, daß er laut auflachte und sagte: »Ach, das ist doch lächerlich! Natürlich will ich wieder gesund werden!« Sie wissen schon, was kam: Er wurde gesund, weil er seinen Wunsch nun ernstlich geprüft und sich endgültig für die Gesundheit entschieden hatte. Nun konnte die Heilkraft des Unendlichen erfolgreich arbeiten.

Wenn Sie sich vielleicht gerade nicht krank fühlen, werden Sie aber sicher, wie die meisten von uns, ein Mehr an Gesundheit, Ganzheit und Lebensfülle begrüßen. Die Prinzipien, die dazu mithelfen, sind die gleichen. Immer ist es unseres Himmlischen Vaters Freude, uns das Königreich der Gesundheit, der Ganzheit und des Lebens zu geben; wir können alles davon haben, was wir ernstlich wünschen.

Es ist sicher klärend und hilfreich, wenn Sie Ihre Antworten auf die Frage: »Wollen Sie wirklich gesund, ganz und voller Lebensenergie sein«, genau durchdenken. Dabei können Sie die Frage noch etwas erweitern: »Wünsche ich ernstlich, die Aktivität der Ganzheit geistig, emotional, physisch und sozial zu erfahren?«

Die Welt erwartet viel vom gesunden, vom ganzen, wahrhaft lebendigen Menschen. Von ihm erwartet man, daß er sein Maß an Verantwortung klaglos trägt. Man erwartet, daß er fest auf seinen Füßen steht, ohne daß ihm viel an Aufmerksamkeiten, Lob oder Anerkennung zuteil wird. Nur selten erhält er Dank, in welcher Form auch immer.

Ich erinnere mich, daß einer meiner geistlichen Lehrer einmal sagte, niemand schicke einem Gesunden Blumen; diese Art Aufmerksamkeit ist gewöhnlich Kranken vorbehalten. Wenn Sie Ihre inneren Wünsche abwägen, haben Sie Gelegenheit, denjenigen zu ermitteln, der in Ihrem Bewußtsein am schwersten wiegt. Wenn Sie ein positives Votum für die Erlangung von Gesundheit, Ganzheit und Lebensfülle abgeben, dann empfinden Sie vielleicht den Wunsch, sich mit Worten wie den folgenden an den Schenker des unendlichen Königreichs des Guten zu wenden: »Ich habe mich mit ganzem Herzen, aus meiner ganzen Seele, mit meinem ganzen Geiste und aller meiner Kraft für den Wunsch entschlossen, die Aktivität der Ganzheit zu erfahren.«

Damit sagen Sie schon fast, daß Sie Gott, den Herrn, mit Ihrem ganzen Sein lieben. Sie sprechen positiv auf den Willen Ihres Schöpfers an und öffnen sich aus freien Stücken dem Willen des Unendlichen, der Fülle des Lebens, die weit über alles hinausgeht, was Sie erfahren haben, verstehen und sich vorzustellen vermögen.

Durch den Einsatz Ihres Glaubens sind Sie dann in der Lage, Ihren Wunsch zu realer Erfahrung wachsen zu lassen. Ihre Entscheidung könnten Sie in folgenden Worten ausdrücken: »Ich glaube, daß ich jetzt die Aktivität der Ganzheit erfahre – spirituell, emotional, geistig und körperlich.«

Die große Verheißung sagt, daß Ihnen nach Ihrem Glauben geschehen wird, und Ihre Entscheidung ist Ihr Glaube. Ihr Glaube ist an der Arbeit, und die Aktivität der Ganzheit übernimmt nun in Ihrem Innern die Führung. Das bedeutet, daß große Wandlungen von innen nach außen sich vollziehen. Alte, ungesunde Zustände in Körper, Seele und Geist werden getilgt und aufgelöst. Die Aktivität der Ganzheit, die ja das Leben ist, breitet ihre Wirkung in Ihnen und durch Sie aus.

Diese Aktivität führt zu einem Zustand freudiger Aufgeschlossenheit, und Sie können beginnen, sich an dem Neuen, das entsteht, zu erfreuen. Der Sinn der drei Worte zur Gesundheit hat sich in Ihnen erfüllt, und Sie werden finden, daß sich in Ihnen Erkenntnisse bilden, die man etwa wie folgt beschreiben kann: »Ich erfreue mich der Aktivität der Ganzheit, die immer mehr von meinem Geiste, meiner Seele und meinem Körper erfaßt«, oder »Ich freue mich, daß die Aktivität der Ganzheit mein ganzes Sein von ungesunden Gedanken und Gefühlen befreit«, oder »Ich freue mich und begrüße, daß die Aktivität der Ganzheit all meine Systeme des Selbstausdrucks übernimmt.«

Diese Worte sind als Leitgedanken gedacht; Sie sollten daher nicht allzu sehr überrascht sein, wenn die von Ihnen beschriebene Aktivität sich in Ihnen und durch Sie ausbreitet. Die Freude an der Aktivität der Ganzheit ist in Wirklichkeit Freude an der Herrlichkeit Gottes; denn die Aktivität der Ganzheit ist ja die Aktivität Gottes. Wenn Sie diese göttliche Wirkkraft durch Ihren Wunsch, Ihre Entscheidung und Ihre Freude bejahen, dann sind Sie dabei, zu einem neuen Geschöpf zu werden. Die Gesundheit, die Sie dann erfahren, ist nicht zerbrechlich und vergänglich: Sie ist stark und dauerhaft, denn sie ist Teil der universalen Aktivität der Ganzheit, der Schöpfung Gottes, des Lebens selbst. Noch einmal: Es ist die Freude unseres Himmlischen Vaters, uns das unendliche Königreich der Gesundheit und des Lebens zu geben. Dieses Königreich ist aus Liebe entstanden, die das natürliche Wesen unseres Schöpfers ist, und es verwirklicht sich in unserem Erleben als Gesundheit nach unserem Wunsche, unserer Entscheidung und unserer Freude.

Gesundheit – die Aktivität der Ganzheit, die Aktivität Gottes, die Aktivität der Liebe und die Aktivität des Lebens – ist unser natürlicher Zustand. Dereinst werden wir alle diesen Zustand erreichen und ihn nie wieder verlieren. Und wenn das geschieht, werden wir wissen, daß sogar unser Wunsch, unsere Entscheidung und Freude Teile der Aktivität der Ganzheit sind und daß der uns innewohnende Vater es war, der den ganzen Prozeß plante, in Gang setzte und durchführte.

Die Gesundheit ist unser, als eine Gabe des Schöpfers. Wünschen wir sie, entscheiden wir uns für sie und erfreuen uns ihrer.

Beratung

Man hat mich oft gefragt, wie ich Personen berate. Ich muß gestehen, ich weiß nicht, wie man jemanden berät oder ihm sagt, was er oder sie zu tun hat. Ich bin aber gerne bereit, anderen zuzuhören und zu versuchen, sie zu verstehen. Indessen tue ich mein Bestes, mir bewußt zu bleiben, daß wir im Beisein des Unendlichen Einen miteinander reden, für den es keinen unbekannten Weg, kein unlösbares Problem gibt.

Oder, anders ausgedrückt, ich bin überzeugt, daß es keinen Geistlichen, Arzt, Psychiater, Lehrer, Freund oder Feind gibt, der weise
genug wäre, einem anderen zu sagen, was er zu tun hat, obwohl die
Gegenwart des Unendlichen Ratgebers sich ja eines anderen als
Sprecher bedienen kann – wobei dieser gewöhnlich nicht einmal weiß,
was ihm geschieht, damit er vor unangemessener Überhöhung des
Ichgefühls bewahrt bleibt.

In meinen ersten Jahren als Geistlicher empfand ich manchmal
persönliche Befriedigung, wenn ich jemandem Perlen der Weisheit
schenken konnte, sei es im persönlichen Gespräch oder im Gottesdienst. Doch hat mich die Erfahrung gelehrt, daß meine Zuhörer nur
selten auf mich hörten – oder, falls sie es taten, mich in einer Weise
auslegten, die meinen Verstand überstieg.

Ich erinnere mich, wie eines Morgens nach einem Gottesdienst in
New York City eine gutaussehende, sehr gut gekleidete Frau zu mir
kam und sagte: »Mr. Paulson, ich bin heute morgen während Ihres
Gottesdienstes geheilt worden.« »Ach«, sagte ich in wißbegieriger
Demut, »und wann trat die Heilung ein?« Ihre Antwort lehrte mich
mehr als je eine pastorale Beratung getan hat. Sie sagte: »Als Ihr Solist
sich erhob, um zu singen.«

Sie lächelte süß und tänzelte weg, während ich erkannte, daß der
Unendliche Berater wieder einmal gesprochen hatte, diesmal aber zu
mir. Jeder Geistliche lernt früher oder später, daß er kein Monopol auf
Wahrheit hat, denn sie strömt durch jeden. Ich glaube, ich habe
niemals jemanden beraten – gleich in welcher Angelegenheit –, der mir
nicht, meistens unbewußt, etwas gegeben hätte, wonach ich schon
lange, oftmals jahrelang gesucht hatte. Ich erinnere mich, daß ich mich
oft selbst in stiller Verwunderung gefragt habe: »Wer ist eigentlich der
Berater und wer der Beratene?«, bis ich schließlich Gott um Rat bat
und die Antwort erhielt: »Ich bin – und ich bin in beiden.«

Daddy Bray, ein Kahuna aus Hawaii, sagte mir, er habe nie
jemanden gefunden, von dem er nicht etwas Neues gelernt habe. Ich
freue mich über diese beispielhafte Haltung wahrer Bescheidenheit,
die jeder, dem die Rolle eines Beraters zufällt, erwerben sollte und die
er sicherlich auch erwerben wird, wenn er auf den inneren Rat Gottes

hört. Recht oft berät der »Patient« den »Arzt« zum Nutzen beider, und in einer freien Beratungssitzung über Heilung wirkt der Rat des Unendlichen durch alle Teilnehmer.

Ganzheit

Heilung ist unsere Annahme der universalen Ganzheit. Sind wir krank, so haben wir einem Element unseres Seins erlaubt, aus der Ganzheit auszubrechen. Wenn wir uns selbst, einen anderen oder ein Element der Schöpfung als krank oder schlecht ansehen, dann verneinen wir die universale Ganzheit; wir haben unser Bewußtsein aus dem Strom oder Ozean der Ganzheit herausgenommen und unterliegen nun der Trennung oder Nicht-Ganzheit – einem unheiligen, ungesunden Zustand!

In der Tat sind wir uns in gewissem Grade der universalen Ganzheit immer bewußt. Wir könnten nicht wissen, daß wir krank sind, hätten wir nicht eine gewisse Kenntnis vom Zustand der universalen Ganzheit. Krankheit ist ein unnatürlicher Zustand – darum empfinden wir ja, daß etwas mit uns nicht stimmt, wenn wir krank sind!

Ich habe eine spirituelle Formel, die ich für Leute meines Amtes als Geistlicher für nützlich befunden habe. Es ist eine Formel, die sich in Worte fassen läßt, und ich habe die Erfahrung gemacht, daß sie schon in vielen Leben, einschließlich meinem eigenen, Wunder gewirkt hat. Eine Frau, der ich sie während einer Krise ihres Lebens gab, nannte sie »das Göttliche Rezept«:

»Die Aktivität Gottes ist die einzige Kraft, die in meinem Geiste, meinem Körper und meinem Leben wirkt. Alle falschen Glaubensansichten, alle negativen Erscheinungen lösen sich jetzt auf durch die liebende, vergebende Haltung Gottes. Ich bin ganz, stark und frei, denn dazu wurde ich erschaffen.«

Ich habe mich oft gewundert, was diesen Worten ihre geistige Wandlungskraft verleiht, doch seit wir gemeinsam an diesem Buch

273

arbeiteten, sehe ich viel klarer, was geschieht, wenn jemand diese Worte und die durch sie beschriebene Aktivität akzeptiert. Als Arzt und als Geistlicher stimmen wir beide, dessen bin ich sicher, darin überein, daß nur eine Heilkraft im Universum am Werke ist, ganz gleich, ob sie ihre Wirkung durch Medizin, Therapie, Leibesübungen, Musik, Gebet oder einen einfachen Glauben ohne Worte erzielt.

Diese Kraft wirkt immerdar, doch wir vergessen das oft, besonders, wenn wir geistigem, emotionalem und/oder physischem Streß ausgesetzt oder krank sind. In der Tat, es liegt an unserem Vergessen oder Nichtbeachten dieser immerdar gegenwärtigen und tätigen Kraft, wenn wir nicht geheilt werden. Und die Arbeit jedes Arztes muß es sein, jeden, der Heilung sucht, für die Gegenwärtigkeit und Aktivität der Heilungskraft innerlich zu öffnen.

Das Göttliche Rezept tut dies, indem es zuerst den Geist und die Emotionen anspricht und durch die Vorstellung beruhigt, daß des Schöpfers Heilungskraft jetzt und immer am Werke ist. Oft ist ein Hinweis auf den Sinn dieser Worte das einzige, was nötig ist. Hat der eingesetzte Gedanke der dauernden Heilungskraft im Bewußtsein Wurzel gefaßt, so entspannen sich auch Geist und Körper, und die Heilbehandlung wird sofort viel wirksamer.

Ich bin sicher, daß sich viele Ärzte und Geistliche oft einen magischen Hammer wünschen, um den Leuten an den Kopf zu klopfen (und manchmal nicht zu leicht), damit sie sich entspannen, so daß der Heilungsprozeß greifen kann. Es kann schon frustrierend sein, mit jemandem zu arbeiten, der schon fast an der Schwelle der Heilung steht, diese aber nur durch seine Gespanntheit, Angst oder andere Negativa blockiert.

Bei Personen, deren Spannungszustand so stark ist, daß sie am Anfang der Behandlung ihre Worte nur gespreizt von sich geben können, hat sich das Göttliche Rezept nach meiner Erfahrung als vortrefflich erwiesen. Ich weiß nicht genau, warum – doch ich habe den Verdacht, daß viele Drogen und Behandlungen sehr ähnlich wirken. Sie sind Teil einer Hinwendung oder Rückkehr zur Ganzheit und lösen im Patienten – und auch im Arzt oder Geistlichen – ein empfindsames Element aus.

Jeder ist sein eigener Heiler

Letzten Endes ist jeder sein eigener Heiler, weil er der einzige ist, der schließlich die universale Ganzheit in seinen Erlebnisbereich einlassen muß. Die Worte des Göttlichen Rezeptes markieren gewissermaßen den Eintritt in den ganzen Prozeß der Heilung, Erneuerung und Freiheit. Wenn sie in den Wortschatz, in die Gedanken und den Gefühlsbereich eines Individuums Eingang gefunden haben, ist der Heilungsprozeß in Gang gesetzt. Ich möchte wünschen, daß jedes ärztliche Rezept Worte dieser Art enthielte; das würde die ärztlichen Vorschriften sicher wirksamer machen.

Ich erinnere mich einer Frau, die monatelang immer wieder unter intensiver Medikation von einem Krankenhaus ins andere kam, ohne daß sich ihr Zustand besserte. Sie war damit einverstanden, das Göttliche Rezept anzunehmen, ohne sonst etwas zu ändern. Schon am nächsten Tag setzte die Besserung ein.

Ihr Arzt meinte, die ihr verschriebene Medizin habe endlich angesprochen. Als sie aber darauf bestand, ihm von dem zusätzlichen Rezept zu berichten, sagte er: »Gut, geben Sie es mir. Ich habe noch einige andere Patienten, die es vielleicht brauchen können!« Als er die Worte gelesen und eine Weile nachgedacht hatte, bemerkte er: »Das ist der ganze Heilungsvorgang in einer Nußschale. – Alles, was Ärzte machen können, ist etwas Schaufensterdekoration und die Verabreichung von ein paar Medikamenten, die den Prozeß im Idealfall ein bißchen beschleunigen.«

Nicht wenige Ärzte haben uns erklärt, sie seien froh, mit manchen ihrer Patienten beten zu können. Sie sagen, daß es in der Tat das wichtigste Element der Behandlung sei, den Patienten in den Strom des Lebens zurückzugeleiten und ihn in Einklang mit dem Gedanken und dem Prozeß der Heilung zu bringen. Dabei gibt natürlich das Wissen, »Gott zur Seite« zu haben, einen gewaltigen Nachdruck auf dem Wege zurück zur Ganzheit. Wir glauben, daß Gott immer auf der Seite der Ganzheit ist – denn Gott ist die Ganzheit und das Leben der Schöpfung. Egal, wie negativ die Umstände sind, das Göttliche Rezept kann die Grundlage für eine neue gesundheitsfördernde Einstellung sein. Die gedrückte Stimmung und der Pessimismus der Familie, der Freunde, ja auch des Pflegepersonals und der Ärzte umhüllen oft wie ein Leichentuch den Patienten. Eine Frau, die ich am Krankenbett besuchte, bekannte mir, sie glaube, alles überstehen zu können, nicht aber die anscheinend herrschende Überzeugung ihrer Familie, daß sie im Sterben liege.

In einem anderen Falle war ein junges Mädchen bei einem Autounfall schwer verletzt worden. Als ich sie zum ersten Mal sah, lag sie im Koma und hatte fast alle lebenserhaltenden Gerätschaften des Krankenhauses an ihren Körper angeschlossen oder eingeführt. Ihre Mutter sagte mir, der Arzt hätte kaum noch Hoffnung und meine, wenn sie dennoch am Leben bleibe, werde sie sich dieses Lebens wohl kaum noch erfreuen können.

Die Mutter sagte: »Ich will das nicht glauben, aber was kann ich tun?«

Ich antwortete: »Jesus sagte, man solle nicht nach dem Äußeren urteilen, sondern rechtes Urteil anwenden. – Befolgen wir das Göttliche Rezept für sie und für uns.«

Die Zeit verging, aus Wochen wurden Monate, das Koma dauerte an. Die meisten, Familienangehörige, Freunde, Ärzte und Pflegerinnen, gaben die Hoffnung auf... doch die bewundernswerte Mutter hielt treu Wacht am Krankenbett ihrer Tochter. Ich konnte sie fast jede Woche einmal besuchen. Nie werde ich das ergreifende Erlebnis vergessen, als ich eines Tages sah, wie das liebliche junge Mädchen seine blauen Augen öffnete und mir ein zartes Lächeln schenkte, das mich zutiefst beglückte.

Monate später kamen Mutter und Tochter zu mir – ein strahlendes Zeugnis für die Liebe einer Mutter und für die Wirksamkeit des Göttlichen Rezeptes im Verein mit der liebevollen Sorge des Arztes und der Pflegerinnen.

Diese Erfahrung hat mich auch erkennen lassen, wie wichtig Worte sind, die wir in der Nähe von Kranken oder Verletzten sprechen. Selbst wenn jemand in sogenannter Bewußtlosigkeit liegt, und anscheinend nichts von dem wahrnimmt, was rings um ihn geschieht, ist das phantastische Unterbewußte oft wach und ganz bei der Arbeit, nimmt alles auf und reagiert darauf, und zwar selbst auf unsere unausgesprochenen Einstellungen und Gefühle. Eine Freundin, die einen schweren Herzanfall erlitten hatte und nach dem äußeren Eindruck bewußtlos war, hatte dennoch vernommen, daß ein Assistenzarzt sagte: »Sie wird die Nacht nicht überstehen.«

Diese Freundin sagte mir später, die gedankenlose Bemerkung habe sie anfangs erschreckt; doch dann habe sich in ihr etwas dagegen aufgelehnt und gesagt (natürlich ohne Worte, denn sie konnte ja weder Zunge noch Lippen bewegen): »Wartet nur, ich will ihm schon zeigen, daß es noch nicht soweit ist!«

Da die meisten Menschen in einer solchen Lage nicht die Kraft aufzubringen vermögen wie diese Freundin, halte ich es für richtiger, sinngemäß das Göttliche Rezept zu sprechen und zu denken.

Ich bin immer wieder überrascht und erfreut von der Fähigkeit des Individuums, aus Schwierigkeiten aller Art herauszukommen, wenn es sich in Einklang mit seiner Quelle setzt – der Aktivität Gottes, die es hervorbrachte, unterhält und erneuert. Selbst eine einfache Äußerung kann genügen, den ganzen Heilungsprozeß auszulösen.

Die Wandlung zum Leben

Dies kann der Beginn einer Wandlung in Ihnen sein, und ich lade Sie ein, das so lebendig wie möglich zu lesen. Fühlen Sie das Fließen des Lebensstromes, während Sie aufmerksam, vertrauens- und erwartungsvoll lesen.

Es gibt ein Leben im Universum – makellos, ohne Krankheiten, unerschöpflich, unzerstörbar, ewig. Dieses Leben ist die schöpferische Energie, die das ganze Universum samt aller lebendigen Kreatur, also auch den Menschen, schuf und erhält. Jeder Mensch ist ein Selbstausdruck dieser schöpferischen Energie und erbaut sich seine Welt – seinen Geist, seinen Körper, seine Verwandtschafts- und Freundes-Beziehungen sowie alle seine Angelegenheiten – durch die Art, wie er seine Energie nutzt. Sein Beitrag für die Menschheit bestimmt sich aus der Art, wie er die für ihn und durch ihn verfügbare unerschöpfliche

Energie zum Ausdruck bringt. Der große Fürsprecher des Lebens, Jesus Christus, der zur Erde kam, um allen, die es annehmen wollen, die Fülle des Lebens zu bringen, nannte diese Lebensenergie einen Quellstrom, der diejenigen ins ewige Leben trägt, welche stark genug an ihn glauben, um davon Zeugnis abzulegen.

Im Menschen erfährt das Leben seine größten Ausdrucksmöglichkeiten. Durch seinen Glauben, seine Gedanken, seine Gefühle, seine Worte, seine Handlungen und seine Reaktionen drückt ein jeder nicht nur sein Leben aus, sondern verstärkt oder behindert dessen Aufschwung zu immer größerer Ausdrucksmöglichkeit.

Die folgenden Worte geben dem, der sie befolgt, einen sofortigen persönlichen Beweis der reagierenden Lebensenergie, die ihm zur Selbsterkenntnis und zum Selbstausdruck zur Verfügung steht. Prägen Sie die Worte fest Ihrem Geiste ein, und dringen Sie durch die Buchstaben in den tieferen Sinngehalt, die tiefe innere Bedeutung ein, auf daß Sie das Leben selbst erfassen.

Hier nun ist die erste Übung in der Wandlung zum Leben:

»Ich erfreue mich der wunderbaren Weise, in der der Lebensstrom mich erhebt und meinen Blick klärt, weil ich an das ewige Leben glaube.«

Erinnern Sie sich, daß der Glaube an das Leben der Glaube an Gott ist; denn Leben ist das Wirken Gottes. Sie können Ihren Glauben in die im folgenden gewiesene Richtung lenken:

»Ich erfreue mich der großartigen Weise, wie der Lebensstrom auf meinen wachsenden Glauben an Gott anspricht.«

An das Leben glauben heißt an Jesus Christus, den Erlöser der Menschheit, zu glauben, dessen Ziel es ist, des Menschen Lebenserfahrung und -ausdruck auf den Ton und die Qualität des ewigen Lebens zu erhöhen. Der folgende Spruch weist noch einen anderen Weg, um Ihren Glauben an das Leben und seine unbegrenzten Möglichkeiten zu stärken:

»Ich bin dankbar für die machtvolle Art, in der der Lebensstrom auf meinen starken Glauben an Jesus Christus, Seine Lehre und Seine Darstellung des ewigen Lebens reagiert.«

In der Bibel heißt es, daß alle, die an Jesus Christus glauben, die Kraft erhalten, Söhne Gottes zu werden. Die Kraft, Sohn oder Tochter Gottes zu werden, ist die Kraft, die den alten Sinn für Trennung und Begrenzung hinwegnimmt und unser ganzes Sein hinaufhebt auf neue Höhen der Erfüllung.

Es bedarf einer gewaltigen Woge des Lebensstromes, um den Menschen dazu zu bringen, sich vorzustellen, daß er wahrhaftig ein Sohn des Unendlichgroßen, ein Bruder Jesu Christi und ein Miterbe an den Reichtümern des Göttlichen Königreiches ist. Die Söhne und Töchter des lebendigen Gottes sind so voll des Lebens, daß in ihnen nicht Platz ist für Krankheiten, Angst, Schuld, Ärger, Verdammnis, Haß oder eine andere Trennung von der Quelle des Alls. Sie sind so voll Leben, daß ihr ganzes Sein Liebe, Einsein, Vergebung, Freude, Stärke, Frieden und Ganzheit in die ganze Welt ausstrahlt.

Durch den Denkprozeß im Menschen fließt das Leben in seinen besonderen Selbst-Ausdruck. Jedem steht es frei zu denken, was er will; und die Natur seiner Gedanken ist nicht nur Ausdruck seines Lebens, sondern bringt es in seinen besonderen Zustand, verstärkt den Strom des Lebens oder schwächt ihn ab. Die in den folgenden Worten ausgedrückte geistige Handlungsweise dient der Ausweitung des Lebens:

»Ich erfreue mich des Lebensstromes, der mein ganzes Sein mit Kraft erfüllt, da ich positiv und konstruktiv denke. Ich preise den Lebensstrom, der mich heilt, weil ich Gedanken der Gesundheit, Vitalität und Stärke für mich und für andere denke.

Ich erfreue mich des Lebensstromes, der mir Glück und Erfolg beschert, weil ich großmütig, freigebig, liebend und voll Dankbarkeit bin.«

So wie sich Ihr Denken weitet, wird Ihre eigene Erkenntnis des

Lebens Sie zu neuen, lebensvolleren Gedankenbereichen inspirieren, die ihrerseits den Lebensstrom in Ihnen verstärken. Es ist ein lebensvoller, sich immer weiter ausdehnender Kreis des Guten. Sie werden zu einem »Lebensdenker«, und das Leben selbst wird umfassender und bessert den ganzen Ablauf Ihrer mentalen Prozesse.

In der fühlenden Natur des Menschen findet das Leben seinen reichsten Ausdruck. Fühlen ist die bewegende Kraft, die die Welt in wunderbarer Weise verwandelt, wenn sie im Einklang ist mit göttlicher Liebe. Da sich der Lebensstrom in uns beschleunigt, werden wir auf ganz natürliche Weise zu Meistern des Gefühls und der Emotion. Ein lebensvoller Mensch hat gesunde Emotionen. Als Hilfe zur Beseitigung alter, überlebter, lebenshemmender Gewohnheiten können Sie Ihrem Geist und Herzen folgende Kraftgedanken einprägen:

»Ich freue mich an der wundervollen Art, in der der Lebensstrom mich erneuert, weil ich aufhöre, mich zu bedauern oder zu denken, daß ich überlastet, schuldig, verärgert oder in anderer Weise geschwächt bin.«

Einige Elemente der vorgenannten lebensbehindernden Einstellungen sind in jedem von uns, denn sonst wären wir nicht auf der menschlichen Bühne; es ist daher gut, sie auszuschalten (oder sie vom Leben ausschalten zu lassen), bevor wir daran gehen, mit neuen Gefühlen den Neuanfang zu beginnen. Arbeiten Sie mit den Gedanken in entspanntem Zustand, und Sie werden sich schon bald frei fühlen. Und dann schreiten Sie voll Zuversicht voran, wie die folgende Sentenz es sagt:

»Ich preise den Lebensstrom, der mich ganz und gar verjüngt.«

Fühlen ist eine innere Angelegenheit, und ein gutes Gefühl läßt sich ohne Rücksicht auf äußere Bedingungen im Inneren erwecken. Mit etwas Übung bessert sich Ihre Fähigkeit, Ihre Gefühle unbeeinflußt von äußerem Geschehen zu wählen; so können Sie den Strom des Lebens, der Sie durchflutet, verstärken.

Sich stark zu fühlen, gesund zu fühlen, froh und glücklich zu fühlen, großmütig und dankbar zu fühlen, zuversichtlich und erfolgreich zu fühlen, verzeihend zu fühlen, sich eins mit Gott und dem Nächsten zu fühlen, sich lebendig, enthusiastisch und frei zu fühlen, all dies bringt verjüngende Wogen in den Lebensstrom, der in Sie hinein und durch Sie hindurch geht und Ihre Fähigkeit stärkt, eine bessere Lebensarbeit zu verrichten.

Das Hauptgefühl ist Liebe, denn Gott ist Liebe. Der Bibel, dem Leitfaden des Lebens, folgend, sollten wir der Liebe zu Gott, der Liebe zu unserem Nächsten und der Liebe zu uns selbst die höchste Priorität einräumen. Das zu tun, erfordert einen lebensvollen Menschen. Mit geschwächter Lebenskraft ist niemand imstande, die Liebesgebote zu erfüllen. Besitzen wir genug Lebensfülle, dann können wir nicht anders als liebevoll sein.

Die folgenden Übungen können Sie entweder in ihrer Form belassen oder Ihren Wünschen entsprechend umgestalten:

»Ich preise den Lebensstrom, der mein ganzes Sein erfüllt.
Ich liebe den Herrn, meinen Gott, aus ganzem Herzen, aus ganzer Seele, mit meinem ganzen Geiste und meiner ganzen Kraft.
Ich preise den Lebensstrom, der meine ganze Welt umgestaltet, da ich nicht nur Gott, sondern auch meinen Nächsten liebe wie mich selbst.«

Verleihen Sie der Liebe Ausdruck, und Sie werden die wahre Natur Gottes, Ihres Nächsten und Ihres Selbst entdecken. Sie werden die zugrundeliegende Einheit der ganzen Schöpfung erkennen, und Ihre ganze Erfahrung wird sich zum Besseren wenden, Sie werden teilhaben an den von den erleuchteten Seelen aller Zeiten erweckten Gefühlen. Worte wie die folgenden sollen diese Art von Erfahrung wenigstens andeuten:

»Mich erfreuen die Wunder des Lebensstromes in mir, da ich die grundlegende Einheit der ganzen Schöpfung empfinde und weiß, daß der Göttliche Ratgeber in mir und in meinem Nächsten wohnt.«

Inzwischen kennen Sie das Gefühl des ewigen Lebensstromes, der durch Sie wirkt, und es wird Ihnen leicht sein, diesen Gedanken und Übungen Ihre Worte, Handlungen und Reaktionen anzupassen. Der Lebensstrom wird in Ihnen und durch Sie Wunder wirken, weil Sie Worte der Wahrheit und Kraft sprechen, weil Sie großmütig, enthusiastisch, liebend handeln und weil Sie in Ihrem täglichen Leben positiv und konstruktiv reagieren.

Sie sind dabei, eine Neugeburt zu erfahren; Sie sind nicht länger ein Opfer äußerer Bedingungen und Umstände. Sie werden, was Paulus einen »lebensspendenden Geist« nennt. Ein altes »Sie« entschwindet aus dem Dasein, und ein neues »Sie« kommt ins Leben. Sie sind im Einklang mit der aufwärtsstrebenden Bewegung des Lebens, und der Große Urheber dieses Lebens freut sich, daß Sie zum ewigen Lebensteam aufgestiegen sind.

12. Kapitel

Das Leben währt ewig

Viele Jahre im geistlichen Amte haben mich die tief beglückende
Überzeugung von zwei großen Wahrheiten gewinnen lassen. Die erste
dieser Wahrheiten ist die Ewigkeit des Lebens. Ja, das Leben ist ewig,
ist immerwährend, unzerstörbar. Seine Gestaltungen, seine Ver-
wandtschaftsverhältnisse und Beziehungen sind ebenso wie Zeitspannen des sichtbaren körperlichen Daseins und des unsichtbaren Lebens
außerhalb des Körpers im Zustand dauernden Wechsels. – Und das
Leben? Es geht in alle Ewigkeit weiter.

Die zweite große Wahrheit ist, daß die Realität jedes Individuums –
seine Seele oder sein Geist, die ja sein Leben ausmachen – ewig,
immerwährend und unzerstörbar ist. Die Formen und Verwandtschaften, die Phasen des Erscheinens und Entschwindens, durch die
die Seele oder der Geist Ausdruck finden, sind im Zustand beständigen
Wechsels. – Und die Individualität, die individuelle Seele? Sie schreitet
fort in Ewigkeit.

Das Leben geht immerfort weiter, gibt alte Formen auf und bildet
neue – und so tun auch wir es! Denn wir leben – erforschend, erfahrend
und unseren Möglichkeiten Ausdruck gebend. Das Leben, das in uns
wirkt, begann nicht erst mit dem Erlebnis, das wir Geburt nennen; es
wird auch nicht enden mit der Erfahrung, die Tod heißt. Mit rasch sich
weitender Sicht, gestärkt durch spirituelle Erkenntnisse und wissenschaftliche Forschung und Bestätigung sind wir imstande, einen
neuen, befreienden Blick auf unsere irdischen Erfahrungen zu richten.

Wenn wir geboren werden, öffnen wir für unseren Auftritt auf der
irdischen Bühne eine Tür, von der uns die Aufschrift »Eingang«
entgegenleuchtet. Auf der anderen Seite, zur irdischen Bühne hin,

trägt die gleiche Tür die Aufschrift »Ausgang«. In diese Ausgangsrich-
tung schreiten wir hinaus, wenn wir aus bewußten oder unbewußten
Gründen den irdischen Raum verlassen. Was oft, ohne nachzudenken,
als das ganze Leben angenommen wird – das manchmal turbulente,
immer herausfordernde, wahrhaft begeisternde Erlebnis der irdischen
Verkörperung –, ist in Wirklichkeit ein nur winziges Bogenstückchen
des sich spiralförmig aufwärts windenden ewigen Entwicklungsweges.
Wenn man diese Vorstellung – wenigstens als Möglichkeit – in Herz
und Seele lebendig erhält, entfällt viel Streß und Angst, die sonst
erheblich zu Krankheit und Betrübnis beitragen und zweifelsohne
unsere Lebensspanne auf diesem wundervollen Raumschiff Erde
verkürzen.

Glauben zu können – und sei es nur als Möglichkeit –, daß wir ewige
Weltenwanderer sind, die durch die immer wechselnden Energiesysteme von Zeit und Raum ihre eigenen Möglichkeiten erforschen,
erfahren und ausdrücken, verändert in dramatischer Weise unsere
Einstellungen gegenüber unserem Schöpfer, unseren Mitmenschen,
uns selbst und dem Rest der Schöpfung. Als ein erwachender Mensch
bitte ich Sie innig und nachdrücklich, sich diesem heilenden Erlebnis
mit wachsendem Vertrauen, mit Freude und Enthusiasmus zu öffnen.
Einige Worte zur geistig-emotionalen Aktivierung mögen die Erlangung dieser Einstellung noch erleichtern:

»Tief beglückt glaube ich unwandelbar im Herzen und in meiner
Seele an die reale Möglichkeit, daß ich ein ewiges Wesen bin, das
forschend, erfahrend und die eigenen Möglichkeiten ausdrückend
die Energiesysteme von Raum und Zeit durchschreitet.«

Wenn dieser Same aufgeht und im Bewußtsein wurzelt, wandeln
sich oft unsere Verhaltensweisen und Prioritäten. Dann erkennen wir
vielleicht, daß manches, was uns allem Anschein nach Streß, Bedrük-
kung und Krankheit beschert hat, für ein ewiges Wesen nicht wichtig
genug ist, so daß wir lächelnd oder laut lachend alte Vorbilder, Ärger
und Bürden abwerfen können, um uns gesünderen, lebensvolleren
Zielen zu widmen. Weil wir ewig sind, hat es schließlich auch keinen

Sinn, auf falsche Voraussetzungen gegründete Energiesysteme zu verlängern. Und da wir zweifellos längs der ewig aufwärtsstrebenden Spirale des Lebens Gelegenheit finden werden, von jeder Krankheit geheilt zu werden, sollten wir uns fragen: Warum dann nicht schon jetzt?

Beglückend und begeisternd ist es, daß Menschen wie Elisabeth Kübler-Ross, die sich mit der Bewältigung von Sterben und Tod befassen, zur Überzeugung kommen, daß sich ihre Arbeit in Wirklichkeit in einem lebensvollen Bereich abspielt, weil es keinen Tod im hergebrachten Sinne gibt, sondern nur eine Wandlung, den Übergang über eine Schwelle. Die Essenz des Lebens eines Individuums, das vermeintlich stirbt, geht in das Kontinuum sichtbarer und unsichtbarer Energiesysteme über, aus denen das Universum besteht. Energiesysteme und Verwandtschaftsbeziehungen, die dazu bestimmt sind, jeder Seele zur endgültigen Ganzheit zu verhelfen, arbeiten an der Erlösung (Heilung) des Individuums.

Andere wiesen darauf hin, daß selbst das allerkleinste Teilchen »Materie« niemals spurlos verschwindet. Es geht in eine andere Form, andere Vergesellschaftung, andere Energiesysteme über oder kehrt zurück in das Meer reiner Energie, aus dem es ursprünglich gekommen ist. Nichts geht in der Haushaltung Gottes verloren. Der Schöpfer beherrscht auf vollkommenste Weise die Heilung des Menschen, seines Bildnisses und Gleichnisses, und übt sie ständig aus. Wie zerbrochen, wie isoliert oder krank wir auch sein mögen, wie nahe wir dem Tode sind oder uns zu sein fühlen, die Heilung, die Erlösung, der Wiederherstellungsprozeß erwarten uns. Wir selbst entscheiden, wann wir uns ihnen ergeben wollen.

Neben Evarts großem Prinzip der Selbstverwirklichung durch Krankheit, kann, wenn es nötig werden sollte, die Selbstverwirklichung durch den Wechsel treten, den wir »Tod« nennen. Und nötig wird das offenbar, wenn die geistigen, emotionalen und physischen Energiesysteme des Selbstausdrucks so gehemmt, so unwirksam und überlastet sind von den Trümmern, der Bürde, den Widerwärtigkeiten und dem Streß des Lebenmüssens auf einer bestimmten Stufe, daß die Seele sich entscheidet, aufzugeben und in anderen Energiesystemen und mit anderem Verwandtschaftskreis von neuem zu beginnen.

Die vorurteilsfreie Aufklärung stellt die Frage: »Warum nicht statt des Todes das Leben wählen?«

Jede Seele beantwortet diese Frage auf ihre eigene Weise. Hier sprechen Mysterien mit, die noch nicht enthüllt sind –, und jede Enthüllung führt zu einem neuen Aufschwung des Lebens.

Der heilige Paulus sagt uns, daß tägliches Sterben ein anwendbares und in jeder Hinsicht nutzbringendes Prinzip ist. Täglich »wegzusterben« von Verdruß, Angst, Schuld, Mühsal und anderen negativen Lebensphasen, die unsere Energiesysteme hemmen und kurzschließen – diesen »Sünden« wegzusterben, für die wir mit Krankheit, Isolation und Tod bezahlen müssen –, ist sicherlich eine heilsame, gesundheitsfördernde und lebensstärkende Therapie. Diesen Geist und Seele vergiftenden Zuständen, die unsere geistigen und körperlichen Energiesysteme zu Tode zu erschüttern vermögen, »wegzusterben« oder sie uns selbst zu verzeihen, ist ein Akt der Liebe, der unseren letzten Feind, den Tod, in all seinen Stufen überwinden hilft.

Wenn wir täglich den falschen Gedanken und Glaubenseinstellungen, die unsere Seelen ersticken und erdrücken, wegsterben, stellen wir gewöhnlich fest, daß die Lebensenergie das Steuer wieder übernimmt und die Heilung in Körper, Seele und Geist intensiviert. Wenn wir das Prinzip der größeren Selbstverwirklichung durch unser tägliches Wegsterben gegenüber Negationen aller Art praktizieren, wird es uns schon bald so wohl ergehen, daß wir auf lange Zeit vergessen, unseren »Körper« in dem von uns als Tod bezeichneten Übergangserlebnis abzulegen. Dann wird auch unser tägliches Leben sinnvoller und reicher. Durch tägliche Praxis der »kleinen Tode« werden wir schließlich der Notwendigkeit enthoben, den üblichen Totenkult zu betreiben, den die ganze Menschheit schon so lange in aller Sorgfalt praktiziert.

Vor langer Zeit offenbarte uns Jesus, daß weder Fleisch noch Blut, weder Denken noch Fühlen Gesundheit bringen, sondern daß »der Geist das Leben bringt«. Wir leben wie Äste, die vom Baume des Lebens abgeschnitten sind, die welken, austrocknen, krank werden und sterben, wenn wir nicht »im Geiste geboren« werden. Eine neue Dimension unseres Seins beginnt sich zu entfalten und zu blühen, wenn wir – vielleicht anfangs erst schwach – in immer größerer Klarheit erkennen, daß unsere wahre Natur Geist ist, ewig unendlich, unzerstörbar, das Ebenbild unseres Schöpfers. Wir entdecken, daß das bewußt und unbewußt von uns gesuchte »Jenseits« mit seinem Versprechen von Ganzheit, ewigem Leben und Wonne hier unten bei uns ist, wenn wir erwacht sind zu dem, was hier in Körper, Seele und Geist west.

Es ist unser tiefempfundenes Gebet und unser inniger Wunsch, daß Sie auf Ihrer Reise durch die Seiten, Worte und Gedanken dieses Buches das Schwingen des ewigen lebensspendenden Geistes in Ihrem Herzen empfunden haben. Heilung für jedermann ist Heilung in jedermann – die unwiderstehliche, unuterdrückbare und unabänderliche liebende Aktivität Gottes in uns allen.

IHR PROGRAMM ZUR SELBSTHILFE

Frederick Bailes **ICH LEBE GLÜCKLICH**

In sieben Tagen ein neues Leben! Glauben Sie es nicht – versuchen Sie es! Dieses Buch ist in zwei Teile gegliedert. Im ersten Teil schildert der Autor, wie ihm das Gesetz der Schöpferkraft vor über 30 Jahren das Leben rettete. Er erklärt dieses Gesetz in einer, auch für den Laien, leicht verständlichen Weise. Der zweite Teil des Buches wird Sie mit allen notwendigen Methoden zum Gebrauch dieses schöpferischen Gesetzes vertraut machen. Diese Methoden wirken nicht wie ein Zauberstab, mit dem man eigenartige und undurchschaubare Bewegungen ausführt. Vielmehr entspringen sie einer klaren Schau der menschlichen Natur. Der Mensch denkt in Bildern. Worte und Begriffe dagegen sind Werkzeuge, die uns dabei helfen, uns mit anderen über diese Bilder zu verständigen. Die hier angesprochenen Methoden sind so aufgebaut, daß Sie sich das Wirken des schöpferischen Prozesses bildhaft vorstellen können. Auf diese Weise wird Ihr eigenes Vertrauen und Ihr Einsatz gestärkt, wodurch höhere Wirksamkeit entsteht.

Der Autor hat diesen Methoden folgende Bezeichnungen gegeben:
1. Die »Nebel-Methode«
2. Die »Methode der unsichtbaren Welle«
3. Die »Methode des Ausdehnens und Zusammenziehens«
4. Die »gebietende Methode«
5. Die »Methode der räumlichen Konzentration«

Sie erfahren etwas über die Wurzeln Ihres unheilsamen Denkens, die Möglichkeiten, dieses zu überwinden und hierfür hilfreiche kurze meditative Gebete. 258 Seiten.

John Randolph Price **DEINE ZUKUNFT IST JETZT**

Aufruf zur Rettung der Erde. Dieses Buch ist der Heilung und Harmonisierung unseres Planeten und allen darauf bestehenden Lebensformen in Liebe gewidmet. Es ist gleichzeitig ein Aufruf der planetarischen Kommission, sich mit all jenen Menschen gedanklich zu verbinden, die diese Idee, deren Zeit gekommen ist, kraftvoll unterstützen. Denn: Jeder Gedanke – auch der von unauffällig lebenden Menschen ohne Einfluß und Position – ist beteiligt an den Ursachen weltbewegender Wirkungen. Sind wir uns dieser ungeheuren Verantwortung, der sich niemand entziehen kann, bewußt? Wir stehen am Anfang eines neuen Zeitalters. Eine kollektive Bewußtseinsveränderung des Menschen würde bedeuten, daß wir endlich Krieg und Vernichtung, Haß und Unversöhnlichkeit hinter uns lassen und zu neuen, friedlichen Ufern aufbrechen. Und wie, so mögen Sie fragen, kommen wir von hier nach dort? Wenn ein jeder von uns die Entscheidung trifft, seine Gedanken von der materiellen Ebene auf die spirituelle umzulenken. Das bedeutet durchaus nicht, sich von materiellen Gütern loszusagen. Im Gegenteil. Aber wir müssen aufhören, ihnen nachzulaufen, ihnen eine falsche Bedeutung beizumessen und sie anzubeten wie einen falschen Gott. Dadurch wird das kollektive Bewußtsein mit negativer Energie genährt, die alles Übel verursacht, denn: **Was oder wen wir vergöttern, dem geben wir Macht über uns.** 191 Seiten.

David B. Goodstein **SUPERLIVING**
LIEBER REICH UND GLÜCKLICH...

Erfolg, Reichtum, Glück und Liebe – all das kann Teil Ihres Lebens sein. Bevor er diese Erfahrungen machte, sagte der Autor von sich: »Ich war hoffnungslos, mein Leben grau in grau, ich war ein Einzelgänger, nicht beliebt und nicht sehr liebevoll. Ich hamsterte mein Geld und meine Zeit. Und ich war überzeugt, daß so ziemlich jeder an meiner Misere schuld hatte, ausgenommen ich selbst. Dann verlor ich auch noch meinen Job.« Die Wende im Leben eines Menschen wird so gut wie nie durch einen Glücksfall ausgelöst. Der Autor befand sich in einer Situation, als käme ihm auf der Autobahn geradewegs jemand entgegengerast, um ihn zu vernichten. Erst als er begriff, daß er der Geisterfahrer war – ständig auf der falschen Spur –, das heißt, daß er seinen Kurs ändern mußte, kam die Wandlung. Dies ist ein ehrlicher, schonungsloser Lebensbericht, in dem der Autor gleichzeitig ein praktisches neues Programm enthüllt, das Ihnen hilft, emotionale und psychologische Barrieren zu durchbrechen, die Sie bisher daran gehindert haben, ein reiches und volles Leben zu erfahren. 227 Seiten.

Verlangen Sie das Gesamtprogramm beim
Verlag Peter Erd, Gaißacherstraße 18, Postfach 75 09 80,
8000 München 75; Telefon (0 89) 7 25 01 26

IHR PROGRAMM ZUR SELBSTHILFE

Dr. Evarts G. Loomis
J. Sig Paulson

HEILEN DURCH LIEBE UND ERKENNTNIS

Ein neues Leben im Ganzheitsbewußtsein. Dieses Buch wurde von zwei außergewöhnlichen Männern geschrieben, die – und es liegt nahe so zu denken – auf ganz verschiedenen Bereichen wirken. Um so überraschender ist ihre Erkenntnis von ihrer gemeinsamen, nicht zu trennenden Verantwortlichkeit: den Menschen gesund zu machen, ihn »ganz« zu erhalten, ihm zu helfen, mit dem Universum in natürlicher Harmonie zu leben. Der eine dieser Männer, Dr. Evarts G. Loomis, ist Mediziner, der andere, J. Sig Paulson, ein Geistlicher. Wir haben die Zuständigkeiten von Arzt und Priester längst getrennt. Für uns tritt der Seelsorger in Aktion, wenn der Mediziner mit seiner Kunst am Ende ist. So wird es in unserer Zeit praktiziert, und es ist längst in Vergessenheit geraten, daß Hippokrates, der Vater der Medizin, ein Geistlicher war. Er behandelte Körper **und** Seele seiner Patienten, erfragte ihre Ängste und Nöte, denn meistens sind es unausgesprochene seelische Belastungen, die sich als Krankheit manifestieren. Erst wenn der Mensch angstfrei und voll Vertrauen in die Schöpfung seinen Weg geht und sich als Ganzheit von Körper und Geist begreift, kann er gesund bleiben und werden. Wem es gelingt, dieses universelle Bewußtsein zu entwickeln, für den ist auch das Alter kein Schreckgespenst mehr, weiß er doch, daß er diese Lebensphase der Reife und die ihr innewohnende Schönheit gesund erleben und genießen kann. Und so sind sich denn beide Autoren darüber einig, daß es gilt, in diesem Ganzheitsbewußtsein zu leben, um seelische Ausgeglichenheit und körperliche Gesundheit zu erreichen. Das von Dr. Loomis gegründete Zentrum für Ganzheitsmedizin in Meadowlark/Kalifornien basiert auf diesen Erfahrungen und erfreut sich aufgrund des enormen Erfolgs größter Beliebtheit weit über die Grenzen der USA hinaus. 287 Seiten.

Dr. Ainslie Meares

ÄNGSTIGE DICH NICHT – LEBE UND GEWINNE!

Wie man Ängste abbaut, um glücklich zu leben. Es ist eine Tatsache, daß nichts unser Leben so sehr beeinflußt wie die Angst. Ihr verdanken wir das flaue Gefühl im Magen, die Schweißausbrüche oder die Herzbeklemmungen, wenn wir in einer schwierigen Situation stecken. Es ist die Angst, die alle psychosomatischen Leiden, alle Hemmungen verursacht. Aber das ist nicht alles. Das schlimmste, was sie uns antut, ist, daß sie uns in Abwehrhaltungen hineinzwingt, die sich äußern in Aggressivität, Mißtrauen, Selbstsucht und vieles mehr. Diese uns durch Angst aufgezwungenen Eigenschaften lassen es nicht zu, daß wir zu jenen Menschen werden, die wir sein könnten. Mit anderen Worten: Wir können noch so sehr an uns arbeiten, noch so sehr bestrebt sein, eine störende Eigenschaft abzulegen, es wird nicht eher gelingen, bis wir die Angst abgebaut haben, die als Ursache für diese Fehlhaltung in Frage kommt. Mental-Ataraxie ist ein schwieriges Wort für eine unkomplizierte Methode, zu einem Abbau der Ängste zu gelangen. Ihre Auswirkung wird sofort spürbar im täglichen Leben, sei es in der Arbeitswelt, in Freizeit und Familie oder im sexuellen Bereich. Der Autor dieses Buches praktiziert mehr als 30 Jahre als Psychiater, und er ist immer mehr von den konventionellen Behandlungsweisen abgerückt zugunsten einer Methode, die durch Entspannung und meditative Erfahrungen im Zustand der Stille leidvolle innere Zustände, durch Angst hervorgerufen, beseitigt. 233 Seiten.

Claude M. Bristol
Harold Sherman

TNT – EINE KRAFT IN DIR WIE DYNAMIT

Die meisten Menschen blockieren sich ständig selbst und behindern damit ihr natürliches Vorwärtskommen. Sie halten es für vermessen, sich in einer Position zu sehen, die ihnen nach der sozialen Stufenleiter „nicht zukommt". Und das ist das grundlegende Übel. Nur derjenige, der eine solche Idee zuläßt, die er ständig im Auge behält, d. h. die innerlich verbildlicht, wird sie unweigerlich durchsetzen. Die Kraft in uns, die ihr zum Durchbruch verhilft, ist bei jedem Menschen in der gleichen Stärke vorhanden. Es ist ein schier grenzenloses Potential, über das wir verfügen. Aber nur wenige Menschen wissen davon und nutzen es für ihre Ziele. Diejenigen, die es tun, sind die Planer und Vollbringer auf dieser Welt. Die große Masse gedankenloser menschlicher Wesen folgt nur ihrem Kielwasser. 216 Seiten, Leinen.

Verlangen Sie das Gesamtprogramm beim
**Verlag Peter Erd, Gaißacherstraße 18, Postfach 75 09 80,
8000 München 75; Telefon (0 89) 7 25 01 26**

IHR PROGRAMM ZUR SELBSTHILFE

Sidney Petrie und **SELBSTHILFE DURCH AUTOGENIC**
Dr. Robert Stone

Nichts ist so anhänglich wie schlechte Gewohnheiten! Was wollen wir uns nicht alles abgewöhnen: das Rauchen, übermäßigen Alkoholgenuß, das ewige Naschen, in unerwarteten Situationen sofort Versagerängste zu entwickeln, und überhaupt immer gleich emotional zu reagieren, u. v. a. m. Es ist so schwer, wenn nicht gar unmöglich, denken Sie. Wenn es Ihnen bisher nicht gelungen ist – **mit Autogenic schaffen Sie es!** Die Autogenic-Methode orientiert sich zwar am Autogenen Training, ist aber eine durch neue Erkenntnisse wesentlich verbesserte Methode und führt in der Praxis zu außerordentlichen Erfolgen. 256 Seiten.

Alle wichtigen Autogenic-Formeln dieses Buches haben wir auch als **Kassetten** verfügbar. Damit können Sie Ihren Erfolg mühelos steigern.

Petrie / Stone **DAS AUTOGENIC-**
KASSETTEN-PROGRAMM

Was ist Autogenic? Autogenic ist eine in Amerika entwickelte Selbsthilfemethode, die sich zusammensetzt aus Autogenem Training (Selbstentspannung von Körper und Geist) und bestimmten Konditionierungsformeln. Eine mit Erfolg praktizierte Therapie, von der heute Menschen in allen Lebensbereichen profitieren. Und das ohne Willensanstrengung! Die erwünschte Wirkung wird erreicht durch Entspannung und Imagination (geändertes Vorstellungsbild). **Die Resonanz ist überwältigend.** Was man häufig weder mit guten Vorsätzen, Diäten noch Medikamenten erreichte, wird möglich durch Selbstsuggestion.

Mit folgenden Kassetten:
- Mühelos schlank auf Dauer
- Erfolg beim anderen Geschlecht
- Andere für seine Ziele gewinnen
- Ab sofort Nichtraucher
- Frei von Schlafstörungen
- Frei von Migräne
- Mühelos lernen
- Nicht mehr alkoholabhängig
- Gesund und vital
- Finanzielle Sicherheit
- Glücklich und selbstsicher
- Depressionen überwinden
- Angst überwinden
- Streß und Nervosität überwinden

LEXIKON DER TRAUMDEUTUNG

Wir alle träumen pro Nacht eineinhalb Stunden. Durch die Träume versucht unser Unterbewußtsein Kontakt mit unserem Verstand herzustellen und ihm eine Botschaft zu übermitteln. Doch meistens können wir die vielen Symbole und okkulten Sinnbilder, die es dabei anwendet, nicht entschlüsseln. Wir können die Botschaft nicht aufnehmen. Dieses Lexikon lüftet den Schleier der Geheimnisse. Es deutet 2500 Träume. Es enthüllt Ihnen, was die seltsamen Begebenheiten, Gegenstände, Menschen, Orte und Gefühle Ihrer Traumwelt in Wirklichkeit für Sie bedeuten. 432 Seiten, kartoniert.

Marianne Streuer **GESUNDHEIT FÜR EIN GANZES LEBEN**

Dieses Buch unterscheidet sich von den im Übermaß angebotenen, mehr oder weniger einseitig ausgerichteten, Fitneß-, Ernährungs- und Schönheitsfahrplänen durch Einbeziehung einer Lebensbejahenden Grundeinstellung und macht es so wertvoll. 152 Seiten.

Verlangen Sie das Gesamtprogramm beim
Verlag Peter Erd, Gaißacherstraße 18, Postfach 75 09 80,
8000 München 75; Telefon (0 89) 7 25 01 26

IHR PROGRAMM ZUR SELBSTHILFE

MEDITATIONEN I + II

Diese Meditationen sind Musterprogrammierungen, die schon Zigtausenden von Menschen geholfen haben ihr Leben zu ihren Gunsten zu verändern. Sie sind absolut gezielt und sicher anwendbar. 54 Seiten, 70 Seiten.

KASSETTEN

Endlich sind sie da, die Kassetten mit den Murphy Meditationen I (2 Kassetten: 1. Teil und 2. Teil) sowie die Murphy Meditationen II (1 Kassette) – zur Freude aller Murphy-Fans. Überlassen Sie sich ganz diesen geübten Stimmen, mit deren Hilfe Sie an sinnvolles meditatives Arbeiten herangeführt werden. Damit verstärken Sie Ihren Erfolg bei der Selbstprogrammierung durch die Meditations-Broschüren ganz wesentlich!

AUTOGENES KASSETTENPROGRAMM
DR. JOSEPH MURPHY

■ Das Gesetz des Erfolgs
■ Wunscherfüllung

Catherine Ponder

DIE HEILUNGSGEHEIMNISSE
DER JAHRHUNDERTE

Die Heilungsgeheimnisse der Jahrhunderte bestehen darin, daß jeder Mensch zwölf dynamische Geisteskräfte besitzt, die in zwölf beherrschenden Nervenzentren im Gehirn und mitten im Körper liegen. Das Buch zeigt Ihnen weiterhin, wie dieses Wissen angewendet werden muß, um jedes Leiden Ihres Körpers zu heilen. 282 Seiten.

DIE DYNAMISCHEN GESETZE
DES REICHTUMS

Sie können durch DIE DYNAMISCHEN GESETZE DES REICHTUMS einen goldenen Strom von Reichtümern in Ihr Leben leiten. Dieses Buch enthüllt Ihnen, wie bestimmte geistige Einstellungen in Ihrem Leben Wohlstand hervorrufen, warum die stärkste Kraft der Welt zu Ihren Gunsten wirkt und wie man die geheimen „Gesetze für Wohlbefinden" zur Erlangung des eigenen Glücks anwendet. 349 Seiten.

IHR WEG IN EIN BEGLÜCKENDES LEBEN
(bisher erschienen unter dem Titel:
Das Wohlstandsgeheimnis aller Zeiten)

Sie können alles haben, sobald Sie das Wohlstandsgeheimnis aller Zeiten kennen- und anzuwenden gelernt haben. Dieses Buch zeigt Ihnen Seite für Seite, was es mit diesem verblüffenden Geheimnis auf sich hat, wie es angewendet wird und wie es den Weg in Ihr Leben finden kann. 265 Seiten.

BETE UND WERDE REICH

Dieses Buch möchte Sie mit vielen faszinierenden Arten bekannt machen, auf die man beten kann: durch Entspannung, Verneinung, Bejahung, Konzentration, Meditation, in der Stille, durch Erkenntnis, durch Danksagung. Sie werden sehen, es gibt für jede Lebenslage einen Weg, zu beten – der Stimmung und Umständen paßt – eine Methode, die unweigerlich funktioniert! Auf keine bessere Weise können Sie sich die Lebensqualität sichern, die Sie sich so sehnlich wünschen. 272 Seiten.

Dr. Kurt E. Schweighardt **FEUERLAUFEN**

Feuerlaufen hat eine alte, spirituelle Tradition. Bis zu 900 Grad Hitze strahlt die glühende Holzkohle bei diesem Ritual aus. Jeder kann die Macht des Geistes der Teilnehmer erahnen, wenn diese sie mit bloßen Füßen unverletzt überqueren. Dieses Ritual ist bei verschiedenen Völkern, so auch bei den mazedonischen »Anastenariden« ein Teil eines ganzheitlichen Heilkults. In ihm wird die Heilung des Menschen immer im Rahmen des Einswerdens mit der Schöpfung gesehen. 120 Seiten.

Verlangen Sie das Gesamtprogramm beim
Verlag Peter Erd, Gaißacherstraße 18, Postfach 75 09 80,
8000 München 75; Telefon (0 89) 7 25 01 26

IHR PROGRAMM ZUR SELBSTHILFE

Brunhild Börner-Kray **DER GEISTIGE WEG – DER WEG ZUM ÜBERLEBEN**

Daß es eine höhere Wirklichkeit gibt, jenseits der Physik, davon war selbst Einstein zutiefst überzeugt. Mit dem Intellekt meistern wir die physische Welt. Unsere Daseinsberechtigung aber liegt begründet in unserer geistig-seelischen Existenz, die viele Leben durchwandert und unsterblich ist. Für jeden wahrhaft Suchenden ist das Werk dieser Autorin ein kostbares Geschenk. Nein, mehr noch: eine Offenbarung.
Hier wird klar, eindringlich und überzeugend dem Menschen sein geistiger Weg zum Überleben aufgezeigt. Der Leser wird das Buch nicht mehr aus der Hand legen, bevor er die letzte Zeile gelesen hat. 363 Seiten, Leinen.

Dan Custer **ICH BIN – ICH KANN – ICH WERDE**

Das Wunder Ihrer Geisteskraft! Welche Aussage machen Sie häufiger: „Ich kann" oder „Ich kann nicht"? Seien Sie ehrlich, meistens bringen Sie eine negative Einstellung zum Ausdruck. Zugegeben, da spielen Frustrationen aus der Kindheit eine Rolle. Man hat uns häufig eine falsche Bescheidenheit beigebracht, Erwartungen und Wunschvorstellungen lächerlich gemacht. Dabei ist nichts so notwendig, als sich selbst zu akzeptieren als selbstbewußten Mittelpunkt, als einmalige Schöpfung, die alles ist, sein kann und sein wird. Ihre Möglichkeiten sind unbegrenzt, ob Sie nun Ihr Bewußtsein für körperliche Gesundheit und Jugendlichkeit, finanzielle Sicherheit, Entscheidungskraft oder Persönlichkeitsentfaltung einsetzen. 344 Seiten, Leinen.

MEDITATIONSPROGRAMM DAN CUSTER
■ Ich liebe den heutigen Tag:
2 Kassetten (1 Morgenmeditation und 1 Abendmeditation)

Dr. Ian Gawler **KREBS – EIN SIGNAL DER SEELE?**
VORBEUGEN UND HEILEN IST MÖGLICH

Der Autor dieses Buches kennt die Gefühle eines Krebskranken. Er war Krebspatient, und sein Arzt nannte ihm eine Lebenserwartung von 3 bis 6 Monaten. Jetzt ist er geheilt.
Wie er mit dieser Krankheit fertig geworden ist, welche Therapie angewandt wurde und warum er jetzt weiß, daß Vorbeugen und Heilen möglich ist, lesen Sie in diesem Buch, das alle angeht, nicht nur die direkt Betroffenen. Es ist Warnung und Hilfe zugleich, und was das allerwichtigste ist: es macht die Zusammenhänge transparent und verhilft uns zu einer neuen, versachlichten Einstellung gegenüber dieser gefürchteten Krankheit. 283 Seiten, Leinen.

Vernon Howard **DURCH MYSTISCHE WEISHEIT ZU KOSMISCHER KRAFT**

Hier ist endlich ein Buch, das es wagt, das Geheimnis der Ewigkeit zu enthüllen! Ja, es ist wahr. Sie werden herausfinden, wie Sie sich „in Berührung" mit der Mystischen Gemeinschaft bringen, um die goldene Ernte von Weisheit, Verstehen, Kraft und Liebe einzubringen. Sie werden sehen, wie Ihnen das ungeheure Wissen hinter jahrhundertealten Symbolen nutzen kann, wie Sie die „versteckten Kräfte", die in Ihrem Bewußtsein schlummern, wecken und wie Sie damit umgehen können. Wer die wunderbaren Möglichkeiten des Menschenlebens nutzen möchte, wer mit seiner gegenwärtigen Lage unzufrieden ist, kann in diesem praxisbezogenen Buch eine unerschöpfliche Quelle für die Arbeit an sich selbst finden. 283 Seiten, Leinen.

D. Scott Rogo **REISEN IN DIE UNSTERBLICHE DIMENSION**

Ein 8-Schritte-Führer für Astralreisen!
Die Astralreise, d. h. die Fähigkeit, den Körper zu verlassen, ist ein Phänomen, das schon seit langem sowohl die Wissenschaft als auch die breite Öffentlichkeit fasziniert. Wenn diese seltsame Kraft immer schon Ihre Neugier erregt hat und Sie bereit sind, diese Neugier einen Schritt weiter zu verfolgen, dann finden Sie in dem vorliegenden Buch eine vollständige Einführung in acht authentische Methoden, die nachweislich Erlebnisse der Loslösung vom Körper bewirkt haben. Ein Buch, das Ihr Denken, aber auch Ihr Leben verändern kann. 279 Seiten, Leinen.

Verlangen Sie das Gesamtprogramm beim
**Verlag Peter Erd, Gaißacherstraße 18, Postfach 75 09 80,
8000 München 75; Telefon (0 89) 7 25 01 26**

IHR PROGRAMM ZUR SELBSTHILFE

IHR PROGRAMM ZUR SELBSTHILFE

Joseph J. Weed **LEBEN, TOD UND WIEDERGEBURT –
EIN EWIGES KARMA?**

In diesem Buch erfahren Sie alles über Karma, Geburt, Tod und Reinkarnation. Sie erfahren, wie Sie mit dem Prinzip des Karma Ihre Zukunft schaffen und auch ändern können. Oder was ist nach dem Tod? Wie wird die Entwicklung zwischen den Inkarnationen weitergehen? Was geschieht vor der Wiedergeburt und warum? Dieses Buch schildert Tatsachenberichte, keine romantischen Phantasien. Es zeigt Ihnen Beispiele und Wege zum neuen Leben. 272 Seiten.

PSYCHOENERGIE – DIE URKRAFT DES LEBENS

Dieses Buch ist ein Lehrbuch, wie Sie parapsychologische Fähigkeiten entwickeln und für Ihren Erfolg einsetzen. Z. B. finden Sie: die Gabe der Prophetie – Entwicklung der Telepathie – das Geheimnis der Radiästhesie – sich selbst und andere in früheren Leben zu sehen mit Psychoenergie – wie Psychoenergie Ihnen Vorahnungen bringen und Sie hellsichtig machen kann – entwickeln Sie die Fähigkeiten des Hellhörens und der Psychometrie – Projektionen des Ätherkörpers und des Mentalkörpers – Methoden zum Erlernen der Astralprojektion – u. v. a. m. 256 Seiten.

Dr. Jack Addington **VOLLKOMMENE GESUNDHEIT AN KÖRPER,
GEIST UND SEELE**

Warum ist Heilung so wichtig? Irgendwann braucht jeder Heilung. Niemand ist völlig immun gegen Krankheit oder Verwundungen. Warum werden einige Leute rasch gesund, während andere unheilbar zu sein scheinen? Gibt es Spontanheilung? Geschehen heutzutage noch Wunder? Dieses Buch zeigt uns, daß heute tatsächlich Wunder geschehen und daß sie alle einen gemeinsamen Nenner aufweisen. Jeder, der diesen gemeinsamen Nenner anzuwenden versteht, hat das Geheimnis der vollkommenen Gesundheit entdeckt. 206 Seiten.

Helyn Hitchcock **SELBSTHILFE DURCH NUMEROLOGIE**

Dieses Buch enthüllt eine geheime Methode der Zukunftsdeutung durch Numerologie. Es ist ein leicht verständlicher, praktischer Führer zum täglichen Gebrauch. In nur wenigen Minuten können Sie Ihr eigenes Numeroskop erstellen und damit feststellen: Wann sollen Sie Anschaffungen machen oder finanzielle Investitionen vornehmen – welche Hindernisse Sie überwinden müssen – bei welchen Bestrebungen oder Tätigkeiten Sie den größten Erfolg haben können – die Bedeutung Ihres Namens – wie Sie die richtigen Partner für Ehe, Geschäft und Umgebung finden – u. v. a. m. 280 Seiten.

DAS GEHEIME WISSEN,
UM GLÜCK UND ZUKUNFT ZU BEFRAGEN

(Früher erschienen unter dem Titel: Das große Buch der Wahrsagekunst.) Wußten Sie schon, wie man ein Glücksrad erstellt, ein Orakel befragt, Handlinien deutet, anhand von Geburtsdaten Charakter, Lebens- und Eheverlauf ermittelt oder Schicksale aus fremden Gesichtern liest? Welche Farbe sollten Sie meiden, welcher Stein bringt Ihnen das ersehnte Glück? Wie wählt man den richtigen Tag für die Hochzeit aus, und warum darf man auf gar keinen Fall dreimal als Brautjungfer fungieren? Wie finden Sie Ihre Glückszahl, wie Ihren Glückstag heraus? All das und vieles mehr erfahren Sie in diesem Buch. 406 Seiten, 48 Abbildungen.

Dr. Emmet Fox **MACHT DURCH
POSITIVES DENKEN**

Dieses Buch gehört zu den Klassikern, die konstruktives Denken lehren. Es lehrt Sie die Prinzipien für einen erfolgreichen Lebensaufbau und es verweist auf die einzig mögliche Methode, um Furcht, die Ursache und Wurzel allen Versagens ist, zu überwinden. 256 Seiten.

Verlangen Sie das Gesamtprogramm beim
**Verlag Peter Erd, Gaißacherstraße 18, Postfach 75 09 80,
8000 München 75; Telefon (0 89) 7 25 01 26**